U0561404

在地　在线　在场：
中国社区美育行动计划

屈波　等　著

广西师范大学出版社
GUANGXI NORMAL UNIVERSITY PRESS
·桂林·

在地　在线　在场

ZAIDI ZAIXIAN ZAICHANG

图书在版编目（CIP）数据

在地　在线　在场：中国社区美育行动计划 / 屈波
等著. -- 桂林：广西师范大学出版社，2024.1
　　ISBN 978-7-5598-6563-2

　　Ⅰ．①在… Ⅱ．①屈… Ⅲ．①美育－社区教育－研究－
中国 Ⅳ．①G40-014②G779.2

　　中国国家版本馆 CIP 数据核字（2023）第 221154 号

广西师范大学出版社出版发行

　广西桂林市五里店路 9 号　邮政编码：541004
　网址：http://www.bbtpress.com
出版人：黄轩庄
全国新华书店经销
广西广大印务有限责任公司印刷
（桂林市临桂区秧塘工业园西城大道北侧广西师范大学出版社
集团有限公司创意产业园内　邮政编码：541199）
开本：787 mm × 1 092 mm　1/16
印张：29　　字数：522 千
2024 年 1 月第 1 版　　2024 年 1 月第 1 次印刷
定价：98.00 元

如发现印装质量问题，影响阅读，请与出版社发行部门联系调换。

总　序

百年前，"五四"时期提出"文学改良""美术革命"的口号并加以践行，文艺开始破除小圈子走向平民化；当下，参与式艺术、社会介入式艺术成为人们关注的焦点与热议的话题。百年前，蔡元培呼吁"文化运动不要忘记了美育"，如今，美育成为文化战略与学界课题。百年之延续、递嬗与迭代，其中之枢纽与关键，是艺术公共性的认知、建构、重识与拓展。

"艺术为何"与"艺术何为"的问题，数千年来困扰无数的艺术家与理论家，但同时也激发实践者和旁观者为之思索、行动、评估，再思索、再行动与再评估。这是一个开放的问题，艺术家、公众、机构主事者、批评家、策展人……艺术体制的所有参与人群，皆可也皆应有自己的立场与观点。众人的和声与合力，构成了全球艺术界一道特别的风景。

近年来，四川美术学院成立了艺术与乡村研究院、城市形象设计研究院、艺术与社会创新研究院等创作研究机构，在贵州羊磴、成渝双城、长江上下、"一带一路"沿线等区域持续开展了多项在地高水平公共艺术创作，举办了中国乡村美育行动计划文献展、中国社区美育行动计划文献展、生态艺术季等大规模艺术展演。以数十场介入城市、乡村建设的创造性艺术活动，力推艺术的空间转向，以艺术现场带动社会美育，以艺术实践助推社会创新。

本套"公共艺术与社会美育"丛书，是从另一维度对公共艺术与社会美育学科方向进行的建构。丛书力求从公共艺术与社会美育的理论谱系、发展源流、案例研究等角度建构艺术新的话语空间，既着力于国内现场，亦关注域外经验，在跨文化的比较中，梳理百年中国公共艺术生产的形态、结构与逻辑，彰显当下中国社会美育的迫切性与前沿性；既立足艺术本体，亦多向探求，在跨学科的交汇中，发掘并研究当代中国公共艺术与社会美育经验的多样模式和独特价值。

扎根中国现实，表现中国经验，是四川美术学院的学统之一。在国家乡村振兴战略、成渝双城经济圈建设的时代语境中，无论是建设重庆乡村艺术链与全国乡村艺术基地，还是实施城市公共艺术行动计划以及展开对公共艺术和社会美育的中国经验和模式的研究，皆是对新时代新需求做出的积极回应，体现了四川美术学院一直以来的担当精神。在满足公众强烈需求与学科自身发展的双重背景下，相信四川美术学院在公共艺术与社会美育学科方向展开的探索，能为当代艺术创作与研究的拓展、深耕贡献川美智慧与中国经验。

焦兴涛

2019 年 12 月

目 录

第一单元　理论研究

2　　　项目实践：专业美术院校社会美育方法探索

11　　社区微更新与社会性艺术

16　　艺术动员：当社区成为作品
　　　　——陆家嘴"艺术社区"规划的过程

27　　节日奇观还是生活日常？
　　　　——艺术进入社区的新世界

35　　社会链接与移动的公共教育

42　　除了展览，美术馆还能做什么？
　　　　——以"艺术大家与四川"综合项目为例

47　　城市社会美育、人民主体性与业余创作的新契机

53　　社区博物馆（美术馆）的美育建构与城市更新

61　　博物馆＋互联网：完善博物馆文创传播新模式
　　　　——以故宫博物院为例

第二单元　生活世界

74　　城市变迁的符号表达
　　　　——《虎溪·稻草人》创作手记

78　　搭建桥梁
　　　　——《走出盲岛》创作手记

83　多重的意义共生
　　——《共生》创作手记

87　如何在闹市传播传统文化
　　——《二十四节气时空市场》创作手记

91　上演一声传统艺术的"快闪秀"
　　——《虎兴之家，墨笔生花》创作手记

94　我在羊磴卖黄桃
　　——《认领一棵黄桃树》创作手记

99　面向中老年群众的绘本尝试
　　——《奶奶的保健品》创作手记

105　乡村百态
　　——关于吕侯健乡村影像实践《山村剧场》的对话

第三单元　艺术动员

112　艺术社区的初步成效
　　——以社工策展人在陆家嘴东昌社区的实践为例

118　社区动员：在深度城市化社区的四年社会工作行动研究

126　东昌社区与三星堆的故事
　　——艺术进社区实践

129　基于场所记忆的老旧社区公共空间的更新改造设计
　　——以上海上港小区公共空间为例

135　博物馆与社区互动模式的探讨
　　　——从上海大学博物馆走入东昌社区说起

第四单元　映证彼此

145　《地摊肖像——流动的烟火》创作手记

151　《领养一本书：瓦尔登湖畔的"茑屋"》创作手记

156　《消除熵——网络时代下的信息流失》创作手记

161　《缝缝补补——针头线脑中的消逝与再现》创作手记

167　《老而不休——人生下半场》创作手记

第五单元　城市非遗

175　科学、艺术与非遗的美育实践

180　一只从 2018 到 2021 的碗
　　　——云南大学非遗介入乡村振兴实例

186　CBD+YNU=520 秀

192　五亿年之复活
　　　——古生物插画的城市科普美育实践

第六单元　现实虚拟

199　特殊原住居民的足迹探寻
　　　——《黄桷坪社区野生动物图鉴》创作手记

204　互联网审丑奇观之吃播生态
　　　——《线索》创作手记

208　从"饭圈"到出圈
　　　——《出圈》创作手记

212　众口铄金的暴行
　　　——《"审判"》创作手记

216　非纪念碑的纪念碑
　　　——《网络热搜"纪念碑"》创作手记

220 虚拟恋人与城市孤独症
　　——《侧耳倾听》创作手记

224 网络代餐
　　——《被击溃的聚餐》创作手记

228 饭圈文化中人设崩塌的具象化
　　——《房子塌了》创作手记

第七单元　原乡流衍

235 社区赋能与原乡记忆

239 希冀与未来
　　——《风车船》创作手记

244 与茧共生：一场旷日持久的自我绑架
　　——《茧》创作手记

249 与竹并行
　　——《一行竹》创作手记

254 飞鸟与人类共生的家
　　——《飞鸟相与还》创作手记

258 缠绕
　　——《木色疏密》创作手记

262 城市浪奔　社区不冷
　　——《再次相遇》创作手记

第八单元　无形之里

271 从有到无
　　——大学城熙美社区美育探索

277 表达一种关于奶茶的情绪
　　——《倾倒之蜜》创作报告

280 从"城市生活"到"短距离迁徙"
　　——《短距离迁徙》创作手记

286 在"街"里探索社区与居民之间的联系
　　——《街》创作手记

290　社区的述说
　　——《融·荣》创作手记

294　熙街的"声"与"形"
　　——《流·萤》创作手记

299　聊聊家常
　　——《群居和一》创作手记

303　游戏连接人人
　　——《圆首方足》创作手记

第九单元　里人为美

309　走进社区的艺术与教育

314　参与式社区美育的试验
　　——《来！来耍》策划手记

319　一场社区的艺术疗愈
　　——《回声海螺》创作手记

323　众心合奏
　　——《一天》创作手记

326　唤醒记忆的空间
　　——《共同的记忆》创作手记

330　生活的镜像
　　——《乐园》创作手记

第十单元　共创共享

337　书写不一样的诗
　　——《最后的诗》创作手记

342　捡拾记忆
　　——《旧拾光》创作手记

346　共绘记忆
　　——《回忆虎兴》创作手记

349　与河同感
　　——《变形记》创作手记

353 雕塑旧物
　　——《泡泡·印记》创作手记

357 点亮"泡泡"
　　——《发光的泡泡》创作手记

362 儿童带动社会美育
　　——《童趣》创作手记

366 儿童美育的价值
　　——《垃圾游乐园》创作手记

370 亲子共创
　　——《时代的太阳》创作手记

373 多重痕迹
　　——《痕迹》创作手记

378 传统文化的可视化呈现
　　——《重阳·幸福》创作手记

382 一次别样的课程体验
　　——《我和你》创作手记

391 走进社区
　　——《为我们点赞》创作手记

附　录

395 研讨会开、闭幕致辞，主题发言内容提要及专家评议

451 后　记

第一单元
理论研究

美育之"育"，指向的既是理念，也是实践。就美育学科的构建与发展而言，理论探讨和实践开展应为其两翼，缺一不可存在，缺一不可生长。美育理论，可从艺术学、哲学、教育学、社会学、人类学等学科多维度展开跨学科、跨领域的讨论。美育实践，应基于特定场域设计、与特定对象发生关联。但作为历史源头的"美育"概念有其实践的基础和诉求，当下的美育理论探讨亦不应脱离实践的支撑。本组文章，介绍了在不同场域、由不同主体实施的社会美育实践，分析了其理论、策略与路径，是一种具有实践品格的理论探讨。

——屈波

项目实践：专业美术院校社会美育方法探索

屈波

谈论"美育"（die ästhetische Erziehung，英文 Aesthetic-Education），自然会提到这一概念的首创者——美学家席勒（Friedrich von Schiller，1759—1805）。席勒的美学思想，被认为"在许多方面超越了德国古典美学，在某种程度上突破了德国古典美学的思辨性、抽象性，努力将美学研究带入现实生活，开启了现代美学突破主客二分思维方式、走向'主体间性'之路"[1]。对其代表作《审美教育书简》（*Über die Ästhetische Erziehung des Menschen*，英文 *Letters on the Aesthetic Education of Man*），哈贝马斯（Jürgen Habermas，1929— ）评论道："艺术应当能够代替宗教，发挥出一体化的力量，因为艺术被看作是一种深入到人的主体间性关系当中的'中介形式'（Form der Mitteilung）。席勒把艺术理解成了一种交往理论，将在未来的'审美王国'里付诸实现。"[2]这一评论中的"未来"一词值得注意。实际上，在《审美教育书简》里，席勒确实没有对美育这一概念进行明确的界定，他只在第 20 封信的末尾以注释的方式对美育的宗旨进行了描述——"审美趣味和美的教育"的目的，在于"培养我们的感性能力和精神能力的整体达到尽可能和谐"[3]。至于如何以美而育或为美而育，除了简要论述需在相当程度上借助艺术这一中介外，席勒并未给出更多具有操作性的方法。可以说，席勒以美学家的身份向教育者提出了一个关于审美教育的命题，至于其究竟如何实施，则有待来者。

席勒的美育理论，1904 年由王国维介绍至中国，其后蔡元培等又根据中国现实提出"以美育代宗教"等一系列关于美育的主张，由此开始了美育观念的广泛传播与美育路径的全面探索。作为教育家与教育行政官员的蔡元培，将美育分为学校美育、家庭美育和社会美育三大范围，并设计了各部分实施的翔实办法。就本文所论的社会美育而言，蔡元培认为应从专设的机关开始，包括美术馆、美术展览会、音乐会、剧院、影戏馆、历史博物馆、古物陈列所、人类学博物馆、博物学陈列所与植物园、动物园等，除此之外，"又要有一种普遍的设备，就是地方的美化"——从道路、建筑、公园、名胜的布置、古迹的保存以至公坟，皆需美化，从而使社会中的绝大部分人能终身浸润于无所不在的美育环境里。[4]曾任民国教育部佥事的鲁迅，也曾提出"播布美术意见"，其中的大部分皆可视为社会美育实施的方法，如建设与建构美术馆、美术展览会、文艺会等美育基础设施和机制，这样便能使美术"与国人耳目接"，从而"起国人之美感"。[5]

与席勒相比，蔡元培等人关于美育的主张更具"育"的意涵，有指导美育实践的价值，促成和推动了中国社会美育的实践。在基础设施建设和体制机制建构等诸多方面，彼时的社会美育经历了从无到有再到取得相当实绩的过程，部分公众，尤其是都市里的公众，利用种种美育设施和机制走近了艺术，亲近了艺术。而随着抗日战争的爆发，社会美育实践的另一维度得以发展。在战火中流徙并坚持文化抗战的艺术家、艺术工作者与苦难的普通民众"同感（不是同情）"，体验大众的生活。[6]他们中的一部分人还主动走入人群去理解民众的审美趣味，为打破新文艺与一般观众的隔膜而调整风格，从而形成一种观者和作者间的共享关系和共同体感觉。[7]这种通过艺术创作与接受而实现的社会美育模式，在毛泽东的《在延安文艺座谈会上的讲话》得到了集中的理论表述。《讲话》倡导文艺工作者深入生活去理解大众的审美趣味，以创作出为大众喜闻乐见的作品。[8]自 20 世纪 50年代开始，以艺术创作促动的社会美育模式在全国范围内推行。这些创作也受益于国家文化设施和体制建设而得到迅速而广泛的传播，"从文化部、全国文联、新闻出版机构，到市县群众文化馆、城市公园和乡村文化站，自上而下形成了推行社会美育的主渠道"[9]。另外，专业美术工作者在全国各地工厂、农村、城镇等辅导业余美术创作，催生了各地的民间画手及大量业余艺术创作群体，也在相当程度上推动了社会美育的实践。

　　当下中国的社会美育，除了延续前述实践外，针对青少年和老人的艺术培训、通过各种 App 如抖音等生产和传播的网络艺术、组织吸引大量人流的所谓"网红展"等，都是引人注目且行之有效的社会美育形式。不过，值得注意的是，上述所有 20 世纪以来的社会美育实践，几乎都发生在专业美术院校之外，这当然契合社会美育这一概念的基本内涵。但这也让人感觉遗憾，因为尽管上述社会美育实践有学院中人参与——从抗战时期主动转换风格的艺术家，到中华人民共和国成立后辅导业余美术创作的专业工作者，许多人都兼有学院师生的身份，但从参与人数及主动性而言，学院在社会美育实践中扮演的角色远不及社会机构重要。不过，作为现代以来最主要的美术知识生产和人才培养机构，专业美术院校不应在社会美育领域缺席，尤其是在当下中国社会主要矛盾已经转化为"人民日益增长的美好生活需要和不平衡不充分的发展之间的矛盾"的时代背景下，国家大力提倡美育，专业美术院校应该而且可以充分集合各方资源，以社会美育实践满足人民对美好生活的追求，在此过程中培养社会美育人才，提升社会美育学科建设水平。

　　关于专业美术院校如何进行美育学学科建设的问题，中央美术学院曾组织数次专题研讨。资深美育专家杜卫认为，中国学界一般都承认美育学是美学和教育学等多学科交叉形成的应用型学科，其主要支撑学科是美学和教育学，但由于美育的具体实施过程主要是普通艺术教育，因此把艺术学纳入美育学的主要支撑学科或许更合理。[10] 还有专家认为，中央美术学院的造型、设计、建筑、人文四大学科板块都能够为作为交叉学科的美育学科建设提供师资力量、教学资源等多方面的有力支撑，而艺术院校所特有的重视艺术实践的传统则可为培养应用型美育专业人才奠定坚实基础。[11] 和中央美术学院一样，四川美术学院作为专业美术学院，重视艺术实践，创作教学卓有成效，美术创作成绩斐然。在八十余年来的办学历程中，逐渐形成了扎根中国现实、表现中国经验的学统。因此，如何应时代所需，发挥本校创作教学体系完备、学生创作能力突出的优势，以在全国性的美育热潮中确立自身的学术形象，成为参与社会美育项目实践的师生反复讨论并付诸实践检验的话题。

　　在社会美育被设置为硕士、博士研究方向和纳入本科教学体系之前，四川美术学院师生已在课外和校外进行了社会美育的相关实验，"羊磴艺术合作社"即是其中的显例。因为偶然的机缘，四川美术学院的焦兴涛和一群年轻的艺术家于 2012 年来到羊磴，和当地居民共同进行了一系列结合当地社会现状的艺术实践和实验，并成立了由美院师生和当地居民共同组成的"羊磴艺术合作社"。合作社开展了系列实践，让这个"没有历史""没有故事"的小镇百姓开始试着讲述自己和身边故事。[12] 当地居民对艺术的态度，则从围观、好奇发展到主动参与。[13]

羊磴艺术合作社 2017 年项目——被气球围绕的"小春堂"

四川美术学院师生在课外和校外社会美育项目实践所获得的经验，被转化为学科和专业建设的资源。近年来，在四川美术学院的本科与研究生必修、本科与研究生跨专业选修、本科特色工作室教学中，不仅展开了多点、多面、多层次的线下乡村美育、城市社区美育项目实践，在线上的网络虚拟社区也进行了大量美育项目实践探索。在此基础上，四川美术学院联合重庆市美术家协会、四川省美术家协会、四川大学、成渝地区双城经济圈高校艺术联盟、重庆市文艺评论家协会、成都画院（成都市美术馆）等发起了"中国乡村美育行动计划""中国社区美育行动计划"等集课堂教学、工作坊、展览、研讨会、出版于一体的大型美育项目。重庆高新区虎溪街道等政府部门，西南民族大学艺术学院、西安美术学院实验艺术系、云南大学艺术与设计学院等高校院系，"社区枢纽站"等相关艺术团体也参与到项目的组织工作中。此外，孝诚社会工作服务中心、新扬社工等社工组织协助推进了项目。通过不断的实践与研讨，我们逐渐达成了对社会美育实践的规律性认知。

梳理近年来全国各地的社会美育实践可以发现，按照不同的分类标准，社会美育实践可分为多种类型。如以有无具体项目做支撑为划分标准，可分为浸润型的社会美育和项目型的社会美育，前者多以文艺展演、环境美化等整体艺术氛围的营造而让公众在润物无声中得到艺术品位的提升，后者则以具体的美育项目推进公众的审美认知和创造能力。在项目型的社会美育实践中，又可分为公教型和共创型两个子类别，前者以公共教育为主要手段，后者以艺术家和公众共同创作为主要方法。"中国社区美育行动计划"和"中国乡村美育行动计划"迄今已连续举办三年，在项目的推进中，无论就项目整体还是每个具体的子项目而言，各参与院校和团体都通过行动实践与理论思考积极探索社会美育项目的良性运行机制。四川美术学院则逐渐形成了以共创型为主、公教型为辅的社会美育项目实践模式，并归纳总结出社会美育项目实践的方法。在我们看来，一个完整和典型的社会美育项目实践应包括如下环节：认知社会现场、确立合作伙伴、展开考察调研、实施美育活动、获得反馈意见。

社会美育的实践地点当然在社会现场，是美育之所以被加上"社会"这一前缀的原因，或者说，是社会美育得以成立的前提。但师生对这一前提的内涵和外延、性质和价值的认识却并非一蹴而就，而是在实践过程中步步深入的。应该说，在百余年的中国现代美育发展之路中，从实践的角度，社会美育的设施和机制建设，已经创造了无数个社会美育场所和空间；从话语的角度，户外写生、下乡采风、走进生活、深入生活、扎根人民、扎根生活等概念，已促成了艺术家和公众无数次在社会现场的相遇。但我们之所以重提社会现场，一是因为部分已有设施与机制在使用和运行过程中偏离了实施社会美育的初衷；二是因为对理论话语的理解需要在实践中再深入；更重要的是，我们意识到，在新的时代情境中，社会现场在扩展，生活方式在更新，对现场的感知也需要有新的方法和路径。

以社会美育现场中的社区为例，在全球范围内，除了传统的地域基础型社区之外，关系型社区日渐为人们所熟知并纷纷加入其中。[14] 而互联网的普及，使得线上的虚拟社区成为当下人们所处的第二现实。线上生活、工作与交际，以自己为中心构建线上社区，线下线上活动交叉与互融，都成为今天的现实。VR、元宇宙等技术的发展和应用，更提高了年轻一代对线上社区的兴趣。但与此同时，管理和商业的"下沉"战略让人变得越来越单向度，失去对"附近"的关注，容易在极近（自身）和极远（想象中的"世界"）之间失去对真实世界的正确感知和判断，因此，人类学家项飙提出，我们需要对"最初500米"重拾关注，以

学生与社工在社区现场考察垃圾分类现状

"附近"为中心来认识世界。[15]

在充分认识到社会现场及其认知视角双重之新的前提下，还需要刷新对社会美育项目所关涉到的人的认知。席勒首创的概念"美育"，是感性教育或者审美教育之义。既为教育，则有施教者和受教者。在学校美育中，教师作为施教者和学生作为受教者的角色设定没有问题，但从当下中国社会美育现状的角度看，除了校外艺术培训机构开展的美育活动中尚有明确的师生角色外，在美术馆、博物馆举办的公教型美育活动中，双方一般称为组织者和观众而不是老师和学生，双方关系接近于合作而非强制性的施受关系。而在社区实施的无论公教型还是共创型美育实践中，这一特征更为明显，将双方称作项目的发起者与合作伙伴，是更符合实际的。

在社区美育项目实践中，发起者可采用如下几种方式寻找合作伙伴：活动前发布广告或联合政府部门、社会机构、社工组织公开招募与定向邀请，活动中吸引旁观者主动参与。发起者需要充分尊重参与者，真正视他们为合作伙伴而非受教者，这样才有利于项目的顺利执行，而且有助于参与者保持对艺术的兴趣和热情，从而使在社区展开的美育实践能得到持续推进。

在对社会美育项目中人与人的关系进行准确定位后，发起者必须在社会现场进行详细深入的调研和考察，从多角度收集特定社会现场的美育相关信息，为后续开展的美育活动打下坚实的基础。收集的信息包括公众原有的审美认知水平与艺术创作能力、社会现场的美育环境等，收集方法则有观察、访谈、收集物件等。

观察有参与式观察与非参与式观察两种方式。根据项目持续时间的长短与具体现场的不同特点，美育的发起者既可以参与到被观察者的社会环境、社会关系之中，并通过与观察者的共同活动从内部进行观察，也可以选择不加入被观察者的群体，以局外人或旁观者的身份进行观察。如青年艺术家对熟悉的网络社区展开调研，因自身即长期身处其中，便可进行参与式观察。但在对他们不太习惯出入的广场舞场地、茶馆、菜市场、乡镇集市等场所进行调研时，不妨先采用非参与式观察法，待相对熟悉环境和人物后再参与其中进行观察。无论采用何种观察方式，观察的范围都包括现场的景观、设施、人物以及与艺术相关的事物等。访谈则可根据访谈对象的数量及特征，灵活采用结构式访谈、非结构式访谈或半结构式访谈的方法，以期能够获取真实有效的关于社区、关于艺术等的信息为目标。和社会学或者人类学研究者相比，社会美育的发起者在现场考察调查时还带有一个特殊的

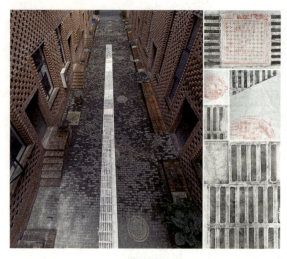

马境泽、刘舜佳、易熙云《走出盲岛》　影像、行为　2021 年

任务——收集物件。物件可以是日常物或艺术品。发起者可收集实物，或以摄影、摄像、速写等方式抓取物件的形象。在此后的创作中，这些物件可用现成品艺术或综合材料艺术的方式得到转换，或其中的某些元素被提取为创作资源。

调研考察结束后，则进入到社会美育项目实践最重要的环节——实施美育活动。如果说美育"以活动为中心"的方法论原则[16]在学校美育中尚因相关人士观念滞后和物理条件限制等原因不能完全落实，社会美育实践则有得天独厚的条件使其成为现实。社会美育最易避开美育的"知识化陷阱"，以活动性、参与性、过程性促成公众的成长。[17]无活动的社会美育基本上是不成立的。要顺利实施社会美育活动，首先得制定相对严密、有可实施性的方案，因为相较学校美育而言，社会美育的现场和参与者都更复杂而具有不可完全预测性。也正因如此，美育发起者在实施过程中还必须根据现场和进程的实际情况对方案做出灵活调整。最理想的状态是，发起者设计的方案对美育目标有预设，但不过于执着既定目标而忽视合作者的意愿和趣味，双方在美育过程中共商，顺势而为，使项目自然地生长在现场的沃土之上。

作为社会美育项目实践中最重要的环节，美育活动过程把握得恰当与否决定了一个社会美育项目最终的成败。在这一过程中，美育发起者将身兼多种角色，如同电影拍摄中的制片人、导演、演员，在每一个岗位都不能缺位，在每一个岗位都得履行好自己的职责。同时，他还需要在两种身份意识之间不断切换。作为艺术专业人士，发起人必须得保持一种专业意识。因为社会美育项目的发起者会在项目前期大量运用社会学、人类学等学科的知识技能，在获得这些新工具的同时也容易走入另一个误区——在对信息进行形式转化时过分拘泥，使项目太过社会学化或人类学化，从而使美育活动失去了最根本的艺术学根基。与此同时，发起人还应从处于某个特定社会现场的普通人的角度去思考问题为何产生、如何解决，以及艺术的解决方案如何接当地的地气，通过这一意识的注入，保持与特定社会现场公众的共情。

美育活动的实施，对艺术家和公众而言都意义重大。当艺术家和青年学子将创作空间从室内转向特定的社会场域，改变的不只是他们与空间的物理关系，还改变了艺术风格与视野以及公众与艺术的关系。参与、见证社会美育项目实践的公众，则在这一过程中亲身感受了艺术的构思、创作与完成过程。他们与艺术的亲密接触，改变了自身的生活状态，改善了他们与艺术工作者、与周边社群、与环境的关系。

在社会美育项目实践的所有环节中，项目发起人都与公众进行着持续的互动。在开放的社会现场，发起人不断得到参与者的反馈而调整方案，两者还会同时收到旁观者的即时评论，因此，完成项目实践的过程，同时也是一个不断获得反馈意见而进行动态调整的过程。在共创型的社会美育活动实施完成后，项目产出的作品可采用多种展陈方式并获得不同范围内的观众群体的反馈意见：或将作品永久、长期或短期陈列于现场，由当地的公众给予维护与评价；或在现场展示结束后将作品以及过程档案置于美术馆进行展览，接受美术馆观众的观看与评论；或将作品及档案投放到互联网上展示，以获得更为广泛的观众群体的反馈。此外，项目的发起人还应适时回访社会现场，收集项目实践对当地公众产生的后续影响情况，以为今后开展的社会美育项目提供改进依据。

运用上述社会美育项目实践的方法，四川美术学院的师生在重庆市高新区虎溪街道、九龙坡区黄桷坪街道、北碚区柳荫镇、酉阳县花田乡以及贵州省桐梓县羊磴镇，四川的成都市、达州市、广安市等地，展开了深入的社会调查，针对不同类型社会现场的实情，采用了装置、影像、绘画、文创设计、视觉设计、美育讲堂等不同形式进行美育项目实践，取得了良好的社会效果。更为重要的是，当美院的艺术家和青年学生走出校园、走出工作室，走进真实的社会现场，与公众建立直接的联系时，社会对艺术的需求、公众对艺术的观念等问题都获得了具有时代感和在地性的答案。社会美育项目实践，作为一个联通艺术与社会的场域，搭建起了校园、工作室与社会之间的通道，让艺术成为人与人沟通的媒介。

屈波 / 四川美术学院图书馆副馆长、博士生导师

注释

［1］曾繁仁.论席勒美育理论的划时代意义——纪念席勒逝世二百周年［J］.文艺研究，2005（06）：34.

［2］哈贝马斯.现代性哲学话语［M］.曹卫东，译.南京：译林出版社，2004：52.

［3］席勒.审美教育书简［M］.张玉能，译.南京：译林出版社，2009：63.

［4］蔡元培.美育实施的方法［A］.中国蔡元培研究会.蔡元培全集（第4卷）［C］.杭州：浙江教育出版社，1997：668-675.

［5］鲁迅.拟播布美术意见书［A］.郎绍君，水天中.20世纪中国美术文选（上）［C］.上海：上海书画出版社，1999：10-14.

［6］叶圣陶.序［A］.中华全国木刻协会.抗战八年木刻选集［C］.上海：开明书店，1946：Ⅵ.

［7］屈波.走向"一般观众"的新兴木刻风格建构——以胡一川抗战时期的实践为例［J］.美术，2022（8）：82-90.

［8］毛泽东.在延安文艺座谈会上的讲话［A］.毛泽东.毛泽东选集（第三卷）［C］.北京：人民出版社，1953：849-880.

［9］孔新苗."社会美育"三题：含义、实践、功能［J］.美术，2021（2）：12.

［10］杜卫.美育学是多学科交叉而成的应用型学科［J］.美术研究，2020（5）：8.

［11］宋修见.中央美术学院美育学科建设的优势［J］.美术研究，2020（5）：5.

［12］焦兴涛.寻找"例外"——羊磴艺术合作社［J］.美术观察，2017（12）：22-23.

［13］龙兴语，杨光影，龙彬."共造屏上"的社区——羊磴艺术合作社抖音短视频项目［OL］.https：//mp.weixin.qq.com/s/qVihHpNt0STWz6GchgWfZQ

［14］詹姆士·H.道尔顿，毛瑞斯·J.伊莱亚斯，阿伯汉姆·万德斯曼.社区心理学——联结个体和社区［M］.王广新等，译.北京：中国人民大学出版社，2010：118.

［15］项飙.作为视域的"附近"［J］.张子约，译.清华社会学评论，2022（1）：78-98.

［16］杜卫.情感体验：美育的根本特征——当代中国美育基础理论问题研究之四［J］.美术研究，2020（3）：8-10.

［17］何梁.深刻理解中华美育精神，做好新时代美育工作——弘扬中华美育精神高端论坛综述［J］.美术研究，2019（5）：9.

社区微更新与社会性艺术

王天祥

社会性艺术，是以（社会）问题为导向、以参与为方法、以建构为指向的艺术，包括回应空间意义感丧失问题的场域艺术、回应人与人交往关系异化问题的社群艺术、回应人与自然关系异化问题的生态艺术。四川美术学院一系列的探索，为社会性艺术的发展提供了鲜活的案例。

一、概念提出

党的十九届五中全会通过的《中共中央关于制定国民经济和社会发展第十四个五年规划和二〇三五年远景目标的建议》提出了推进以人为核心的新型城镇化，实施城市更新行动。2021 年 8 月 30 日，住建部出台《关于在实施城市更新行动中防止大拆大建问题通知》。《通知》提出：要转变城市开发建设方式，坚持"留改拆"并举，以保留利用提升为主，严管大拆大建，……增强城市活力。

关于城市更新，德国的经验值得借鉴。有学者对 1960 年至 2019 年间德国的城市更新历程做了简要梳理：1960 年至 1975 年是大拆大建阶段；1976 年至 1990 年是谨慎更新时期；1991 年至 1998 年，东西德合并后谨慎更新的策略得到更大范围应用；1999 年以后，德国正式启动了社会综合性城市的更新项目。今天，德国城市更新的视角则是寻求社会问题干预视角下的城市更新路径和社会治理策略，这一策略不再局限于空间干预层面，大量社会文化活动也成为城市更新的主要路径。[1]

国内的城市更新实践，上海走在了前列。从《上海市城市更新条例》可见，上海的城市更新重点包括基础设施与公共设施、功能布局、人居环境、特色风貌。《重庆市城市更新管理办法》则明确指出：本办法所称城市更新，是指对我市城市建成区城市空间形态和功能进行整治提升的活动。总体而言，今天中国城市更新的重点包括城市形态及各种功能。

城市社区更新，建立在城市更新的基础之上。城市更新关注政治、经济、文化、生态、社会等宏观维度，而社区更新则更关注日常生活的维度。

2021 年 4 月 19 日，习近平总书记在清华大学发表重要讲话时提出：要让美术更好地服务于城乡规划建设，要让美术成果更好地服务于人民的高品质生活需求。如果结合当代德国的城市更新经验——大量社会文化活动成为社区更新的主要途径，在这种背景下，社会性艺术呼之欲出。

我对社会性艺术做了简要界定：即以（社会）问题为导向，以参与为方式，以建构为指向的艺术。在过去半个世纪以来，与社会性艺术相关的一系列概念在交叠使用，包括参与式艺术、现场艺术、社区艺术、新类型公共艺术和关系性艺术等。今天我用新的概念——社会性艺术来作为自己的分析框架。针对当前大的社会问题，我们可以归纳成三类问题，从而呈现三类艺术形态，即场域艺术、社群艺术、生态艺术。

二、场域艺术

现在的景观多是千城一面、万村一面。在乡村振兴过程中，大家都学习已取得成功的乡村的建设经验，但这会带来什么样的危险呢？就是不动脑筋简单模仿而导致的万村一面，以及由此而产生的场所感丧失和意义感丧失。对场所感丧失和意义感丧失的问题，解决方案是发展场域艺术。

在北碚柳荫的一个废弃粮仓里，四川美术学院师生通过系列实践，使其实现了从物质粮仓到精神粮仓的蜕变。
2019 年，美院师生在这里开
展了一个"粮仓重塑"国际
工作坊。空间改变之后，村
民在粮仓演出、开展手工艺
术活动，有时晚上还举办篝
火晚会。由于场域的改变，
废弃的粮仓重获新生，成了
村民节日的活动空间。

重庆北碚柳荫艺库，共建共享的乡村美育活动

　　另一个例子是渝中区老
年大学。面对经由四川美术学院师生改造后的老年大学，一个资深的老专家评价道：我挂
着拐棍走进去，蹦蹦跳跳走出来。普通的空间突然变成炫酷的空间，让老年人觉得充满意
义，每处都有故事，每个地方都变成可打卡的景点。

　　空间的改造让空间充满意义，我们称之为场域艺术。

三、社群艺术

　　围绕城市空间中人的交往异化问题，探索发展社群艺术。现代人享受着城市生活的便
捷，也深陷精神家园失落的困苦。今天，在城乡一体化背景下，老年人问题尤其值得高度
关注。我们正在步入未富先老的老龄化进程，在城市里被智能时代抛弃的老年人、乡村的

九龙坡铁路三村社群艺术活动现场

北碚柳荫"家宴"工作坊合照

留守老人，都应该成为我们共同关注的对象。

曾令香曾在重庆九龙坡铁路三村组织了"长江上下"公共艺术行动。来自长江流域的8所艺术院校的青年艺术家在这里共同创作作品，其中一件作品是青年艺术家和阿姨们一起表演时装秀。作品让我深受触动，不由得想追问自己和大家：你有多久没像这样牵着妈妈的手在外面散步了？

在乡村中，你会看到一个个老人孤独劳作的身影。当村里所有年轻人抽离以后，婚丧嫁娶没有了，小朋友没有了，村里只剩下孤独的老人，缺乏活力。2020年9月，四川美术学院师生在北碚柳荫组织在地工坊，用乡村无处不在的南瓜为载体，把村里所有老人、小朋友邀请来做了一个家宴。家宴让艺术重新作为触动人与人交往的媒介，而不是被交易、被买卖的商品，艺术被重新激发了它的媒体力和交往力，因此，我们把它称为社群艺术。

四、生态艺术

围绕人与自然的关系异化问题，发展生态艺术。污染治理，是"十三五"时期的三大攻坚战之一。2015年，中科院植物研究所研究员蒋登明发表《调查：千疮百孔的中国农

在垃圾场基础上改造成的生态艺术实践场所——愈园

村》，文章告诉大家，尽管中国的工业污染很严重，但今天中国最大的污染不是工业污染，而是农村里的污染。化肥滥用、塑料残留等问题，都极大地破坏了农村的生态系统。[2] 新冠肺炎疫情的爆发，在很大程度上，仍然是人与自然关系异化带来的恶果。因此，四川美术学院师生用废弃物开展了艺术创作，以食物安全为由成立了朴门花园工作坊。靳立鹏老师在川美校园内开展生态艺术行动，开展堆肥艺术，把校园食堂的垃圾全部转化为土壤的肥力。

人与自然关系失衡的恶果必将吞噬人类。人类命运共同体的基础就在于人与自然的关系和谐。然而，在世界范围内，生态艺术的实践相较于林林总总的艺术探索，都显得极为薄弱与缺失。

结语

社区，是我们生活的场域；社会性艺术，赋予场域以意义。社区，是我们交往的空间；社会性艺术，重新成为链接人与人的媒介。社区，是我们生命的承载；社会性艺术，重新发掘人与自然的关系，重构地理、物理与精神的家园。社会性艺术，正成为当代艺术的前沿，正成为真切建构人民美好生活的载体与媒介。

王天祥 / 四川美术学院艺术教育学院院长、博士生导师

注释

[1] 谭肖红，乌尔·阿特克，易鑫.1960—2019年德国城市更新的制度设计和实践策略 [J].国际城市规划，2022（01）：40-52.

[2] 蒋高明.调查：千疮百孔的中国农村 [J].环境教育，2015（8）：8-14.

王南溟

艺术动员：当社区成为作品
——陆家嘴『艺术社区』规划的过程

一、缘起：用陆家嘴艺术动员案例参与"在地　在线　在场：中国社区美育行动计划展"

疫情不时袭来，但活动还是要做，在推迟一段时间后，"在地　在线　在场：中国社区美育行动计划展"于 2021 年 11 月 27 日在重庆虎溪街道文化活动中心布展完成。因为疫情防控，我们上海单元的团队无法去展览现场，论坛也只能在线上参加，四川美术学院艺术教育学院屈波教授组成的工作团队统筹了所有的展览事务，让我们的"艺术动员"单元得到了很好的呈现。关于"艺术动员"单元文献的挑选，原本是社区枢纽站四年工作的回顾，后来调整为呈现社区枢纽站与陆家嘴社区公益基金会的合作，也包括基金会更多的社区工作案例。因此论坛除了我代表社区枢纽站作主题演讲，还有陆家嘴社区公益基金会原秘书长张佳华作主题演讲。我的演讲题目是《艺术动员：当社区成为作品——陆家嘴"艺术社区"规划的过程》，张佳华的演讲还包括了伍鹏晗（建筑设计师，华东师范大学设计学院教师）参与的陆家嘴社区微更新设计项目，演讲题目是《社区动员：在深度城市化社区的四年社会工作行动研究》。

在展览筹备中，上海大学上海美术学院艺术管理博士生周美珍（从2018年开始参与了社区枢纽站的全部项目，而且也是陆家嘴社区公益基金会最先尝试设"社工策展人"岗位中的第一个社工策展人），负责整理了展览四个版块的图片和视频文献。"艺术动员：当社区成为作品"是关于如何从"艺术进社区"到"艺术社区"形态的案例式呈现，也同时带来了关于

"在地 在线 在场：中国社区美育行动计划展"现场

"艺术社区规划"的概念，它是以艺术带动社区微更新，也是一个社区枢纽站组合学术资源在陆家嘴老旧社区蹲点的实践项目，陆家嘴社区公益基金会作为在地性的社会组织，自身也在这样的合作中拓展到了"艺术社区"的创新之中。策展事务由我和其他三人——张佳华、伍鹏晗、周美珍组成，另外还有一个专家志愿者小组，他们是潘守永（上海大学文学院）、耿敬（上海大学社会学院）、张冉（华东师范大学公共管理学院）、郭奕华（上海艺术研究中心），还邀请了赵解平（原东昌消防瞭望塔战士）作为陆家嘴记忆的顾问志愿者。我们以陆家嘴老旧社区作为"社会实验室"，在我称之为的"硬微更新""软微更新"到"再微更新"的艺术社区方法论中进行理论假设和实践，这既是人类学田野调查和社会学行动干预，也是新美术馆学和新博物馆学在社区现场的建构。

本单元除了图片，还有四个视频。一个是"浦东新脸谱"专题节目，用对我的访谈呈现"艺术社区"进入星梦停车棚和"东昌瞭望塔"模型制作过程。一是东昌大楼楼道美术馆的"瞭望塔上下：陆家嘴记忆系列展首展"从布展到开幕现场的视频。当然，如果从社区居民主体来说，更接地气的是陆家嘴东昌新村77岁老居民陈国兴的两个视频，其一是2021年1月28日他在星梦停车棚"三星堆图片展"上第一次做讲解志愿者的视频，那次是展览开幕后因浦东新区区委宣传部文化事业处来星梦停车棚"三星堆图片展"调研，陈国兴自己要求试讲一次。那个视频是当时现场的人在没有准备的情况下匆忙分头用手机录下，然后再编辑而成；另一个是2021年10月31日在"陆家嘴慈善之夜"上陈国兴的演讲视频《东昌社区与三星堆的故事：艺术进社区实践》，东昌新村居委会曹骏书记用手机

全程录下了视频，那是陈国兴在陆家嘴中心绿地的舞台上一气呵成的演讲，也用了上海话，演讲的背景在陆家嘴标志性建筑下面，讲的重点是小区如何维护三星堆图片展。

二、2021 年的"王南溟志愿者年"：进入陆家嘴社区做志愿者

自从 2018 春节后上班日的第一天我发布了"王南溟志愿者年"后，随后社区枢纽站就成为我从事志愿者工作的一种理论框架和实践方向。"艺术进社区"是我做志愿者的专项主题，到 2020 年底，我可以号称自己是一位社区工作者了，它既是针对我在 2018 年之前没有任何社区工作经验而言，当然也针对我一直没有社会学和社会工作专业背景而言。

"每个人持续做一次义工，这就是艺术！"这是我在 2011 年为支持"许村计划"而写的一篇文章的标题。从参与"许村计划"到 2017 年期间，我思考了如何从边缘乡村回到上海老旧社区和上海的乡村。当时展览中有一个"江南一带的艺术乡建"计划，是对费孝通思想的一种回溯式再建构，并且还要配套第二次"山水社会"展及论坛（2016 年的"山水社会"论坛在北京大学人文社会科学研究院召开）。它正如我在社区枢纽站发布的文章中所说的那样：将美术馆的公共教育走出美术馆而进入社区。由于美术馆是通过很多志愿者来推动工作的，我转入志愿者的行列中同时也在向美术馆的志愿者表示敬意。

"流动于城乡之间"本来是 2018 年社区枢纽站做的一个社区艺术展的展题，而现在可以用来作为我和艺术家们这三年来在上海推动"艺术社区"工作的一种概括。陆家嘴社区公益基金会在 2018 年就有与艺仓美术馆的合作，并自主实践着社区微更新与公共艺术活动，还与社区枢纽站合作设立了社工策展人课题，同时给学生举办工作坊。因此在 2019 年，除了邀请社会学教授讲社区相关理论，还邀请了陆家嘴社区公益基金会张佳华讲社区实务，也使我们的工作坊进入到具体的社区经验层面。

2020 年，社区枢纽站从"艺术进社区"到"艺术社区"的理论呈现是一个重要的事件，也是对我的工作所作的阶段性小结，并在 2021 年要有理论上新的实践。这种新的实践不但是美术馆和艺术社区之间，而且也在社会学与艺术学的结合方面，它需要围绕着理论假设的三个点和具体实践所展开的三个层面而不断推进。第一层实践是美术馆的公共教育进入社区；第二层实践是在政策和行政层面创建新通道以直接形成专业在社区的局面，两个层面就有两种不同的实践，难度也是逐步上升的；而从 2020 年到 2021 年要向第三个

层面上发展，就是直接在社区设立美术馆专业，所以策展人岗位首先在陆家嘴社区公益基金会设立并尝试这项新的工作，也是尝试着如何从社区治理来运作专业艺术项目，而使艺术社区就在社区治理中。

当"艺术动员：当社区成为作品"概念在 2020 年提出，由陆家嘴社区公益基金会这样的社区社会组织直接牵头而来的 2021 年社区在地性规划后，项目用词也开始更加的社工化。"艺术动员"是将艺术用动员的社会学方式来发起，"当社区成为作品"，它又是将这种动员的结果成为作品，即"艺术社区"直接成为艺术社会学的对象而不是艺术＋社区。我从社区枢纽站创建了艺术家志愿者平台，也在陆家嘴社区公益基金会基础上直接通到了在地社区平台。显然，社区枢纽站开始进入了一个新的工作阶段，也使得我的志愿者身份延续到了 2021 年，并与社区工作融为一体。这意味着以前是艺术家如何与社区合作，现在是以社区工作者的方式做"艺术社区"规划而让自己也成为社区规划师。"艺术动员：当社区成为作品"的规划就是在社区考察中形成的共识，它不是一次性的，而是连续性的，它不是从外部植入的，而是从内部组织工作开始的，也就是说，我在陆家嘴社区公益基金会的志愿者工作，让我真正走上了社区动员的道路。

三、硬微更新、软微更新、再微更新：从社区规划到艺术社区规划

"艺术社区规划"是对以前的"社区规划"在提法上的一种提升，它的重要性在于提示出之前的社区规划要转型到艺术社区规划，也是将这样的规划在新文科和新工科上同时拓展。而围绕着"艺术社区规划"形成的三个关键词——"硬微更新""软微更新"和"再微更新"，特别是后两个关键词是对以前的微更新范围和方法的突破，它表示了微更新的不同内容、微更新的过程和微更新的新的评估系统。在社区规划时，就我们的考察体会，陆家嘴不适合再做景观，特别是陆家嘴金融区景观已经形成，如果没有观念艺术的导入，仅仅进行视觉上所谓的景观设计，那是不懂得如何做在地性思考的。我在刘海粟美术馆策划的八场大论坛中有一场是"社区微更新与社会建筑：创意的历史在地性与主题多样化"，还有一场是"上海乡村与新江南：景观与图像的文化记忆与艺术乡建"，通过这样的论坛议题，人们可以看得出，无论是建筑还是景观等规划，在被我归之于"艺术社区"中的时候，已经不是制造一个简单的形式主义式的造型和环境，而是形式要通过意义指向来转换，

包括与记忆相关的痕迹、挪用的设计与情境对话后的形式重组及其功能生成，就像在公共艺术中我们反对将雕塑做成行活，而在建筑景观上我们也反对做这样的设计行活。

陆家嘴的老旧社区与商务楼宇群形成的鲜明对比是陆家嘴社区难以整合的一个难点。在陆家嘴老旧社区微更新的问题上，它其实已经构成了如何在微更新上的"再微更新"的讨论，如果社区微更新是用上了社区动员工作的话，那么这样的微更新就是一步一步民主化的，而使得对微更新的讨论其实要让再微更新作为工作的一种常态，以此让社区微更新真正落实于社区自治环节，这也是参与式社区规划的根本程序。

社区微更新从微更新主体上的由包工头和主管部门对接，转为专业艺术家（设计师在这个时候一定要求是艺术家型的）与市民的互动共生，还包括除了通常与建筑景观设计在一起的"硬微更新"（我这样用词是为了做出一些区分），更需要重视的是"软微更新"，就是我们通常讲的"艺术进社区"而后的"艺术社区"内容的生长，也许某个微更新是艺术家的一件社区作品同时市民参与其中，另一个微更新是让艺术家成为市民的助手。这样的社区微更新是从内部生长出来的，一定包含了在社区互动中的内容。我们通常将这样的专业称之为社会学的社工方向，但由于很多工作是由艺术家在展开而致使社工也要艺术家化了。今天，如果我们要谈论"参与式社区规划"，那一定要涉及我所提到的"软微更新"，它是一种不太容易见到表面效果的微更新，但却是一种很切实的启动机制，同时从程序上来讲也是一种公共意识的培养，它是从"软微更新"开始，到一部分"硬微更新"的呈现，它不只是外观上的微更新景观，或者是单方面的设计师景观企图。事实上，在这样的"软微更新"的前提下，景观企图反而是第二位的，或者说，为了能产生更好的景观而要先从非景观上来思考，景观设计容易让我们只看到表面而不考虑如何进入内部生活空间，比如对社区内部的结构营造，对社区内部的艺术营造能否成为社区微更新的一种，如果这样的"软微更新"在社区规划中还没有被更充分地意识到，那么我们能不能用"软微更新"这样的概念来强调一下？我们先从"软微更新"开始思考，再从"软微更新"到设计师喜欢完成的硬微更新（如果是作为他们的作品，那么是艺术家的话就会更偏向于软微更新本身）将是我们本次"艺术动员：当社区成为作品"所要实践的一个方向。也可以说，这样的社区微更新在我们这里已经是设计中的非设计，并使这样的设计成为从社区中生长出来的物体，而不是外搭出来的物体，尽管表面上它们同样是建筑而成。

四、东昌路：从楼道美术馆与星梦停车棚的"五分钟艺术生活圈"

　　离陆家嘴金融区最近的东昌路一带是"艺术动员：当社区成为作品"规划中的一个艺术社区的片区，涉及东昌路两侧的两个小区：东昌新村和东园一村。我们把这个片区称为"五分钟艺术生活圈"。在东昌路 600 号的东昌大楼，夜色降临后就会在七楼有一条灯带，那是东昌大楼七楼的楼道美术馆的场所。2021 年 8 月 8 日，这个楼道做成了展题为"瞭望塔上下"的陆家嘴记忆展系列的首展。楼道虽小，但也按照美术馆动线图划了四个小展区。这个楼道像美术馆一样的展览还有一个不可复制的原因，就是有一个建筑模型在楼道的窗前放置着，窗前是对着浦东南路的南洋商业银行，但其原址建筑就是在东昌大楼七楼展出的建筑模型——《东昌消防瞭望塔》的所在地。选择东昌大楼做这个展览是由于东昌大楼的七楼与当年的东昌瞭望塔的高度差不多。展览中有二十张老照片，有消防战士在训练和工作，有当年东昌路和浦东南路的街景，还有当年军民共建的活动，以及东昌瞭望塔要爆破之前消防队战士搬东西的照片。展览中还有两个视频，一个是 1999 年浦东第一高的东昌瞭望塔被爆破的循环播放镜头，另一个是浦东融媒体"浦东新脸谱"节目中对东昌路"艺术社区"规划的访谈，其中就专门记录着这个建筑模型的由来和上海大学博物馆在东昌小区星梦停车棚"三星堆图片社区展"的现场。"瞭望塔上下"展览是由当年东昌消防瞭望塔战士赵解平提供的口述史和他在当时拍摄的照片，这个建筑模型是根据他所拍摄两个不同角度的建筑照片而请了建筑模型制作者苏世栋对着两张照片的样子，又通过与赵解平的回忆前后经过了六次修改才得以完成的。这个建筑模型在展厅中被博物馆玻璃罩罩在里面，并用立柱竖着作为特别展品展出。整个楼道也是由专业的布展公司和设计团队精心安装而成，摄影作品的打印是百成图片公司，布展是 ZRTZHOU 布展公司。为了配合摄影作品展出，这个楼道也装上了灯轨，用筒灯照明这些作品，这些照明设置了自动开关时间，每天上午 9：00 自动打开，下午 6：00 自动关闭。因此等到深秋季节下午 5：00 夜色降临时，东昌大楼的七楼楼道窗户就会连成一条灯带。我们在做艺术社区东昌路规划的时候，也有过将浦城路东昌路路口就开始的沿街面一排筒字楼进行楼道灯带的创意设想。尽管那个方案还没有实施，但东昌大楼七层已经告诉我们这个方案是可行的，用一个小创意就能带动从东昌路码头穿过浦城路后的那种夜间景观。这种景观是在陆家嘴老旧社区之中，而且是陆家嘴金融区过来的第一个老旧小区的区域。

东昌大楼 7 楼："瞭望塔上下"展览现场

从东昌大楼的东昌路走到浦城路口，那段在东昌路上的一排筒子楼属于东园一村，它对面是东昌新村，在浦城路东昌路的口袋公园前是东昌新村住宅区，迎面而来的就有一堵完整的墙绘，这是 2018 年在陆家嘴老旧社区进行"为爱上色"墙绘系列中的一个点。由于那是专业墙绘艺术家的作品《晨日之花》，制作过程中因为位置太高而无法让市民参与互动，因此 2021 夏天就在这个地方，通过陆家嘴社区公益基金会又完成了一堵在浦城路的东昌新村小区矮围墙上的参与式百米墙绘。因为是矮墙，所以可以由艺术家带领居民、志愿者、公司白领等共同完成。就这样，从东昌大楼七楼的楼道美术馆到东昌新村走到尽头的星梦停车棚，再沿着东昌路到浦城路口，对着东昌新村外墙上刚刚完成的"为爱上色"的百米墙绘，从 2017 年开始在陆家嘴社区落地的立邦"为爱上色"公益计划，路口原来就有一幅大墙绘竖立着。虽然还是立邦的"为爱上色"项目，但是已经从艺术家专业墙绘发展到了参与式墙绘，即从原来楼面墙的满尺幅高度变成一堵小区百米围墙来作为"艺术动员：当社区成为作品"陆家嘴艺术社区总体规划中的一项内容，规划出了可供勺子团队艺术家和社区居民小朋友及企业志愿者一起安全参与的墙绘实施方案。由于浦城路的小区围墙很长，墙绘的可延伸度也大，站在东昌路浦城路口，这个墙绘视线仿佛是当风吹过了江面而着陆在了陆家嘴的一角，也送来了一片一片花朵和自由鸟。这个项目从 2021 年 7 月 12 日开始到 7 月 18 日结束，也是作为在陆家嘴社区公益基金会 + 社区枢纽站同时在筹备的东昌大楼楼道美术馆的"瞭望塔上下"首展前完成的项目。艺术家将这个参与式墙绘命名为《BIRDMAN & SKYE & candy flower》，并写了创作谈：candy flower 是艺术家平时创作中对美好世界的向往心情的一个具象化表达。BIRDMAN 是一只自由鸟，SKYE 是属于这只自由鸟的一片天，在充满爱和美好的世界里，鸟儿在阳光下任意飞翔，在满是糖果花（candy flower）的世界里自由放空，同时也象征着各种生物对美好生活的终极幻想。艺术家希望透过自由鸟的表达，展现街区生机活力的景象。

从东昌大楼楼道美术馆的"瞭望塔上下"展览开幕时，就可以和原消防队战士赵解平交流过去及现在的现场，东昌小区的居民也同样到了东昌大楼七楼的楼道美术馆与大楼居民交流，虽然他们以前住得很近，有的还是小学同学，但并不容易见到，在这样的展览上才相见和叙旧。在东昌路的"5分钟艺术生活圈"所规划的艺术社区，不仅是小区本身，而且是小区与小区之间有了流动的理由。就拿东昌小区的星梦停车棚来说，因为上海大学博物馆进社区的项目而让它成为博物馆社区空间，使得这个居民停车棚在进一步的"再微更新"中呈现出特有的设计和文化艺术高度。

"硬微更新""软微更新"和"再微更新"是我在有关艺术社区规划方法论中的三个关键词，在实践上也是从这样的理念上去推进的。东昌小区的星梦停车棚是这样的一种实践，它是通过小区居委会书记曹骏牵头，动员居民与张佳华和伍鹏晗共同合作完成的。2020年8月我在刘海粟美术馆策划了"艺术社区在上海：案例与论坛"，除文献展还有社区实体滚动展，我当时对陆家嘴老旧社区完整考察后，最后定了东昌新村的星梦停车棚作为社区实体滚动展的空间，在原来的东昌小区杂乱处整治出来的星梦停车棚基础上开始了我所说的"软微更新"和"再微更新"实践。2021年1月首先通过上海大学博物馆"三星堆：人与神的世界"展览进社区的方式，与星梦停车棚中的居民的助动车组合了"三星堆图片展"。东昌小区通过上海大学博物馆的展览进到星梦停车棚当然是带来了这个居民停车棚的"软微更新"，而艺术内容的植入也促成这样一种说法，东昌新村的停车棚怎么也不可能在陆家嘴三件套（金茂大厦、环球金融中心、上海中心）面前与它们比高度，但星梦停车棚可以通过艺术把小区的高度提高。当然，停车棚毕竟是有居民停车功能的一个地方，所以如何既做展览又不扰民是艺术项目进社区要注意的一个点。我们所用设计团队是专门为上海大学博物馆做展陈设计的，同时我们还将展陈设计方案与居民一起讨论，最后在"三星堆图片展"上采用了灯箱式方案，悬挂在停车棚的每块挡板的上面。同时也成了在停车棚中的照明装置，它通过柔光灯箱，不但将停车棚的光线照得很舒服，而且在停助力车和自行车的时候还可以照面三星堆历史文献。星梦停车棚划分为A、B、C三区，最初"三星堆图片展"是根据内容数量布展在A、B两区，展览规划的也只在星梦停车棚的A、B两区，C区除了停车挡板上的数字用亚克力来替换外还是原样未动。2021年11月，上海大学博物馆在举办"龙门石窟特展"的同时，将图片布展进了星梦停车棚的C区，但这次在展陈上又换了一个设计风格，围绕着停车棚的挡板，悬挂而下的是美术馆式的展墙，

社区新面貌：星梦停车棚外景

布置上龙门石窟的图片，它与三星堆图片展的灯箱一样是悬挂在停车挡板之上的，只不过这次是用钉子将图片上展墙。C 区照明也换了一种风格，顶上用灯带在 C 区的挡板周围作 U 字形绕一圈空间分布，每个龙门石窟图片处装上筒灯轨道，所以 C 区龙门石窟图片展是结合了灯带和筒灯的照明，与 A 区、B 区的三星堆图片展区自然就划分成了两个区域，照明系统更像是在博物馆和美术馆的感觉。展陈设计还在"龙门石窟图片展"的入口处做了主视觉的展墙来张贴展览海报。就是 2021 年这一年，从第一期的"三星堆图片展"和第二期的"龙门石窟图片展"并置在一个空间内，使得东昌新村的这个星梦停车棚有了从长江到黄河的对话，从远古到北魏和唐代的历史想象，它被东昌小区的居民称为穿越时空的居民停车棚，现在还有第三期"临展厅"将在星梦停车棚启动，那是用来让当代艺术家与居民互动的成果呈现的空间，它占了 C 区的前面一半（背面就是三星堆图片展区）和在 A 区、B 区中的尚留有的三堵空白墙面，最后组成兼容展厅。

星梦停车棚从"硬微更新"到空间内的"软微更新"进一步的"再微更新"，带来的不只是空间硬件的改变，而是小区对艺术生活的热情。小区居民志愿者从原来的 5 人发展

到 18 人，从原来的小区东昌突击队，
发展到社会可参与的星梦志愿者。上
海大学博物馆"三星堆图片展"进入
星梦停车棚后，居民在停车的时候对
着当时我们将纸帖编号改为亚克力编
号的地方而自我约束，以至于停车时
考虑到整齐而不再无章法乱停一通，
出现了进来停的车越来越整齐划一的
现象，而且星梦停车棚外也有越来越
多的居民愿意将自己的花搬到星梦花

社区新面貌：星梦花坛

坛处。71 岁的居民蒋莲花日常主持着花卉的培育工作，77 岁的老居民陈国兴专门负责星
梦停车棚展览的导览和组织观众，这支志愿者团队平均年龄 68 岁。当地管辖的城管也说，
看这个小区的人脸上带着越来越多的笑容。当然，伴随着在东昌路艺术社区规划的一步步
推进，东昌新村的楼道美术馆在"瞭望塔上下"这样的东昌路记忆展之后还有待一层一层
地用与陆家嘴记忆相关的摄影展来体现东昌大楼作为陆家嘴记忆楼的特色，星梦停车棚也
会将第三期临展厅活动项目的不断植入使这个小区更加有"艺术社区"的辐射力，在小区
中以星梦停车棚为基础的艺术活动，小区中还可以通过艺术来进行微更新的点位。

结语："市民动一动，美好生活进一进；市民乐一乐，艺术社区长一长"

在 2018 年开设的社区枢纽站公众号上，我写上了这样一段介绍说明：

社区之间通过"社区枢纽站"的项目而使社区活动变得流动，也增加不同社区间对文
化的体验和理解，同时是对艺术边界的突破和对美术馆定义的突破。

对艺术边界的突破和对美术馆定义的突破是我们在专业美术馆就可以实践的，而社区
之间的流动一定要进入社区以后，除了对某一个社区进行动员，还必须要有社区与社区之
间的规划和行动，社区展要从美术馆回到社区主体的合作。正像 2021 年 1 月 22 日开幕的
星梦停车棚"三星堆：人与神的世界特展进陆家嘴东昌新村"图片展得到了居民有效互动
那样，一个"瞭望塔上下"的项目当然通过居委会、物业和业主的支持得以在东昌大楼实

施。在 8 月 8 日开幕当天，既是东昌大楼居民的活动，也有对面的东昌新村（不属于同一个小区）居民到东昌大楼参加开幕的活动，他们在一起特别兴奋。两个小区的居民回忆东昌路的历史，赵解平在为前来看展的铜山消防队战士做导览并且进行同行交流。和星梦停车棚一样，开幕之后这个楼道美术馆就交给了这幢楼自己管理。哪怕是楼道也像展厅，请布展公司安装了轨道和简易射灯，虽然无法与专业美术馆照明相比，但在这个楼道里，射灯走线和打到作品上的样子却是很美术馆的。打印的图片通过内框可活动直接挂在钉子上，等我再到东昌大楼时看到在视觉上一切都好，它们没有丝毫移动过的痕迹（因为是用专业水平仪布展，移动了可能就无法准确地放回原来的位置上了），也没有我们之前担心的楼道是全开放的会有人拿走这些图片的情况。特别是我们安装的射灯从每天上午 9：00 到下午 6：00 自动开关，但电源关后，第二天上午就需要有人启动两个视频设备，每天都有人来值班管理。而且楼道的整洁程度与开幕时是一样的。社区展所带来的"软微更新"导致了"再微更新"的各种可能性，事实上，这样的"再微更新"会呈现出各种各样社区居民的主体性。而且我经常可以从"星梦停车棚"微信群中看到居民精心维护一片花景的照片，居民在停车棚外自发栽培的花卉也越来越多、越开越好，这就是从专家进社区带动居民到社区居民的自主创新生活，正如 2020 年末我将艺术社区的工作做了规划和设立了方法论时有一条标语——"市民动一动，美好生活进一进；市民乐一乐，艺术社区长一长"，当时作为艺术社区发展的目标，而现在它正在形成这样的事实。

王南溟 / 著名批评家、"社区枢纽站"发起人

节日奇观还是生活日常？
——艺术进入社区的新世界

孙莉

　　艺术项目成为节点性的节日奇观，还是会和生活紧密联系走入日常？这是本文要着力探讨的问题。

　　近年来，各种类型的大地艺术季、雕塑艺术展、公共艺术项目等开始从美术馆空间和专业展厅走入大型商场、旅游景区、居民社区、市政公园等在内的社会公共区域。无论是我们所熟悉的乌镇当代艺术邀请展、重庆武隆懒坝大地艺术节，还是广东时代美术馆持续举办的社区艺术节、上海"闲下来合造社"的熟人艺术节等，都吸引了大量公众参与。与此同时，艺术活动也成为备受品牌追捧和商业活动热衷的表现形式。在新一轮城市更新、社区营造、乡村振兴项目中都可见艺术项目的影子。而艺术，特别是公共艺术社会化参与是否带来了深刻的审美趣味变化、公众社会公共事务的参与度提升，抑或只是成为流行和网红打卡的背景，是需要展开深入讨论的。本文希望以麓湖社区艺术季为例，来讨论参与性公共艺术发展的策略、机制和路径。

　　谈到麓湖，我们不妨把视线先拉向成都。1909 年清末宣统年间的成都地图与今天的成都地图对比，主城区核心区域的规模和街道格局几乎没有变化，一百多年之前就可见今日成都城市的雏形。明末张献忠入蜀，四川人口从七百多万骤降到几十万，而在清朝一百多年时间通过大量的移民迁入，使得成都的人口数量不断增加。第七次人口普查时，成都现有人口已经达到了2093万！成都有着悠久的城市历史和文化传统，也一直有着移民的历史。而今天，快速发展的城市化进程，也带来了更多的新移民，既有外地迁入的新成都人，也有从老城区迁入新区的居民。城市的扩张也带来了很多新的问题。

　　天府新区作为国家级新区，从2011年启动以来发展迅速，战略价值凸显，而麓湖位于天府新区成都片区的核心地带。从成都的历史来看今天的城市发展脉络，麓湖是在天府新区发展过程中形成的一个具有生态基底的，聚合居住、产业和休闲娱乐配套为一体的新型城市。这个新城和老成都之间既紧密关联又有诸多不同。更好的生态环境、完善的城市

麓湖水城整体效果图

规划和现代化的建筑作品，像是老成都的一块飞地，在一片空白的土地上重新构建家园。搬迁到这个家园里面的人有些是成都老城区迁入的，也有外地人到成都来置业的，如何在新的家园中重新构建家乡感，建立社会信任，无论是麓湖居民自身还是城市治理者都将面临发展良好的社区秩序，维护麓湖的生态环境这些问题。基于此，我们希望通过艺术介入的方法能够把社区和人的关系结合得更紧密，让这个地方的新移民找到家乡感，重构自己的家园。家园不单是物理空间良好的生活环境，更需要重新构建在这个地方的公共生活，形成居民的共同记忆。

在麓湖做社区艺术季有两个非常重要的优势条件：一是麓湖有着一家14年历史的专业艺术机构——A4美术馆，二是在麓湖社区基金会和共益会（原麓湖议事会）机制下的居民动员和丰富的社群活动。A4美术馆2008年成立，一直都在关注艺术的社会化参与和公众的艺术教育。一家专业艺术机构就在这个社区当中，使得社区艺术项目的推动在资源匹配和专业管理上都有着先天优势，而对美术馆的专业研究也带来了丰富的实践案例。同时A4美术馆十多年的国际艺术家驻留项目，也把艺术驻留这种工作方法带入社区艺术季当中来。

另外，在麓湖一个很突出的现象，就是广泛的社会动员开展得非常好。麓湖社区形成了完整的居民基层治理的创新机制。麓湖社区发展基金会是四川省首家由民间发起成立的社区基金会，这个基金会的理事成员包括居民代表、社群代表、机构代表、社区的开发商代表和外部专家代表，政府则作为监事代表。通过两级共益会（麓湖共益会和组团共益会）完成麓湖社区和小区公共事务的意见征集、梳理以及议事协商。

基金会资助的麓客社群联合会还推动孵化了非常丰富的社群自组织，扶持居民发展了自己的社群，逐步构建熟人社会。

由麓湖居民作为主体的社群活动和社区基础调动工作已经做了八年。到现在为止，从2014年开始的麓湖社群已经从1.0版本上升到3.0版本，从一起玩到一起学到无边界协作，已经生长出一百多个社群组织，成员超过一万人，各种各样的社群组织每年的活动已经超过一千场。因此经常有居民反映在麓湖不是没有活动，而是活动太多了，不知道该参加什么样的活动。这样的结构对我们走入社区开展社区型的艺术项目以及艺术调动有着非常好的社区基础。

A4美术馆从2011年开始做的国际艺术家驻留项目也为我们开展社区艺术季奠定了非

常好的工作模式。每一年都有超过 20 组来自世界各地的艺术家和创新型的研究者来到成都进行长期驻留和创作，保证他们的工作不是观光式或者空投式的艺术创作。艺术家进入社区能够做什么呢？我们常常讲艺术的公共性，公共性创造公共空间，而在公共空间当中产生新的公共关系。在这样的背景下我们讨论艺术带来的改变和发生的作用。艺术审美作为判断，通过审美提升和视觉表达来重塑社群的价值。当然艺术语言的独特性、创造性和可感性转化成为重要的专业能力，艺术活动让社区和居民之间产生关联组织结构，而相关媒介也发生变化。我们创造更多新的方式拓展社区工作，通过艺术活动，让人成为具有自我意识、尊严感和价值感的人。我们希望艺术能够在社区当中起到这些作用，但同时我们也意识到艺术并不是万能的。我们将它作为一种工作方法，希望通过它来构建一种新的人和人之间的关系，重塑家乡感和家园感。

2020 年 6 月，我们启动了第一届麓湖社区艺术季，在最开始设计艺术季结构的时候，就没有把美术馆作为单独的主体来发起项目。我们邀请到成都市麓湖社区发展基金会、麓湖共益会、麓客学社以及爱有戏社区发展中心，大家共同发起社区艺术季。多主体和多方视角的结构模式带来了不同诉求表达，需要大量的沟通和协商来达成共识。这和美术馆日常的管理决策机制有非常大的不同。但正是因为这些大量的基础调研和协商工作，使得项目在推动当中获得了更多的在地机构和居民的支持，从而改变了中心化和精英化的输出模式，使得参与和共创真实地发生，不再是口号和表演。第一届社区艺术季我们有 5 个共同发起机构，4 场艺术项目剧场、4 场圆桌论坛、1 个社区文献展、16 场工作坊及活动、23 个共创社群，并且拓展了 50 位志愿者和 1 个志愿者服务团队。艺术季一经推出，就获得了居民非常好的评价以及深度参与。当艺术家与社区开展深入合作与互动的时候，对于谁成为项目的主体，是否会出现居民成为艺术项目的素材，或艺术家成为社区活动的实用工具，这样的疑问、争论和冲突时常发生，而美术馆就成为重要的协调、沟通和推动者。

通过第一年的工作，逐渐梳理出社区艺术工作的方法、态度、原则。其中包括三个基本态度——参与式生成、伴随式赋能、开放式关联，三种工作方法——社区策展人、国际艺术家驻留、志愿者系统，以及一个研究网络——社区文化与公益的国际研究实践网络。进入社区的参与式公共艺术和美术馆里展览有着非常大的区别。参与的意义，就是作为主体的居民主动性参与是非常重要的基本态度。只有激发居民的内在需求和意愿，才能产生深刻的变化和关联。而通过社区策展人的孵化、培养以及更多的赋能，使得社区的艺术活

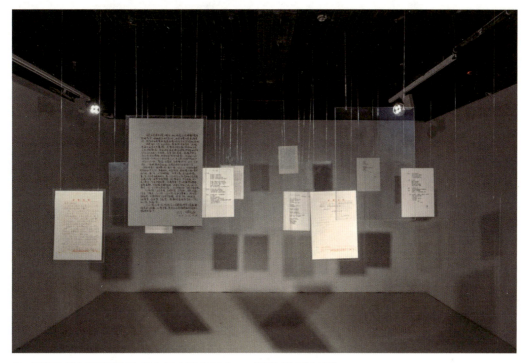

2021 年麓湖社区艺术季麓客群展"共同的故事"中的作品《家书——一切烟消云散的都已坚固》

动可以更持久，并进入日常生活成为可能，同时建立一个社区文化、艺术项目和公共活动相互起效的社会网络。

第二届麓湖社区艺术季分为四个大板块，包括文献展、麓客群展，以及艺术活动和公共论坛。艺术季在第一届的基础上也在进行更新迭代，通过组织化的运作能够让这个项目有持续性的生长和发展，既有学术的专业研究，同时又有社区营造的工作方法，通过社区志愿者以及社区策展人包括观察员机制推动这个项目的良性发展。

麓湖社区艺术季文献展的部分，第一年的主题是"共同的家园"，第二届是"共生的家园"。为什么一直在关注"家园"这个概念？因为麓湖作为一个新移民社区，新移民如何让这个社区成为自己的家园、成为自己的故乡？重构自己的故乡感变得尤为重要。因此每年都会推动文献展，文献展当中所有内容都是我们和居民、在地机构进行大量采访、沟通、讨论，把这一年当中在麓湖发生的社区治理成果、公共事务以及各种社群活动、社区节日的成就转化为一个年度的展览，每年进行更新。这个项目由专业策展人和社区策展人共同策划，大量的麓湖居民参与，美术馆作为项目的组织者更多是起到引导的作用，充分

驻留艺术家余童在社区节日渔获节中与居民的共创项目《城市顽童计划 vol.1》，参与居民陆地巡游

地调动居民的热情和专长，专业指导和赋能起到非常好的作用。文献展当中关于在地历史研究的部分就是由居民来主导。第二届文献展我们扩充了居民策展人的数量，发现内容更加丰富，而大量的创作都是来自居民志愿者。

文献展不仅是开幕式的热闹和参观，在一年的展期中，居民非常高兴来使用这个展览空间。日常的导览、维护都是由居民志愿者来完成的。他们认为这是属于自己的地方。文献展除居民日常观展，还有各种政府参观、外部社区的交流。已入住的居民会在文献展的展厅给新邻居介绍麓湖的生活，让他们快速融入社区。

第二届艺术季新增了麓客群展的单元。这个展览是在麓湖丰富的社群基础上，把大量的社群活动成果通过艺术形式展现出来。这种项目的结构搭建，通过社区策展人提报项目，由他们调动居民的参与，美术馆的策展组给出专业的意见，艺术家作为导师在艺术表现上给予支持和赋能，最终成为展览的内容。麓客群展当中有一件作品叫作"家书——一切烟消云散的都已坚固"，由麓剧厂发起"一封家书"项目，人们书写家书并朗读家书，搜集了大量的家庭情感故事。现场布展通过艺术家的支持，完成了更完整的空间和内容的结合，增加了现场的互动和项目延续，让更多人了解与重新回顾自己的情感关系和情感故事。

在第二届的公共艺术活动中，我们的艺术主题是"流动的客厅"，第一届的主题是"社区剧场"，对客厅如何把公共属性和个人属性、公共空间和私人空间的过渡关系作为研究个人和社会关系的价值开展讨论。公共艺术作品不只是固定的雕塑或者户外装置，大量的项目通过艺术活动让居民参与进来，和日常生活产生强相关。第一届的艺术项目"食物剧场"，是由来自北京的驻留艺术家小组成员嘉文和显杰带来的。他们通过招募居民带自己家里的酱料来参与在户外广场上的食物派对，就是希望居民把自己家里独特味道的酱料拿出来和不同人分享，让更多人了解彼此，加强邻居之间的熟悉度。通过艺术家驻留，更多艺术家和社区居民成为朋友，创作出和当地特别强相关的作品。通过"稀客稀客"计划，居民邀请艺术家到自己家里吃饭，带着他们参观著名景点或者有代表性的空间，使居民和艺术家成为朋友，让他们关系变成不是单纯艺术家邀请居民来看展览，而是变成去看朋友的展览，很多新的想法也在这个过程中产生了。来自重庆的艺术家余童一直关注环保主题，通过植物染工作坊，持续和关注环保的居民共同合作，和居民成为非常要好的朋友，这个项目也变成了在社区持续推动的艺术活动，而不仅仅是在艺术季期间的狂欢。

驻留导演余尔格的现代舞剧《夜鹰》邀请了 15 位素人，都是非专业演员，通过一个月的排练形成一场非常具有视觉冲击力和现场表现力的肢体戏剧，很多专业人士在看到现场之后非常震惊，参与者对他们自己的表现也有着极高的成就感，也成为艺术季当中的演出高潮。

每年艺术季的论坛会邀请跨领域的专家学者、公共艺术与社区营造方面的践行者、艺

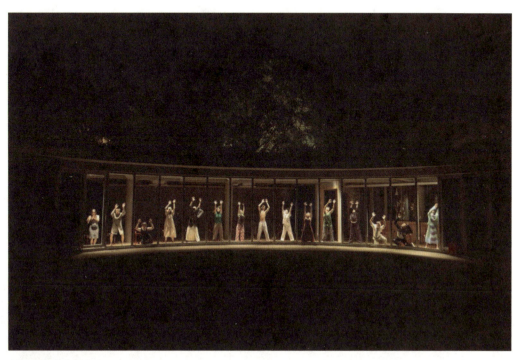

余格尔现代舞剧《夜鹰》

术季的参与者和居民，共同讨论在行业和专业领域大家关心的问题，对公共性的策划包括社区生态与美育的重塑，以及社区文化的活力更新长效机制构建等主题。在对艺术在地化的探讨过程中，社区艺术的价值会成为更多专业人士共同关心的话题，同时参与者还和艺术院校的青年研究者共同发起了以青年视角来看待现在的艺术教育的专题。

我们通过麓湖社区艺术季两年来的实践，逐渐发现进入社区的艺术更加注重软性的工作方法，而这种工作方法与传统美术馆为单一主体的从上到下精英化的工作方式非常不同。这个过程需要协同更多的合作伙伴，包括政府、当地社会组织、居民以及专业人士。这个过程中的协商是相互发现、理解甚至是妥协的过程，但正是由于这种经历和过程使得艺术真正成为日常化的媒介走入社区空间。麓湖社区的艺术介入探索呈现了一种社区发展新可能，那就是以广泛的居民作为行动主体，以专业化、机制化、创造性的方式来激发日常活力，营造更具幸福感的公共生活和未来社区。未来社区，是真正意义上的共生家园，人与自然万物共生、共享，社区与城市共振、共促，人与人共治、共创。

孙莉 / 麓湖·A4 美术馆馆长

社会链接与移动的公共教育

胡斌

　　众所周知，与一般美术馆有所不同，高校美术馆一方面要梳理学校的教育脉络并结合学科发展规划相关的研究、展览和传播活动，另一方面要连接社会，与更为广泛的公众进行互动。尤为重要的是，高校美术馆应该向外界展示基于其学术定位的社会形象和主张。本文将结合广州美术学院美术馆的公共教育项目案例，阐述置于新的时代语境的高校美术馆是如何区别于一般的公立美术馆，在学校历史、地缘关系以及社会互动等多重关系中逐渐凸显自身艺术主张的。

　　广州美术学院美术馆的公共教育总体有几大类。第一类是围绕展览开展的多元化公共教育，如导览、讲座、工作坊，还包括美术馆剧场等。这种美术馆公共教育现在强调得比较多，而且做得也比较丰富。比如在"向海洋——广州美术学院藏20世纪50—70年代'海洋建设'主题作品展"中，我们就围绕展览全方位地进行公共教育的设计和传播。像印章、笔记本、贴纸等，会吸引不同的人群，尤其是青少年、小朋友的参与，增强他们对展览的理解。又比如围绕海洋所做的图形或者组织的创作，让观众描绘自己认识及想象中的海洋，拓宽了他们的视野。此外，还设置有"美术馆剧场"，围绕美术馆展览研究进行剧场互动表演的设

2017 年，"艺术家在田野：珠三角工厂大考察"项目，艺术家在考察东莞市味菇坊生物科技有限公司

计。近几年广州美术学院美术馆不断在近现代史研究的展览中纳入剧场项目，很好地消除当下年轻人跟近现代美术大家和历史的隔阂，带动他们的情绪和认知，让他们能够更加深入地理解那些历史人物的艺术人生以及心灵世界。

第二类是系列性的专题论坛和讲座。广州美术学院美术馆有三个成系列的讲座，一是新美术馆学讲座，主要是围绕国内外美术馆前沿发展的讨论；二是美术馆大讲堂，与广州美术学院美术馆的近现代美术史研究定位相关，围绕这一定位邀请国内外的政治、历史、文化、艺术等方面的学者推出其重要研究成果；三是"艺术与科学"系列论坛，是关于艺术的物质技术及修复、保存等方面的讲座。

第三类是走入社区和基层的"移动的美术馆"活动，是广州美术学院美术馆的年度公共教育项目，大概从 2017 年开始，每年都有一个或者数个走出去的项目。2017 年广州美术学院美术馆组织了"珠三角工厂大考察"，2019 年组织了乡村考察，2020 年则组织了"流动的乡村剧场"。

珠三角考察和美术馆这几年对珠三角研究的展览是联系在一起的。广州美术学院美术馆有一个"珠三角艺术单位观察"系列展览，这两年还进一步推出了"泛东南亚艺术三年展"，这两个系列的展览都对广东或者华南、东南亚以及更广泛区域的微观组织、社会介入、社会参与式活动进行观察。

以"珠三角艺术单位观察"的名义形成每三年一次的序列展，而观察的方式则是深入其错综复杂的各种组织中去，如群落、小组、团体、机构等。为什么要观察一个个组织？因为它一方面连接艺术家个体，另一方面又可以折射更大的范围，比如整个区域的艺术生态，我们希望以此有效的方式坚持与本土艺术力量的互动和激荡。

2016 年的"珠三角艺术单位观察"展选取了植根于珠三角的各类团体式艺术组合共 9 个，它们所针对的问题和组织的结构并不一样，与社会产生互动的方式也各有不同。这里

2016 年，广州美术学院美术馆"场域的毛细管：2016 珠三角艺术单位观察展"现场

面有以类似"同人杂志"为平台的聚合，有跨学科研究小组，有师生项目团队，还有私人网络组织；涉猎的问题包括"低文学"式的自由发声、生命观测、虚拟现实、创意制品、城市研究、社区介入和公共艺术教育等。这样的一个个"单位"，并不能算珠三角的特例，但是在具体的实践过程中，它们与这个区域产生了水乳相融的结合，且呈现出某种地域性格，它们并不强大，却又像毛细管一样在这个场域中发挥着意想不到的作用。

"卖力工坊"有点像小型木工组织的团队，这个组织不同于那种产品设计的团体，而是介于设计与装置之间，既可以销售，但又不是批量生产。而"冯火月刊"则是打印一块钱的廉价刊物，聚集起一个作者队伍，也会呈现一些艺术家的方案。在展览中，广州美术学院美术馆帮他们落地实现了其中一个方案。这是一个奇怪的餐厅，有滑滑梯和脚手架，送餐服务员坐滑滑梯把食物送给观众。它的菜名也很有意思，比如"如何让你开心""如何顺利考上美院"等，对应这样的菜名会有若干食品。01 小组是一个偏数字艺术和虚拟艺术的小组。"南亭研究"是广州美术学院实验雕塑工作室对大学城美院旁边的南亭村的艺术介入和创作。工作室的《街道的秘密》是对重庆的城市考察。"视艺社区起动"是香港浸会大学师生在深圳湖贝村做的项目。深圳作为移民城市，村镇的景观和建筑迅速改变，很多地方失去记忆。香港浸会大学的师生就做了实地考察，为这个村落绘制了地图，地图很形象，把祠堂、牌坊都标识出来，以此给当地取路名，于是这个村落就可以建构自己的地方记忆。澳门"梳打埠实验工场艺术协会"则是用行为艺术来介入社区的活动当中。

三年过去，第二届"珠三角艺术单位观察展"又以"热烟流"为题集结起珠三角9个艺术家团体，试图从这个区域特殊的环境现象所引发的族群和行为方式思考及想象来切入。从被视作混合了湿热气候和瘟疫的烟瘴之地的"烟"，到虎门销烟中的所谓蛮烟的"烟"，再到当下复杂的社会和城乡景观之中的各种"烟"，诸种暧昧不清的"烟雾"与炎热气候、茂密植被等自然与非自然的形态，被裹挟进这个区域的现代性进程，演化出某种极具感染性的力量和特殊的地域属性。香港的"潘律 + 王博小组"是从历史上的外销画切入中外交流和当下珠三角的社会关系中，呈现了迅速发展的混杂的城市消费现象。"卤味高清频道"则研究了非洲人在广州做贸易的情况。"西三歌队"以歌谣的形式来反映城乡接合部的底层生存状态。

正是基于这样的珠三角研究和展览，广州美术学院美术馆构建了一系列"移动的美术馆"的公共教育活动。实际上，珠三角作为全世界瞩目的"另类"现代化实验区域，已经被广为研究。2005年，由侯瀚如、汉斯·尤利斯·奥布里斯特、郭晓彦策划的以"别样：一个特殊的现代化实验空间"为主题的第二届"广州三年展"，以珠三角为核心探讨全球化语境下的另类的现代化模式及当代艺术文化现象，邀请国内外当代艺术家就珠三角及可资对比区域的城市模式、历史与记忆、生活与想象、移民与边界等全球化语境下别样的本土特质进行研究和创作。

当下，艺术的边界日益开阔，艺术越来越强调的是以何种具有创造性的形式带给我们新体验和新思路，故而它也急需新资源的补充。我们认为，珠三角迅疾万变的社会景观理应成为艺术家关注的母题，同时，其极具特色的现代化进程中本土与全球的张力关系也势必给艺术家以强烈刺激。我们知道，艺术圈的"下乡写生"和"社会介入行动"都很流行，但我们希望艺术家的探访既不是浮于表面的采风举动，也不是把艺术作为一种介入的力量。2017年，我们组织的"艺术家在田野：珠三角工厂大考察"避开中心城市绚丽的街景和时尚生活，从珠三角最为突出的经济现象——工厂云集入手，让艺术家走入厂区，了解工厂的运营、生产面貌以及人群状况，为的是扩展艺术家的视野和促进社会关注意识，丰富其创作的经验和思想层面，同时也促进不同领域和层面的人群的交流与认识。

考察实施进行得很紧凑，广州美术学院美术馆联合东莞 21 空间美术馆以及长期关注珠三角问题的自媒体"打边炉"一起发布招募艺术家考察珠三角工厂的广告，根据报名资料确定了 19 名／组艺术家的入选名单。按照计划，组织艺术家考察了东莞市星海阳制衣厂、宏达通讯云计算中心、华美法罗家具有限公司、东莞市味菇坊生物科技有限公司、东莞思朗食品有限公司以及东莞誉铭新工业有限公司共 6 家不同类型的代表企业。"味菇坊"给大家以强烈印象，从野生菌种中提取原菌种进行克隆，配备同等的水、空气和养料生产整齐划一的蘑菇，场面极其震撼。团队白天赴工厂考察，晚上则是讲座与研讨。讲座安排了两场，分别是中山大学社会学与人类学学院教授万向东的"流动人口的城市融入和公共服务"和广州美术学院美术史系教授李公明的"在读书中遇见工人"。前者主要谈的是农民工就业与生活的现状、原因以及策略；后者则是从阅读和历史梳理中来理解工人、工厂以及阶层变革的意义。考察结束后，策划人与参加考察的艺术家以及部分工厂管理者等进行了座谈，交流了考察的体会。

这是近些年艺术圈少有的一次针对工厂的集中考察，也引起了艺术圈的广泛关注。参与的艺术家来自广州、香港、北京、上海、长沙等地，不少拥有海外留学背景，考察过程除了增强他们对该区域的了解，也增进了彼此的交流。从艺术家现场反应以及事后完成的考察报告来看，他们对工人工作环境、工厂生产模式和智能技术使用等方面产生了强烈兴趣，并由此引发有关人的存在、人机关系和世界经济体系等问题的思考。显然，这种经历给艺术家以强烈的思想和视觉冲击，有些艺术家正在进行相关的艺术创作；而对较少接触艺术的工厂人群来说，他们有了一次近距离对话艺术家的机会，增进了对艺术群体和艺术创作的理解。长期以来，所谓艺术生效的机制局限在某个自足而封闭的系统，这样的考察无疑是打破工种、阶层壁垒，让艺术的触觉得以延展的一次尝试。

2019 年的"艺术家在田野 II：参与式美术馆在乡村"是广州美术学院美术馆举办的第二次艺术考察活动。项目与源美

2017 年，"艺术家在田野：珠三角工厂大考察"项目之李公明讲座"在读书中遇见工人"

"艺术家在田野 II：参与式美术馆在乡村"之村民回访广州美术学院工作室，2019 年

术馆联合，使大学美术馆参与到乡村艺术建设平台的互动中。项目以社区参与式美术馆在乡村为切入点，通过艺术视角研究艺术与乡土之间不可割断的共生关系，再造社区内生力量，深入考察珠三角社会、经济、文化形态及珠三角地区普通乡村发展活化的可能性。整个项目以双向的交流与互助的形式组成，为艺术群体与普通民众搭建一个拥有平等话语权的公开环境。项目分为两个部分，上半部分为艺术家前往源美术馆驻地考察，在流溪河山区的乐明村进行田野调查，并为村民定制手工艺工作坊；下半部分为村民参观广州美术学院大学城校区的木工工作室、纺织工作室、纤维与空间创新教研中心，之后前往广州美术学院昌岗校区美术馆参观本馆与歌德学院合办的"新的旧物"展览，感受中德设计对话。源美术馆是由艺术家陈晓阳和银坎保在广州从化一个比较偏远的山村发起的"美术馆"项目，利用农村旧房和新改造的建筑组织一些艺术项目和工作坊，以改变乡村的文化生态。广州美术学院美术馆和源美术馆联合考察村落，包括养殖业、果树种植等，反过来又邀请这些村民来考察学校美术馆。比如源美术馆的角柜计划就是受这个村的家具启发改造的新家具，在美术馆进行展出，我们带这些村民来观看这个展览，让他们体会源于他们的看似极其平常的家具，如何变成美术馆的展品，如何变成在城市里可以传播和消费的物品，势必对他们有所触动和启发。

更近的一个项目"移动的乡村剧场"和"新传统的再发明：作为灵感、遗产和生产的区域民间美术"展览相关。广州美术学院美术馆展出的馆藏潮州木雕等作品里面有很多戏剧故事，大学城则有以戏曲画闻名的大画家关良的故居，但是没有引起太多关注，这里还有很多关氏家族的村民，他们没看过关良的作品。美术馆既然在这里，那它就应该和周边的生态以及文化历史链接起来。因此广州美术学院美术馆的工作人员就带领村民从关氏宗祠出发，前往顺德和美术馆看关良的作品。当时在顺德和美术馆有我策划的一个馆藏展，里面有好几件关良的精品，让他们亲眼看看自己所崇敬的前辈的作品到底是怎样的。

返回广州美术学院美术馆时，美术馆正在演出戏剧以及展出带有戏剧故事的木雕。这样通过赏关良的画、品戏曲、看木雕戏剧故事，让村民真正体会到相应传统文化之于自身的意义。传统不应该成为过去时空的凝固物，而是要和当下产生动态的连接，尤其是要和所在区域、所在

"流动的乡村剧场"之赴顺德和美术馆参观关良画作，2020 年

社区的文脉连接起来。这样的活动把村民、关氏宗族、美院师生，以及珠三角区域艺术机构都互动起来了。

总体来说，本文着重谈的是一个高校美术馆如何和区域的历史脉络及组织连接起来，打破学科、社会阶层之间的界线，从而启发新的艺术实验。我们觉得艺术家或者其他学科、其他社会身份的人，都不应该局限在自己的封闭圈子里，而是要与外界相互交融和结合。艺术人群需要不同阶层人群的力量触发，同时，美术馆移动的公共教育还涉及人的权益，尤其是边缘人群的艺术权益及生活发展权益问题，这是美术馆应突出关注的一个命题。

胡斌 / 广州美术学院艺术与人文学院院长、博士生导师

除了展览，美术馆还能做什么？
——以『艺术大家与四川』综合项目为例

曹笋琪娜

随着社会的精神文化需求日益增加，美术馆作为承担公益服务的专业艺术单位，数量急速增长，设施更齐全、文化辐射力更强的美术馆，已逐渐成为新时代中国最重要的美术机构之一。虽然在大众普遍的认知里，美术馆最重要的功能是展览，但随着美术馆数量的增加、美术馆学的理论提升和美术馆具体实践的开展，美术馆在展览之外的功能也逐渐被人认知，其重要性也在逐步彰显。实际上，美术馆并非普通的展览场地，而是提高公众文化艺术修养、协助艺术教育、为艺术家创作活动提供交流借鉴的机会和资料信息的有效手段。

以 1980 年成立的成都画院为例，其最初主要是画家进行艺术创作与研究的艺术单位。1998 年成都画院将部分画家工作室改造成为展厅，并成立了下属的美术馆——成都画院美术馆，2010 年又加挂了成都市美术馆的牌子，两块牌子一套班子，开始承担起公共美术馆的机构职能。2020 年加挂了成都市天府美术馆和成都市当代美术馆两块牌子，2021 年位于天府艺术公园内的两座新场馆建成开馆，同年位于琴台路的一处属于成都画院的闲置资产也整修改建为"成都画院琴台艺术馆"并对公众开放。目前，成都画院（成都市美术馆、成都市天府美术馆、成都市当代艺术馆）按照四块牌子一套班子进行统一运营，对四个场馆进行差别化定位，多角度开展公共文化服务和艺术创作研究工作。

　　从成都画院到成都画院（成都市美术馆、成都市天府美术馆、成都市当代艺术馆），既是成都画院发展为"画院 + 美术馆"的一个过程，也是中国美术馆事业蓬勃发展的例证。从 1998 年改造出展室开始，随着其作为"美术馆"职能的逐步加深，场馆规模的逐步扩大，展览、收藏、研究和公共教育这些美术馆最核心的功能都逐步在这里展开。其中 2010 年到 2021 年的十余年间，成都画院加挂市级美术馆牌子，但还没有新修标准化新馆，作为一个只有 800 平方米左右非标准展厅的市级美术馆，成都市美术馆的很多工作都是以展览之外的形式开展的，具有一定的代表性。笔者以自己主要参与策划和推动的、围绕"艺术大家与四川"学术脉络展开的综合项目为例，来回答"除了展览，美术馆还能做

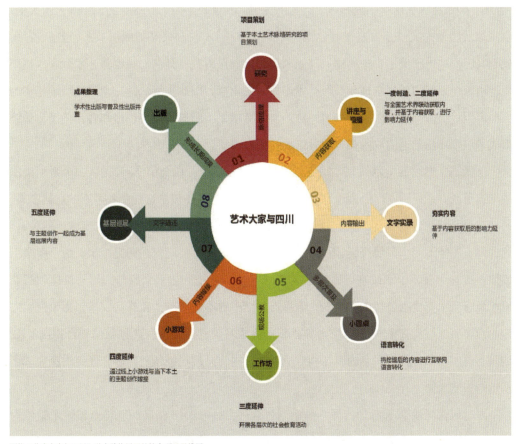

围绕"艺术大家与四川"学术脉络展开的综合项目思维图

"傅抱石与四川"专题讲座现场

什么？"的问题。

唐代吴道子入川绘嘉陵江三百里风光、李思训入川作蜀道山水，安史之乱后，大批宫廷绘画名家集体入蜀避乱。而八十多年前，时值民族危亡时刻，我国的主要美术院校、社团和美术家都从不同地方云集到大后方。徐悲鸿、齐白石、黄宾虹、傅抱石、李可染、关山月、陆俨少、潘天寿、丰子恺……他们多次入川或居川，这批老"蓉漂"们曾经深深影响了成都本土艺术的发展。而成长于斯的石鲁、陈子庄等艺术大家，也将这块土地的灵气蕴含进了自己的艺术生命之中。"艺术大家与四川"系列公教项目，就是以巴蜀在中国美术史中的这一高光时刻为出发点研究展开的。特别是艺术大家入川现象，是一个很好的阐释本地与整个艺术界关系的角度，因此主要从这一角度进行了基本的方向定位。围绕"艺术大家与四川"这一学术脉络，不断进行内容创造和转译传播，最终形成了一个环环推进的、由多个项目组成的完整闭环。

首先基于本馆的学术策划，确定学术方向后，该项目在2019年首先以一个系列讲座的形式呈现。系列讲座广泛邀请了全国艺术界的专家参与，包括选题中各名家的后代家属、研究学者、纪念馆馆长等，共同探讨艺术大家的艺术世界及他们与成都这座城市的关系。这些讲座围绕不同个案展开，让我们能很大程度地吸收不同专家的研究成果，由个案牵引成线，接连为面，丰富最基础的学术研究内容。2019年"艺术大家与四川"讲座项目获得了全国美术馆优秀公教项目提名，但讲座的结束并不代表整个工作的完成，出于夯实内容的角度，在讲座过程中，画院本身就非常注意对信息的整理，通过微信平台推出了12期线上讲座实录，包括文字内容、相对应的课件内容及现场视频剪辑等，通过讲座完成了基础的二度延伸。

同时成都画院基于自身的另一个系列公教项目——2018年已经获得全国美术馆优秀公教项目提名的"成都画院小圆桌"，对这些内容进行了网络化语言的转译。"小圆桌"系列是用互联网的方式，将学术性语言转换成了时尚跨界的语言，因此我们以讲座内容为基础，通过二度创作的形式再次进行了内容的输出。之后，我们进行了第三次延伸，开展了各个层次的现场活动。比如在"天府·天府：新天府盛景图"这个以成都为主题的创作展上，我们结合讲座的选题和展览的内容，设立了专门的互动区域"把新天府寄给老蓉漂"，让观众向那些个案所研究的老艺术家们写一些寄语，实际上也是让观众进行更深刻的不同角度的解读。同时我们还邀请青年艺术家作为志愿者，带大家看展览的同时组织工作坊，对艺术名家的诗词进行赏析，并且邀请观众通过绘画和书写信笺，完成向艺术

"把新天府寄给老蓉漂"线下活动现场

大家的致敬。除了现场的延伸，我们还将"把新天府寄给老蓉漂"这个选题做成了线上小游戏，观众可以通过选择《新天府盛景图》中的主题创作作品，以线上的方式寄给艺术大家。2020 年，我们又通过"美在天府：成都画院地域题材主题创作文献展"，把讲座录播和现场文献融入其中。这次巡展走进了四川的四座城市，特别是还选择了相对基层一点的社区美术馆进行展览。这个过程也是一种把已经成形的、有系统策展的展览去进行社区转化的方式探索。

　　这个项目是在成都画院新建专业化场馆之前完成的，受限于场地原因，12 期系列讲座共计现场观众仅 1200 余人，但通过直播媒体和线上回放、系列线上小程序和落地的各类项目，活泼多样的形式引导普通市民参与活动等形式，据不完全统计，这些公教项目覆盖线下观众 3000 余人，线上观众近 40 万人次。媒体关注方面，传统媒体如《中国文化报》《美术报》《四川日报》《成都日报》、四川电视台、成都电视台等进行报道 300 余次，新媒体报道上千次，成都地铁传媒也自发进行了跟踪报道，信息覆盖人群超 100 万。这个项目最后还进行了成果的整理和出版，包括学术讲座实录，有效地为日后研究者做个案研究提

供了基础材料。同时，还将以"小圆桌"为平台转化的内容制作成了美育普及图书，也将讲座视频赠送给了数个社区美术馆，最大限度地延伸了项目的辐射面。

　　围绕"艺术大家与四川"学术脉络展开的综合项目呈现了美术馆在展览之外的多元可能。其形式并非单独以展览的方式呈现，也并不是简单的公教项目，而是以讲座项目为基础，深挖内容核心，并将不同公共教育项目、展览项目进行了嫁接，以整体性的策展理念为基础，更多元和全面地呈现了综合性项目的特点。整体性逻辑和学术思维贯穿在前、中、后不同的工作时期，也考虑到公众、艺术家、研究者等不同人群的需求。系列项目自开办以来，获得了艺术界和社会的高度认可，不仅为广大市民普及了艺术知识，提升了鉴赏能力，还对深化四川美术史的研究和推动当下天府绘画艺术的发展有着较好的作用。

曹筝琪娜 / 成都画院策展人

城市社会美育、人民主体性与业余创作的新契机

郝斌

在 2018 年习近平总书记给中央美术学院老教授回信强调"做好美育工作"之后，2020 年，中共中央办公厅、国务院办公厅印发《关于全面加强和改进新时代学校美育工作的意见》，其中特别强调新时代学校美育工作要"统筹整合社会资源。加强美育的社会资源供给，推动基本公共文化服务项目为学校美育教学服务。城市和社区建设规划要统筹学生艺术实践需要，新建文化艺术项目优先建在学校或其周边。鼓励学校与社会公共文化艺术场馆、文艺院团合作开设美育课程。"[1] 这就明确提出了新时代学校美育与社会美育的有机融合，即意味着不仅是要"全面加强和改进新时代学校美育工作"，同时也要"全面加强和改进新时代"社会美育工作，使得两项工作密切配合、共同发展。由此，近年来国家相关美育政策文件的发布，不仅为学校美育提供了重要契机，也为社会美育发展提供了重要契机。

近来，关于"社会美育"已有许多有价值的讨论。其一，关于"社会美育"的概念界定，孔新苗认为"社会美育"是"家庭与学校美育之外的、伴随人终生的、贯穿于各类社会活动、人与自然关系中的社会美育文化。社会美育与家庭、学校美育既有区别又有重叠，是社会中人必

然参与其中的基本活动"。文中，孔新苗特别提及"'艺术为人民'：社会主义美育价值观的确立与中国实践"问题，讨论了我国社会美育在革命年代和新中国时期所发挥的"文化战线"和"移风易俗"方面的积极作用。[2]其二，关于"学校美育"和"社会美育"的关系方面，尹少淳提出"学校美育与社会美育的互仿与渐融"的主张，他认为只有如此才能够构成"终身美育"的完整性。[3]其三，在"社会美育"的当代实践路径方面，范迪安在2021"策展与未来"青年策展人系列学术座谈演讲中提出"通过策展提升社会美育水平"，并强调了"策展本身的社会作用、社会责任"[4]；同时，还有论文从设计案例或艺术案例的角度进行讨论，在此不再赘述。[5]尽管相关研究已经讨论了社会美育的许多方面，但仍未认真讨论中国特色社会主义语境下社会美育的"人民主体性"问题。

不仅如此，还应当认识到，推进社会美育工作是我国社会主义文艺事业繁荣发展的重要内容之一。如习近平总书记在文艺工作座谈会的重要讲话中指出："人民既是历史的创造者、也是历史的见证者，既是历史的'剧中人'、也是历史的'剧作者'。"[6]如是，既强调了人民的主体性在我国文艺事业中的核心位置，文艺家开展文艺创作要坚持"为人民服务"，而且强调了人民本身也是文艺事业中不容忽视且充满创造力的重要创作者之一。而对人民主体性的发扬，正应当是当代社会美育工作的重要内容和价值所在。

此次四川美术学院在西南地区提出"社区美育"问题，推出"在地 在线 在场：中国社区美育行动计划展"及"社会美育与城市品质提升"专题研讨会，从"社会美育"到"城市社区美育"，体现出更明确具体的学术指向，在新时代语境下具有重要意义。与此同时，还应当注意到，"城市社区美育"问题并非一个新时代的新问题，我国早在20世纪50—90年代已经发展构建起了社会主义城市社会美育的光辉历史传统，其经验是值得珍视的。这些重要的历史经验也特别提示着我们今天的城市社区美育所应当秉持的"人民主体性"的价值追求。本报告即试图以20世纪80—90年代我国工业版画运动为中心展开讨论，为大家建立理解这个问题的历史维度。

对城市社会美育而言，其主体性不仅强调了要尊重市民、居民主体，而且也要尊重社区、企业主体，充分发挥主体的自觉意识、能动意识，激发主体的创造精神和艺术潜力。在1949年之后，国家有意识地大力推动群众性美术运动，推动专业作家到基层去，培育基层的职工和农民美术运动。1949年12月，东北第一次文学艺术工作者代表大会召开，刘芝明提出："职业作家能经常在这一方面去领导，去组织，是文艺工作的长期积累资本

的仓库。能够一点一滴地撒
下种去，打下根基，等到一
定时期它会发生很大作用与
效果的，而职业文艺工作会
取得甚好的助手。"[7]正是在
中华人民共和国成立前三十
年所奠定的深厚经验基础上，
改革开放后一下爆发了全国
性的工业版画创作的浪潮，
并在美术史上有着很高评价。

改革开放后，在20世
纪80—90年代，全国兴起了
工业版画群体创作浪潮，先
后涌现出大庆油田工业版画，
天津的大港版画、塘沽版画、
汉沽版画，武汉一冶工业版

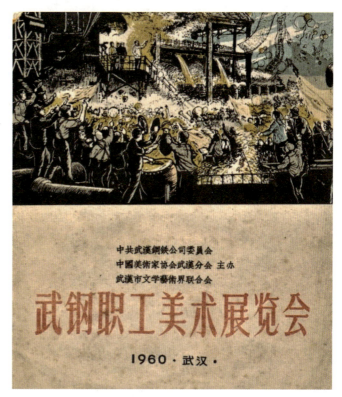

1960年，"武钢职工美术展览会"宣传册

画，广东湛江工业版画等群体。全国很多地方包括四川地区都出现了工业版画群体（当时
也兴起了农民画运动，如重庆綦江农民版画就是一个很好的例证）。工业版画运动的兴起
有一个持续培育的过程，专业版画家把最新的技术、最新的艺术语言传达到基层的厂矿和
企业去。汉沽版画、塘沽版画用的是水印木刻，也有用铜版的，最新的版画技术很快在工
业版画群体中迅速推进，工人们迸发出火热的创作激情。在20世纪80年代工业版画迅
猛发展过程中，1989年中国版画家协会举办了第一届中国工业版画展览，展出了208件
作品，表现了"火热的现实生活，时代步履，激起的热情"，并举办了专题研讨会。展览
是由大庆油田、大港油田、华北油田、武汉钢铁公司、新余钢厂、大兴安岭林区六大著
名企业工业版画群体发起的，获得了著名艺术家和学者的关注，比如李少言、周韶华、
刘纲纪等。[8]

工业版画群体在20世纪80—90年代的发展，充分体现了业余作者和专业作者的结
合，通过专业作者的介入，以培育、激发业余作者的艺术潜力。对此，宋源文谈道："为

了适应现代化建设的需要，许多大企业近年来正在千方百计地造就一批有较高文化科学素养的人才。在这方面，一些有远见卓识的企业界领导，不失时机地走在了前面。大港油田于 1985 年至 1987 年，请中央美术学院举办版画大专班，进行正规教学，培养了五十名学员……大庆的版画始于 60 年代初，但到 1967 年才有长足发展，著名版画家晁楣曾经亲自坐镇辅导，他们的作者出来取经，每年都派人到美术学府进行深造，办创作学习班，请国内知名的版画家前去开学术研讨会，进京展览，出版画册，领导为之提供了各种方便条件，在人才投资方面可以说是尽了最大的努力，因此在短短的两三年之间，便取得了举世瞩目的好成绩。"同时，特别针对业余作者的独特艺术创造力，他继续谈道："业余作者由于身在基层和群众之中，他们想问题比较实际，而较少盲动；又由于年轻作者占多数，对新事物敏锐，充满了活力，富于进取和创造性。"[9]而业余作者的这种独特的艺术创造力，正是其独特的主体性的体现。

对于新时期工业版画的创作成绩，李桦在《三十五来版画的成就》一文中特别就新时期以来的工业版画给予了很高评价："尤其是出自生活在生产和工作第一线的业余作者之手的作品，大大克服了肤浅和一般化的毛病。他们塑造出动人的为四化献身的创业者的形象，表现出今天一日千里的建设面貌，作品显示了时代前进的精神和历史发展的趋势，给人们以奋发图强的鼓舞和社会主义教育，提高了人们的理想、情操和创造能力，这是符合党的文艺方向，也继承和发扬版画的革命传统，应该说是今天版画艺术的最大成果。"[10]然而遗憾的是，随着社会主义市场经济的发展，20 世纪 90 年代后期，火热的工业版画运动逐步沉寂，最后一次工业版画的展览大约是 1996 年的吉林化工集团职工美术作品展览，此后十余年未有成规模的展览。

工业版画经过了多年的沉寂又有了复苏的迹象。2013 年以后，工业版画运动又呈现了新的活跃态势，武汉开始着力推动一波新的工业版画浪潮，举办了中国工业版画三年展，产生了很大影响，并起到带动业余创作发展的重要作用。2022 年 1 月，由湖北美术馆、中国工业版画研究院主办的"青年精神——2021 中国工业版画三年展"在湖北美术馆开幕。本届三年展以"青年精神"为主题，正值新兴木刻运动 90 周年纪念之际，以意气风发的青年精神积极续写中国现实主义艺术的伟大成就，图像呈现中国当代版画创作的内在逻辑和前沿状态。除此之外，2019 年，武汉一冶举办了"庆国庆 迎军运——中国一冶职工版画作品展"，展出作品体现了业余作者的创作特色和潜力，也体现了企业在推动

蔡远河《生命的等式-1》
木刻版画 120cm×80cm 2017年

夏玉清《贵昆铁路》铜版画 75cm×96cm 2021年

业余创作方面的主体性。

　　总之，我国新时期前期工业版画运动的辉煌历史，启示着我国的社会美育尤其是城市社会美育的开展：其一，"人人都是艺术家"——我国社会大众尤其是劳动者从来不应仅是欣赏者，同时是重要的创作者和参与者，因此在社会美育尤其是城市社会美育的开展过程中，应当充分注意作为社会美育对象主体的社会群众之于艺术创作的"主体性"，即应当充分调动发挥城市职工业余群体的艺术创造力。其二，"撒下种去"——社会美育尤其城市社会美育是业余美术创作者与专业美术创作者彼此合作结出的硕果，是专业作者积极下到基层指导业余作者的硕果。因此专业作者应当积极地"撒下种去"并期待繁花硕果。其三，仍需要艺术的"当代性"——20世纪80—90年代的群体版画经验告诉我们，专业作者应将最新的艺术观念、创作方法传达给业余作者、市民群众，催生其新的创造力。其四，重建地域性和多样性——应当注意到社会美育具有"双向意义"，不仅对于社会群众，对于专业作者也是一次重要的契机。20世纪80—90年代的群体版画尤其工业版画群体在全国各地绽放，其多点开花的局面以及多种多样、五彩斑斓的艺术样式、鲜活样态，对今天仍具有重要的启示意义。

郝斌/重庆大学艺术学院讲师、艺术史博士

注释

［1］《关于全面加强和改进新时代学校体育工作的意见 关于全面加强和改进新时代学校美育工作的意见》，《人民日报》，2020 年 10 月 16 日第 4 版。

［2］孔新苗：《"社会美育"三题：含义、实践、功能》，《美术》，2021 年第 2 期。

［3］尹少淳：《学校美育与社会美育的互仿与渐融》，《美术》，2021 年第 2 期。

［4］高敬：《2021 "策展与未来"青年策展人系列学术座谈活动综述》，《美术观察》，2021 年第 12 期。

［5］李琳：《城市公共空间作为社会美育场域——香山周边地区环境建设设计研究》，《美术研究》，2021 年第 3 期。

［6］习近平：《在文艺工作座谈会上的讲话》，《人民日报》，2015 年 10 月 15 日第 2 版。

［7］刘芝明：《将文艺提高到人民建设时期的新水平》，陈业主编《江潮集：刘芝明百年诞辰纪念》，沈阳：辽宁人民出版社，2007 年，第 152-193 页。

［8］宋源文：《"中国工业版画展"观后》，《美术》，1990 年第 7 期。

［9］宋源文：《"中国工业版画展"观后》，《美术》，1990 年第 7 期。

［10］李桦：《三十五来版画的成就》，《美术》，1984 年第 1 期，第 3-5 页。

社区博物馆（美术馆）的美育建构与城市更新

李龙

20世纪七八十年代以来，随着新博物馆学理论的发展与一系列社会实践的展开，一些博物馆、美术馆观念及范畴发生了重要变化，比如社区、在地历史记忆、审美民主化、文化平等、主体权利、文化赋权等。与之相应、极为重要的实体性文化符号——生态博物馆、社区博物馆（美术馆）开始大量出现。在中国语境里，社区主要偏向于城市空间。近年来，伴随着"城市化"理念的质的飞跃，城市更新逐渐成为高质量发展的语汇象征，社区博物馆（美术馆）及其美育意义随之凸显，并为文化建构、艺术创新、城市规划发展提供了更多新的思考与实验空间，为城市更新构建起深厚且面向未来、面向社区生活的文化艺术价值理念。

一、社区博物馆与城市

20世纪70年代左右，博物馆逐渐将关注焦点由"物"转移到"人"，密切关注人类社会发展的现实问题。1972年5月，在智利首都圣地亚哥，国际博物馆界集中讨论了博物馆在当代社会发展中的作用问题，强调博物馆应与社区加强协作。一定程度上，这就标志着新博物馆

2020 年四川乡史村史和社区博物馆建设示范项目 "川矿记忆陈列馆"

学的诞生。与之相适应，社区博物馆（community museum）的概念逐渐发展起来。很大一部分博物馆学家认为，博物馆不应超然于邻近社区之外，应该更多让社区居民参与到博物馆当中来。社区参与到博物馆中一个重要的发展趋向就是建立社区博物馆。

从一定意义上说，新博物馆学的理论是建筑在生态博物馆和社区博物馆的实践之上的，是生态博物馆和社区博物馆的实践促成了新博物馆学运动的发端。[1] 与传统博物馆观念不同，新博物馆学的重心"不再置于传统博物馆所一向奉为准则的典藏建档、保存、陈列等功能，转而关怀社群与社区的需求，成为博物馆经营的最高指导准则"[2]。1984 年的《魁北克宣言》和1992 年的《加拉加斯宣言》都再次强调博物馆服务社区的职责。1995 年，国际博物馆协会在挪威斯塔万格举行大会，讨论主题是博物馆与社区（Museum and Communities），通过了一项有关博物馆与社区的决议。2001 年，国际博物馆日的主题则是"博物馆与建设社区"。

社区博物馆与生态博物馆关系极为密切，甚至只是不同国家实践语境下的词汇变化。随着实践与认识的发展，社区博物馆才逐渐与生态博物馆产生了一定的区隔。在中国，社区博物馆有一个逐渐明确指向城市社区并与传统生态博物馆逐渐分离的过程。贵州梭戛苗族生态博物馆及贵州生态博物馆群可以称为第一代中国生态博物馆，其后，广西、浙江、安徽等地也加入到了生态博物馆的具体实践当中，并形成了第二代和第三代中国生态博物馆。[3] 其中，第三代生态博物馆特别注意到了城市社区，由保护单一的民族文化遗产走向了保护综合类文化遗产，开启了中国社区博物馆的实践。

国家文物局指出，生态（社区）博物馆是一种通过村落、街区建筑格局，整体风貌，生产生活等传统文化，生态环境的综合保护和展示，整体再现人类文明的发展轨迹的新型博物馆。[4] 国家文物局的指导性定义直接将社区博物馆与城市联系了起来。从地域上说，生态博物馆着重关注乡村文化遗产保护，社区博物馆致力于城市街区文化遗产保护。社区博物馆主要关注和解决当下社区的现实问题，较少涉及自然环境和自然遗产。近几年，在国内博物馆界兴起乡史、村史与社区博物馆建设热潮。其中，乡史、村史主要针对农村，社区主要针对城市，与国家文物局的思考大致相同。

总之，从遗产语境出发，社区博物馆是"社区 + 遗产 / 文化 / 艺术 + 居民"的总和。与曹兵武的定义稍有差别，其主要资源应该是人文遗产。[5] 社区博物馆对现代城市来说意义非凡，可以被看作是城市经济、社会与文化发展水平的重要标志。正如潘守永提到的，从全世界的一般规律来说，有社区博物馆的地方一定比没有博物馆的地方发展要快些，社区环境要好一些，城市的文化程度要高一些。一个发展得好的社区博物馆，也一定可以带动当地其他产业的发展。[6]

二、安那考斯提亚的社区博物馆实践

社区博物馆与生态博物馆的称谓差异，主要是博物馆理念与实践的差异。以城市社区为中心，社区博物馆最早诞生于美国。1967 年，世界上第一座社区博物馆——安那考斯提亚社区博物馆在美国华盛顿特区的黑人聚居区成立，其实践受到国际博物馆界的普遍关注，并具有较为重要的模式意义，可为中国社区博物馆实践提供参考与借鉴。正如周美珍所说："借鉴安那考斯提亚社区博物馆的运营模式，分析和讨论其围绕社区开展的展览，可以进一步完善国内社区博物馆（美术馆）建立的理论并提高相关实践成功的可能性。"[7] 安那考斯提亚区（Anacostia Neighborhood of Washington, D.C. in the United States）是美国华盛顿东南部的一个社区，居民以非洲裔美国人为主。尽管社区内也有部分生活较为富裕的白领阶层，但其多数居民仍需要领取社会福利金维生。安那考斯提亚社区长期得不到发展，教育资源缺乏，居民无法享有城市基本设施，犯罪率也居高不下。在华盛顿大部分居民眼中，该地区是一个危险的区域。为此，安那考斯提亚社区的居民希望

安那考斯提亚社区博物馆（图片来源：httpssiris-sihistory.si.edu）

为自己发声，建立社区博物馆的计划应运而生。

1967 年初，社区顾问委员会与史密森学会（Smithsonian Institution）正式会面，决定将位于尼科尔斯大街（现已更名为马丁·路德·金大街）的一个废弃剧院——卡弗剧院（Carver Theater）改造成社区博物馆，命名为"安那考斯提亚邻里博物馆"（Anacostia Neigborhood Museum）。而后经历 3 次更名，2006 年最终更名为"安那考斯提亚社区博物馆"（Anacostia Community Museum）。

个体与社区是安那考斯提亚社区博物馆的关注中心与价值所系。从实践层面来看，主要表现为两个方面。

一是展览主题较多是"人的故事"。安那考斯提亚社区博物馆早期最受欢迎的展览之一"老鼠：人们自己招致的灾难"，其关注焦点就是与人类生活直接相关的老鼠问题。展览向观众提出几个重要问题：一是人类过去如何处理鼠疫，二是有没有一个社会从来没有老鼠和老鼠传播的疾病，三是啮齿动物有什么好处。同时，博物馆还分析了忽视该问题的社会、政治和经济后果，并提出了解决该问题所要获得的结果。安那考斯提亚社区博物馆另一个重要展览"开垦边缘：城市水路与市民参与"，则探讨了在城市环境中人类与自然资源互动的各种问题。博物馆主要就是通过"行动计划"实施展览，开始的时候在海滨公园测试水的纯净度，动员整个社区参与，后来又通过艺术家将测试用的矿泉水瓶改造成鱼类的样子挂在展厅中，受到社区热烈欢迎。

二是社区居民参与博物馆管理。安那考斯提亚社区博物馆隶属于史密森学会，其基本的管理模式与传统博物馆有共同之处，博物馆在组织机构上使用专业的社区艺术机构管理的模式，馆内有负责行政工作的相关人员维系博物馆的正常运营。又因其特殊的定位，虽然依靠史密森学会的支持，但在形成时期仍表现出了一种"自下而上"的发展过程，社区成员在参与决策方面扮演着相当重要的角色。

以人与生活为关注焦点，积极动员社区参与，一方面使安那考斯提亚社区博物馆快速得到了社会的认可，

安那考斯提亚社区博物馆的孩子们
图片来源：https://siris-sihistory.si.edu

另一方面推动了社区的更新和发展，提升了社区居民的整体生活质量，对社区具有重要的实践存在意义。"老鼠：人们自己招致的灾难"展览的举办，促使公共卫生官员启动了对安那考斯提亚卫生问题的调查，卡内基公司则接受了为城市问题研究提供资金的建议。"开垦边缘：城市水路与市民参与"展览，则通过社区居民的积极参与，增强了他们对安那考斯提亚河的归属感和责任感，并使他们开始积极思考自己的日常生活如何影响河流的健康。"黑色马赛克"展览则重新审视了美国黑人和白人的身份认同。通过这些展览，安那考斯提亚社区博物馆完成了积极的社区美育建构，实现了唤起社区居民对生活的认同感，进而以此解决存在的问题。

三、社区博物馆视域下的社区美育与城市更新

关于社区，社会学家开展了极为丰富的研究，博物馆学者也多有借鉴。英国博物馆学家肯尼斯·赫德森认为，从博物馆角度谈社区，社区至少可以分为四类：当地的社区——博物馆周围约五里、地区的社区——离博物馆两小时的旅程、国家的社区——不论国家大小如何、国际的社区——在某一年内能够向博物馆提供观众的这样一些国家。[8] 由于文化传承与社会美育价值所系，博物馆显然不能够完全拘泥于社会学家的观点，地域或规模只能是一个基础的空间概念，更重要的内容则是有利于人际交往、建立共同的情感纽带。换言之，关键在于群体认同。正如苏东海先生所说，社区的含义比我们从字面上理解宽泛得多，它不仅指地域，而且可以指文化群、政治群、商业群，甚至一个单体、一个自然与人文的整体社会。[9]

社区，首先是人的空间，没有人，也就没有社区。因此，社区首先牵涉到的就是人的认同，对自我、对社区的认同。社区美育，不能凭空产生，首先是对地域文化的认同。艺术家、学者开展的社区美育行动，大致路径即是认识社区，挖掘社区的历史与文化传统，再指导艺术实践，推动社区的生活品质提升。近十多年，很多艺术家参与的"艺术乡建"关注到了特定区域与乡村的人的生活、情感、经验，也包括乡村的文化与历史，以及生命记忆等，其重要意义在于参与式地重建在地的文化记忆，重建人和土地、生活与岁月的情感，从而引发更开放、丰富的经验认知与创造精神。地方性的知识与文化，就是我们的社区美育的起点，也是社区博物馆（美术馆）美育建构的第一步。

福州三坊七巷社区博物馆（图片来源：《社区博物馆 博物馆发展的新视野》，《中国文化遗产》，2011 年第 5 期）

社区博物馆（美术馆）是社会发展的必然结果，它所推动的社区美育反过来又是重构社会空间，找寻文化记忆，重塑文化生态的重要途径与文化工具。在全球化与现代化进程中，社区博物馆（美术馆）主要服务的城市社区，伴随着剧烈的人口流动与文化迁移，更为严重地遭受着认同与记忆的困扰。它们的"文化主人"更多是"新"的"部落族群"，拥有文化认同感的社区居民既有地域性特性，也有群体性特性。社区博物馆（美术馆）的美育实践，则使社区拥有了更为准确的文化指向；社区居民在文化赋权过程中，主体地位与权利倾向也更为突出；在在地性文化挖掘与文化景观重构过程中，实现社区文化自觉的内化也变得更为顺滑。在美育实践中，社区博物馆（美术馆）不只是一个空间，更是社会发展与更新的积极推动者与合作者。社区博物馆（美术馆）所代表的社区文化，则是社会发展的前提与灵感来源，有助于激发文化的创造性力量。社区博物馆（美术馆）在这个实践过程中，又成为一种创新创意的工具和力量之源。

过去 20 年，大拆大建几乎是中国每一个城市的重要"景观"。房地产的过度开发建设方式与急功近利倾向造成了随意拆除老建筑、搬迁居民等现象，产生了大量城市问题。其中，最核心的问题是社区的瓦解与文化精神的丧失。有鉴于此，顺应城市发展规律，尊重人民群众意愿，以内涵集约、绿色低碳发展为路径，转变城市开发建设方式，坚持"留、改、拆"并举，以保留利用提升为主，加强修缮改造，补齐城市短板，注重提升功能，增强城市活力，成为最新的城市发展思路。概言之，就是"城市更新"。

从社区来说，原来的大规模、强制性搬迁居民，极大改变了社会结构，割断了人、地和文化的联系。现在要尊重居民安置意愿，鼓励以就地、就近安置为主，改善居住条件，保持邻里关系和社会结构，城市更新单元（片区）或项目居民就地、就近安置率要求达到一半以上；践行美好环境与幸福生活共同缔造理念，同步推动城市更新与社区治理，鼓励房屋所有者、使用人参与城市更新，共建共治共享美好家园；坚持应留尽留，全力保留城市记忆。

大拆大建时代，社区居民能够享有接受社区美育的机会吗？答案可能是悲观的。政府、学者和社区居民均意识到了这个问题。于是，在博物馆界与艺术界就兴起了推进社区博物馆（美术馆）建设的思路。作为城市社区历史文化与人文精神的再现，也是社区娱乐、休闲与教育重要场所，美育的重要空间与精神载体，社区博物馆（美术馆）在社区共有、共享、共同运营中，对城市更新产生积极重要影响。

四、余论

汉宝德在《生活化的博物馆》中指出："如果你一定要为社区博物馆下定义，它是一种迷你型的地方史博物馆，好像地方志一样，生动严肃地表达出地区的发展过程，影响地区发展的人与物。它有助于我们了解过去、现在和未来，使我们更能了解生活的意义，选择自己的生活方式。"[10] 因此，社区博物馆（美术馆）不能只是一个口号，它应该成为一种生活方式。从社区美育来说，社区博物馆（美术馆）未来大有可为。城市中的社区博物馆（美术馆）在倡行在地化美育、整体化美育与发展性美育过程中，将更多担负起传统与现代、过去与未来、生活与艺术的桥梁，为城市更新提供丰富持久的精神指引。

李龙 / 成都博物馆研究馆员、皮影木偶部主任

注释

［1］吕建昌，严啸.新博物馆学运动的姊妹馆——生态博物馆与社区博物馆辨析［J］.东南文化，2013（1）.

［2］吴云一.新博物馆学语境中的当代博物馆建筑设计［M］.上海：上海人民出版社，2016：8.

［3］第二代中国生态博物馆：努力把生态博物馆向专业化、博物馆化方向提升，以"广西民族生态博物馆'1+10'工程"为代表；第三代中国生态博物馆："发现地方"价值，并拓展至中国城市社区文化遗产保护领域，以"浙江安吉生态博物馆群"为代表。

［4］关于促进生态（社区）博物馆发展的通知（文物博发［2011］15号）［OL］.http://www.ncha.gov.cn/art/2011/9/9/art_2237_25055.html.

［5］曹兵武认为，社区博物馆是立足于社区，为了社区，以社区内的自然与人文遗产为主要资源，在社区居民主导下开展遗产保存、整理、研究、展示和传播，对内对外开展社教服务与交流的文化机构或工具，

是博物馆大家庭中的一个特殊门类，是博物馆功能与社区需求的成功对接，是博物馆文化基因或种子在社区土壤上的落地和生成。参见曹兵武 . 社区文化建设：从传统祠堂到现代社区博物馆［J］. 杭州，2016（2）.

［6］由个体故事构建群体记［OL］. https：//www.sohu.com/a/363194569_657654.

［7］周美珍 . 博物馆与社区互动——以美国安那考斯提亚社区博物馆展览为例［J］艺术博物馆，2021（4）.

［8］（美）赫德森著，王殿明等译 . 八十年代的博物馆——世界趋势综览［M］, 北京：紫禁城出版社，1986：77.

［9］苏东海 . 博物馆服务社区的思想由来［N］. 中国文物报，2011.4.25.

［10］转见甄朔南 . 甄朔南博物馆学文集［M］. 北京：中国大百科全书出版社，2004：291.

博物馆＋互联网：完善博物馆文创传播新模式——以故宫博物院为例

舒玉婷

伴随着 1905 年南通博物苑的诞生，中国博物馆的教育功能即被社会广泛认可。20 世纪二三十年代，在西方先进理念的影响下，我国开始了对博物馆教育的学术性研究。改革开放以来，博物馆教育回归文化教育的使命，基于藏品研究发挥社会教育功能，教育形式开始向"参与""互动"转化。直到 21 世纪，对博物馆教育的共识是根据博物馆的藏品和陈列展览以及相关材料，运用多种手段和方法，直接形象地对观众进行科学文化教育，提高其思想品德、审美情趣。[1]

"互联网＋"是指互联网发展到一定阶段，各个传统产业运用互联网化的方式来进行产业升级，既可以利用互联网平台在社会资源配置中的优势进行产业优化，也可以利用信息通信技术对大数据进行整合分析，从而对其生产方式、产业结构等方面进行改良的一种模式。

2016 年 11 月国家文物局、国家发改委等五部门共同印发《"互联网＋中华文明"三年行动计划》便提出"互联网＋文物文创产品""互联网＋文物素材创新""互联网＋文物动漫游戏"等多种具体发展路径。

一、博物馆＋大众媒体——从遥远的呼唤到平常百姓家

博物馆与大众媒体的融合，并非"互联网＋"时代的产物。1972年，对湖南长沙马王堆汉墓的新闻报道是我国文博类节目的开端。还有一类是纪录片，纪录片的纪实特征与文博内容的审美需求高度匹配，仅以故宫博物院为例，2005—2020年就有《故宫》《当卢浮宫遇见紫禁城》《我在故宫修文物》《如果国宝会说话》等十几部相关纪录片。早期文博类综艺以文物鉴赏为主要内容，例如《国宝档案》等，其受众群体因为知识的专业性主要集中于文物界、历史界和收藏界的相关人员和爱好者。

2016年3月初，国务院发布《关于进一步加强文物工作的指导意见》，明确要求"大力发展文博创意产业"。在这样的社会背景下，以故宫博物院为主的各大博物院与中央电视台及地方电视台陆续联合推出了《国家宝藏》《上新了，故宫》等诸多新型文博类综艺节目。

（一）《上新了，故宫》节目概况

《上新了，故宫》是故宫博物院和北京卫视从2018年联合出品的文化季播节目，目前播出至第三季。节目旨在通过故宫文化元素的再创造来吸引更多年轻的观众对我国传统文化的关注，领略我国的文化风采。节目采用了"文化探秘＋文创运营"的模式，在节目的第一、第二季中，每一期以发布不一样的文化探索任务，由固定的嘉宾担当文创新品开发员，带领一位飞行嘉宾联合专家一起探寻故宫博物院的文物和其背后的历史故事，寻找故宫文创产品的历史脉络和文化元素，为设计师设计故宫文创产品提供素材为主线，辅以让观众更加深刻了解故宫文化

《上新了，故宫》文创产品

的微情景再现历史剧，最后由观众投票决定文创产品是否上新。

节目的拍摄大多取景于故宫的未开放区域，嘉宾和观众在故宫工作人员的带领下寻找文化线索，通过工作人员的讲解和以故宫御猫为原型的"御猫说"拟人化旁白帮助嘉宾和观众更好地理解文物和文物背后所蕴含的文化。节目一经播出就引起了广泛关注，获得了口碑收视双丰收。

（二）《上新了，故宫》的传播模式

故宫博物院作为传播者，摆脱了传统文博类综艺节目以文物鉴宝为主线的模式，着眼于明星＋专家＋萌宠的新型模式。《上新了，故宫》以周一围等演员为常驻嘉宾，每期邀请一位飞行嘉宾例如袁弘、聂远、宁静等大家耳熟能详的艺人拉近与观众之间的距离，由故宫博物院的专家学者带领参观故宫众多的未开放区域探索文物，在其中以宫廷御猫为拟人形象担任串场旁白的任务，平衡文物所带来的厚重感，使节目内容更符合综艺节目的需求。

节目试图运用明星效应来吸引更多年龄层的观众，以御猫为节目在厚重之余添加"萌感"，激发观众的观看兴趣。《上新了，故宫》将明星、专家、萌宠等众多传播者有效地组合起来，尽最大可能发挥其在节目传播中的作用。

在媒介的选择上，借由互联网的发展，除了传统文博类节目以线下电视节目形式播出的方式，还增加了网络电视平台的播放，加上与微博、微信、豆瓣等网络社交平台的合作，最大程度地提高节目的曝光率。到目前为止，《上新了，故宫》的官方微博账号拥有一百多万粉丝和七百多万的转赞评论，使之不再仅仅是一个节目，而是故宫与观众互动的

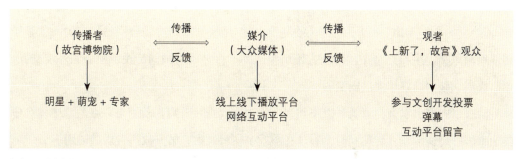

《上新了，故宫》传播模式

平台。通过各种渠道的反馈，故宫能够更加准确地知道观者的需求，从而更好地把握节目内容，所生产的文创产品也能更受到大众喜爱。

对于观众而言，除了能够在网络平台上对节目的内容进行讨论，也能参与文创产品上新的投票，提高观众的参与度，增加节目与观众之间的黏度，使节目在播出完成之后依旧能够维持一定的热度。《上新了，故宫》不仅在文创产品上进行观众投票，还推出了上新能量榜互动，让观众参与到推选最爱故宫文创新品开发员的活动中来，利用明星的影响力，进一步掀起《上新了，故宫》的热潮。

二、博物馆＋网络游戏——走出舒适区寻求新合作

"游戏化"一词最早来源于 20 世纪 80 年代，是埃塞克斯大学的理查德·巴特尔提出的，意思是"把不是游戏的东西（或工作）变成游戏"。[2] 游戏和其他不同行业的结合，把游戏运用在非游戏的场景中，让用户沉浸其中，培养用户的忠诚度。

国外游戏行业关于艺术与博物馆的结合可以追溯到十几年前，涌现出了如《刺客信条》等优秀的游戏作品。近几年，越来越多的国内游戏产品开始选择与各大博物馆展开跨界联动。据不完全统计，从 2018 年到现在，至少有超过 12 家游戏厂商，高达 24 款游戏产品与故宫博物院、陕西历史博物馆、敦煌博物馆、中国文化交流中心等 25 家国内知名文博单位开展了 33 起各具特色的跨界合作案例。

如果说新型文博类综艺是博物馆与大众媒体融合的进步，那么博物馆利用网络游戏进行文化传播，则是博物馆行业走出舒适区探寻新传播途径的尝试。

（一）《绘真·妙笔千山》游戏概况

《绘真·妙笔千山》（以下简称《妙笔千山》）是故宫博物院联合网易打造的一款基于传统绘画风格，主要结合中国传统古籍衍生出的上古神话与民间传说，核心为环境交互、物品收集、破解谜题和推进剧情的"佛系"手游。

游戏以中国山水画为背景，以小和尚一修为主要视角开启。玩家可以在游戏中体会中国山水画的诗情画意，与此同时，通过在游戏中获得线索，解开故事背后的谜团。

游戏以青绿山水《千里江山图》为蓝本创作，采用横版平面视角与 3D 自由大视角结

《绘真·妙笔千山》游戏画面

合的方式，让玩家充分体会到"身在此山中"的感觉。此外，在解密上降低了难度，让玩家可以更加投入于画中世界，感受美丽山河，而不是沉浸于无法解密的挫败感中。

在这款游戏中，玩家可以寄情山水，观重峦叠嶂，赏溪水潺潺，通过游戏展开一场古今对话，体会画中世界。

（二）《绘真·妙笔千山》的传播模式

作为游戏的设计者，游戏设计之初故宫博物院的专家与游戏制作团队花费巨大精力，对以北宋名画《千里江山图》为代表的青绿山水画进行了仔细研究。制作团队借鉴古画创作技法，通过技术手段使静态图画转为动态呈现，尽力还原古画的真实面貌。

2017 年，故宫博物院举办了"千里江山——历代青绿山水画特展"，很多观众慕名前来，只为一睹《千里江山图》的真容，因为出于对珍贵文物的保护，《千里江山图》极少展出。《妙笔千山》以《千里江山图》为创作蓝本，通过 3D 建模的方式弥补了珍贵文物无法长时间展览的遗憾。

作为一款绘画类游戏，《妙笔千山》中的游戏场景对《千里江山图》的部分图画进行了较为真实的复原再现。《千里江山图》在设色和笔法上承袭了隋唐以来的青绿山水画法，这种画法是以石青等矿物原石制作的颜料为主，并以适当夸张的手法加以延伸与修饰。王希孟在比较简单的蓝绿色彩中寻求变换与革新，仍是用青色和绿色为主要色调，在施色时重视手法的变化，色调不再单一，而是淳厚与轻盈相依，画面层次更为鲜明，物象由此逐渐变成宛如裸眼 3D 般真实的物景，与整幅画面融为一体。[3]

　　除了场景的设置，游戏制作团队也着重于故事所带给玩家的"移情"效果，通过打造感人的故事，引发玩家对美好情感和完美结局的向往，促使玩家对故事一步步探索，将游戏与玩家从情感层面更紧密地连接在一起。基于游戏的体验是一种建立在主观价值判别之上的玩乐体验这一事实，传播主体在进行传播内容的抉择过程中，更重视自身内心的感触，而受到社会价值观和他人的束缚较少。[4]玩家在参与游戏的同时，也可以通过网络社交平台对游戏进行评价和宣传，成为《妙笔千山》传播链中的一环，玩家是受众，也是传播媒介。

　　《妙笔千山》除了传播传统绘画，还为文物资源保护、转化和再生提供了一种新思路。通过现代网络科技将原件转变成为数字文物资源，玩家在无法接触原件的情况下尽可能感受到原件的魅力。

三、博物馆＋区块链——数字藏品开启收藏新时代

　　网络游戏开启了博物馆文物资源保护、转化、再生的新模式，区块链的诞生则开启了一种收藏的新模式。

　　2008 年 11 月 1 日，一个署名为中本聪（Satoshi Nakamoto）的人在 P2P foundation 网站上发布了比特币白皮书——《比特币：一种点对点的电子现金系统》，他陈述了自己对新型电子货币——比特币的设想。这种电子货币完全通过点对点技术实现支付，能够直接由一方发起支付给另一方，从而摆脱第三方机构的制约。为了实现这种支付方式，中本聪发明了一种分布式记账方法，即"区块链"（blockchain）。[5]

　　数字藏品是使用蚂蚁区块链技术进行唯一标识的经数字化的特定作品、艺术品和商品，包括但不限于数字画作、图片、音乐等各种形式。每个数字藏品都映射着特定区块链上的唯一序列号，不可篡改、不可分割，也不能相互替代。每个数字藏品都代表特定作品、艺术品和商品或其限量发售的单个数字复制品，记录着其不可篡改的链上权利。

　　2021 年 10 月 21 日，蚂蚁链开启了宝藏计划 001 期，助力文旅业以数字藏品为载体、

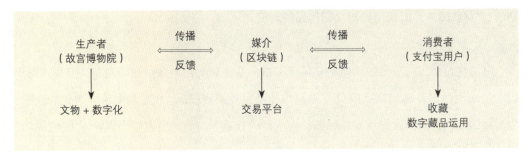

蚂蚁链数字藏品传播模式

推进文创新形态发展，开放可信数字技术，结合区块链、3D、物联网（IoT）、语音交互、虚拟现实（VR）等技术，提供融合性技术解决方案。这不仅提升了数字文化版权保护与转化效率，还增强了数字文创内容的互动性，更重要的是，它能够对其进行标记生成唯一数字凭证，同时使得数字作品在发行、购买、收藏和使用等全生命周期真实可信，有效保护发行者版权和消费者权益。

　　数字藏品的出现，代表着一种新型收藏模式的出现，通

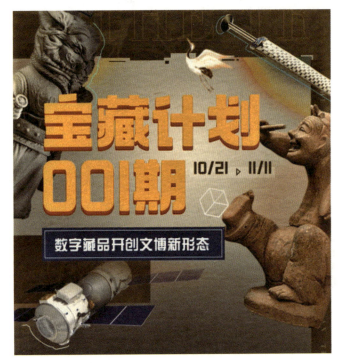

蚂蚁链宝藏计划 001 期海报

过数字化让文物从博物院走进每个人的数字收藏馆，以更好的体验形式流传，让更多新一代年轻人了解、喜欢、传承。与此同时，蚂蚁链也将推动数字藏品这一文创新形态与实体经济结合，深入公益、体育、旅游等多元化场景，消费者通过蚂蚁链可以将数字藏品运用在消费支付等场景下，让藏品不再被束之高阁，而是深入消费者的生活当中。

结语："互联网＋"时代博物馆文创传播的新模式

对博物馆而言，其传统功能是立足于文物，是针对文化的保护和研究等，但从新博物馆学的角度而言，博物馆更应该承担起为社会服务的责任。[6]"互联网＋"时代的到来，为博物馆文创传播发展提供了新思路，在这样的背景下，博物馆也应当积极寻求传播的新模式。

博物馆是一个不追求营利的、为社会和社会发展服务的、向公众开放的永久性机构，为研究、教育和欣赏的目的，对人类和人类环境的见证物进行搜集、保存、研究、传播和展览。因此，对传播者也就是各类博物馆而言，保持其学术性是必不可少的。

在保证学术性的同时，尝试采用更加符合现代生活审美的传播方式，能够更加贴近大众生活，减少由文物自身的厚重感所带来的疏离感，使传播能够更好地进行。例如上文中所提到的《上新了，故宫》采用了明星和萌宠的搭配，以明星效益和当下流行的"萌元素"缓和文物所带来的边界感。

互联网的发展为传播媒介的多样性提供了可能，博物馆不再拘泥于展览和线下美育活动的形式，可以通过更多互联网传播媒介进行传播，互联网的高效性和广泛性为博物馆文创传播带来了更多的关注者和更大的影响力。

对接受者而言，互联网提供的交流平台，能够更可能地缩短博物馆和文物与观者之间的距离，无论是《上新了，故宫》中大众参与文创产品投票，还是成为文化类网络游戏的玩家，或是收藏数字藏品，都使文物从博物馆走进了千家万户，真正做到了让文物"活起来"。广泛的参与度让观者能够乐在其中，也在潜移默化中学习传统文化。

互联网与博物馆的融合，有效解决了博物馆行业关于文化 IP 活化、文物资源转化、艺术遗产数字化、文化体验多元化以及精英艺术的大众化传播、文创产品与服务的多样化和品牌化等问题。

使用是最好的传承，购买是最好的保护，分享是最好的传播。只有做到了这些，博物馆的教育职能才能够更好地发挥作用，我国的文化也能得以更好地弘扬与传承。

舒玉婷 / 四川美术学院艺术学理论研究生

注释

[1]杨丹丹.“互联网＋博物馆教育”的新思考[J].东南文化，2017（05）：118-122.

[2]蒋晓丽，贾瑞琪.游戏化：正在凸显的传播基因——以媒介演进的人性化趋势理论为视角[J].中国编辑，2017（08）：8-13.

[3][4]张璐瑶.传统绘画艺术游戏化传播应用研究——以《绘真·妙笔千山》为例[J].新媒体研究，2021（02）：32-34.

[5]邓阳阳，朱辞.浅谈区块链技术在博物馆藏品信息管理中的应用[J].文物鉴定与鉴赏，2020（19）：142-143.

[6]于璟.“新博物馆学”视角下城市博物馆实践研究——以深圳博物馆为例[J].作家天地，2020（4）：192-193.

第二单元
生活世界

　　有一种划分世界的方法，这个世界是由生活世界和平行于生活世界的艺术世界组成。有人或困守于生活世界里，有人则活在艺术世界里，两类人群没有交集，两种生活不会交叉。

　　但生活世界的丰富值得我们驻足，生活里的鲜活、惊艳乃至生猛，生活的烟火气乃至酸、甜、苦、辣、咸，其质感、温度，皆值得体味。

　　在虎溪、黄桷坪、羊磴……在真实的生活世界里，川美的师生在行动。

——屈波

虎溪·稻草人

陈骏龙、杨琳、杨舒丹、王鹤婷、贾小玲、赵雨蕾、陶贞宏、李寒梅、李志新、刘钰晖、杨智尧、陈依、王旖旎、刘娜娜　《虎溪·稻草人》 影像　2021 年

陈骏龙 / 四川美术学院新媒体艺术实践与理论硕士研究生
杨琳 / 四川美术学院中国画与书法创作实践与理论硕士研究生
杨舒丹、王鹤婷、贾小玲、赵雨蕾、陶贞宏、李寒梅、李志新、刘钰晖、杨智尧、陈依、王旖旎 / 四川美术学院油画创作实践与理论硕士研究生
刘娜娜 / 四川美术学院雕塑创作实践与理论硕士研究生

城市变迁的符号表达
——《虎溪·稻草人》创作手记

杨舒丹

　　《虎溪·稻草人》的创作主要在重庆大学城虎溪街道辖区内展开。我们选择在虎溪进行实践，一是因为虎溪是农村向城市转型的典型案例，同时这也是我们生活的、熟悉的地方。经过前期对虎溪的背景资料的收集，得知随着重庆城市化的发展，虎溪从乡镇逐渐发展成为现在大学城的核心区域，当地居民生活从农村进入现代化城镇。从前的虎溪农村，农民会在田地上制作一些简陋的稻草人，所以稻草人算是这片土地上的一个符号。

　　后来我们去了虎溪街道下属建新村——现在被大学城包围的城中村考察。通过田野调查，我们发现原先村民制作的稻草人更多是出于实用性的考虑，主要是为了驱赶鸟兽以保护农作物，制作材料也比较简单，但是由于现在耕地减少，田野中的稻草人越来越少。因此在创作中我们试图将稻草人符号抽象出来作为独特的农业文化符号，以此为基点，展开对虎溪城市化变迁中社会关系的探索。

　　作品由项目组 13 位成员共同完成，主要分为工地、田野、商圈三条脉络展开。之所以从这三个方面展开，首先是因为工地是乡村开发和建设的重要标志之一；其次，田野是过去村民主要的活动场所，人们与自然融为一体，而现在那里则被遗忘、被改造；再次，商圈是现代化发展的标志，商业社会日渐取代农耕社会。在项目的实施过程中，我们每位成员在虎溪的不同场地进行一分钟稻草人形象装扮，通过与不同场地的情感矛盾冲突来探讨城市化过程中的社会关系。

陈骏龙扮演的稻草人

从三条脉络展开的创作，都产生了一些颇有意味的作品，表达了对日益变迁的家园的复杂感情。

关于工地的创作。陈骏龙的作品创作地点在工地，是基于对环境的思考。虎溪在现代化发展进程中日新月异，一座座新楼盘被开发出来，拆迁在所难免。陈骏龙由此想到《金刚经》里的"如露亦如电，应作如是观"，于是将其打印成横幅并包裹在身上，佛经穿越千年，与现在的人造废墟发生关联。

关于田野的创作。李志新的作品场景在田野，在创作中他用身体进行演绎，将身体融

贾小玲扮演的稻草人

陶贞宏扮演的稻草人

入空间，传达人在改造自然、告别农业生产后内心对家园的牵挂。在拍摄过程中，将模特安排在离镜头较远的地方和田野形成对比，人淹没于大片田野之中，以引发人与自然之间关系的融合或抽离的思考。贾小玲的作品创作地点在川美操场，曾经有稻草人在这里守护过农田，如今她化身成为稻草人守护我们的家园。

关于商圈的创作。王鹤婷的作品创作地点在龙湖 U 城商场内，出发点是对消费主义的反思。当稻草人出现在人流量最大的商场出口时，让想进去的客户犹豫该不该进去。陶贞宏的作品创作地点在商场外的步行街，她用日常废弃的物品和干枯的树枝将自己假装成稻草人，感受周围环境的一切，装扮的时候身体皮肤与杂草接触时产生一种疼痛感，让她觉得如果稻草人有生命意识，一定比任何人都更理解农民劳作的艰辛。

在这三条脉络中，工地就像大地，在现代化进程中承受一切。部分田野的作品代表大自然，对那些在都市中生活的人们来说是一种安心家园的象征，给予他们一种精神上的寄托。商圈代表对现代城市生活方式的反思，我们想要表达的是人需要从城市转向乡村，重新找回生活的单纯。虽然现代化进程是无法避免的，但是我们依然可以尽量远离异化，回归淳朴。

走出盲岛

马境泽、刘舜佳、易熙云 《走出盲岛》 影像、行为 2021 年

马境泽、刘舜佳、易熙云 / 四川美术学院手工艺术实践硕士研究生

搭建桥梁

——《走出盲岛》创作手记

马境泽、刘舜佳、易熙云

　　《走出盲岛》的出发点是通过艺术的方式唤醒公众对盲道问题的关注与反思，从而主动关怀视力弱势群体，从而以实际行动减少盲道障碍物的产生，最终达到改善社区视障者出行路况的目的。作品之所以命名为《走出盲岛》，是因为虎兴社区的区域被四条主线马路围合，围合起来的地区就像一座小岛，盲道的功能性缺失使视障者的活动范围受限，而且活动路线单一，所以视障者的生活被限制在这座盲岛之中，我们通过盲道喷绘的方式为他们搭建起盲岛与外界相连的桥梁，使他们能够"走出盲岛"。

　　我们以邻近虎兴社区商业步行街的虎兴社区公园作为主要的研究对象，通过对虎兴社区公园的现场考察，发现大量的盲道无障碍设施存在规划不合理、系统不完善、后期无保障的现象。同时，根据前期的问卷调查，我们了解到当下社区居民对盲道系统和无障碍的设计了解并不多，且由于盲道设施长期被忽视而导致众多视障者不出行。我们进一步对视障群体进行了电话访问与当面采访，并根据对虎兴社区的现场考察以及文献调查总结出以下三点需要解决的主要问题：

一、盲道规划不合理

盲道铺设常出现断层、错位、缺失的现象，紧贴路边以及路障等设施存在胡乱弯曲的问题，在平直的路面上有很多不必要的拐弯，给视障群体带来极大的不便与心理负担。根据盲道建设标准，盲道宜设在距人行道外侧围墙、花台、绿地带 25—60 厘米处，且盲道与边沿应保持一定的距离，以防止视障者因直行时左右摆动而误撞低矮边沿造成危险。盲道的设置应方便视障者安全行走并顺利到达无障碍设施位置；盲道应连续，中途不得有电线杆、树木等障碍，并且应避开井盖铺设。虎兴社区公园外侧街道的盲道多处紧贴墙壁与马路，且多处盲道经过车库停车场出入口、井盖、电箱等区域，存在极大的安全隐患。

二、盲道系统不完善

盲道上存在自行车、汽车、栅栏、路障、防疫站、电话亭等障碍物的现象屡见不鲜。按照相关盲道建设规定，出行的街道均应铺设盲道，而在实地考察中，我们发现在中心繁华地区及主要街道的盲道基本建设完全，而一些较偏的地方则没有按要求铺设盲道，如车站附近、关键路口缺少提醒等，没有考虑视障者出行的真正需求。

三、盲道后期无保障

在实地考察中，大量的盲道触感条或触感圆点被磨平或被砖块损毁，且在几乎与平地地砖无差异的情况下也无人更换，还出现诸多障碍物阻断盲道以及盲道不连续等现象，盲道的颜色规范也存在诸多问题。根据盲道建设标准，行进盲道触感条以及提示盲道触感圆点应符合高度为 5 毫米的设计要求，铺设盲道的砖块应完整无损，盲道颜色的选取以黄色为优，因其显眼夺目可以方便视障者辨认，同时警示大众注意避让盲道区域。

调查相关资料并讨论、梳理之后，我们将这些问题分成可解决和不可解决两类，可解决的问题就通过实施切实方案进行改善与引导，不可解决的问题则通过科普和艺术手段进行呼吁。

对于可解决的问题我们实施的是"双轨制"方案，即通过彩色喷漆喷绘断层缺失的盲道与墨色拓印技法拓印残缺、破损不规范盲道的拓片进行在地创作。第一套方案是彩色喷绘，对现场断层和缺失的盲道进行填补，弥补不规范盲道的缺失。在不破坏盲道原有状态的前提下，选取重庆的地标性建筑——四川美术学院美术馆亮丽的色彩搭配和简洁的图案在盲道断层处进行喷绘，喷绘采用盲道本身的轮廓造型。平面化、装饰化的盲道并无真实盲道的功能性，视障群体甚至不能感知其存在，当然也看不到其活泼灵动的色彩。虽然此种创作不能够直接作用于视障群体，但是我们希望以一种积极、乐观且带有诙谐的态度，唤起大众对盲道、视障群体真切的关心，搭建起走出盲岛的"桥梁"。

第二套方案是对社区盲道进行素色拓印，将盲道的不同情景片段进行拓印并组合，再

小组成员工作照（他戴上凡·高的头像，表达自己对艺术和视障群体的热情）

现已存在的不规范盲道。整体用黑色拓印，不规范的盲道用红色拓印，引发人们对盲道问题的反思。之所以采取这种创作方式，是因为拓印具有在场性和实时的记录性，同时也留有二次创作的空间。盲道拓片采用无色相的墨色进行拓印，将断层、位移、残破的盲道通过不同颜色或形象进行填补，形成视觉上的强烈对比。我们希望"拓片"更多承担朴实、严肃、真实的记录者的身份，通过另一种形式使人们意识到被忽视已久的问题。另外，简单的黑白关系与我们的创作理念也更加契合，复制带来的真实感能够更加有力地震撼到大众的视觉。

社区居民参与拓印

对不可解决的问题，我们向相关部门反馈意见，希望完善盲道设施；在社区公园、社区业主群中宣传盲道相关知识；举办"视障赛跑"比赛，让正常视力的人蒙眼体验视障群体的世界，引起公众对盲道问题的重视。

因为整个方案是双轨制的，它们之间既有区别也有联系。就色彩表现而言，斑斓的颜色体现我们对视障群体的热情关怀，单一颜色的拓片是想引起公众的反思；就创作角度来说，一个是弥补，一个是再现——弥补缺失的盲道，再现不规范的盲道；就观众预设而言，我们预设的主要受众是视力正常的公众，希望他们通过努力让盲道变得更畅通、社会变得更友善。

通过社区群众和展览观众的意见，我们收到了几个很值得反思的问题，如作品是一个在场的涂鸦吗？它是一种社区美化还是反映什么问题？作品怎样在社区居民中更有效地发挥作用？这将成为我们今后实践中要着力解决的问题。

共生

———

高可、乔欣欣　《共生》　装置　尺寸可变　2011 年

高可 / 四川美术学院中国画专业硕士研究生
乔欣欣 / 四川美术学院壁画专业硕士研究生

高可、乔欣欣

多重的意义共生
——《共生》创作手记

　　《共生》是以环保为主题进行的在地艺术创作。虽然近期各地倡导垃圾分类的理念，但居民接受度和实行度普遍不高，收效甚微。因此，如何用群众更易于接受的方式科普垃圾分类的知识，加强群众垃圾分类的意识，让群众在生活中自觉践行垃圾分类就变得尤为迫切。作为艺术生，我们决定用艺术的处理手法来对垃圾分类知识进行多维度的解读和普及，让艺术融入生活，让社区更加艺术。

　　我们选择的创作地点是在重庆市沙坪坝区大学城虎兴社区西湖泡泡街。西湖泡泡街坐落于重庆大学城东路重庆科技学院对面，有大量商铺，占地面积 107609 平方米，同时毗邻约 4 万平方米市政湿地公园，占据大学城南部核心商圈几何位置中心。泡泡街商铺类型繁多，人群流动量大，人员构成多元。

　　为了解居民对垃圾分类知识的掌握情况，我们用走访的形式分别对餐饮店、超市、药房、网咖、游戏厅、彩票站等商铺以及环卫工人、当地居民、学生群体等不同人群进行垃圾分类知识普及度调查。调查结果显示，70% 的人对垃圾分类知识有所了解，但只知道简单的可回收和不可回收两种垃圾分类类型，对具体的五种分类方法（有害垃圾、厨余垃

与居民交流

圾、可回收垃圾、其他垃圾、医疗垃圾）不清楚。在了解的同时，我们主动地谈了创作思路，希望能够通过物质交换的方式，对不同商铺内不同种类的垃圾进行回收，我们再给予艺术转换，双方合作共同完成一件艺术品。

　　我们的创作分为两步。第一步是对不同商铺内不同种类的垃圾进行回收，例如彩票店的废纸屑、火锅店的果皮菜叶、超市的打火机、网吧的烟头、药店的棉签等。在收集垃圾的同时进行垃圾分类知识的普及，我们提供了五种垃圾桶，商家需要将自己的垃圾投到相对应的垃圾桶中，以这种类似游戏的互动形式，增加公众体验感，提高对垃圾分类知识的理解和记忆，让简单刻板的文字及口号变成轻松愉悦的游戏。第二步是将收集回来的垃圾筛选分类，同时进行小样的试做。制作材料选用了透明滴胶。在创作中，尽量保持收集到的垃圾的完整性和可视性，将收集到的垃圾进行分类，红色为有害垃圾、蓝色为可回收垃圾、灰色为其他垃圾、绿色为厨余垃圾、黄色为医疗垃圾，最后以滴胶为容器，将分类后的垃圾置入其中，形成彩色半透明的长方体滴胶装置。

　　作品在社区展出时，我们选择了晚上7点到9点这个时间段，场地为人流量较大且较

作品在社区展出

为活跃的社区公园空地。展品用灯光衬托，半透明的色彩加上灯光，丰富绚丽的视觉效果吸引了大量的成人和儿童，引发了他们强烈的好奇心，尤以小朋友最为积极。他们发问"这是什么啊？""这是用什么做的啊？""这可以送给我们吗？""这真的是用我们生活中的垃圾做成的吗？"我们还顺势展开了一节关于垃圾分类知识宣讲的小课堂。

将平时生活中常见的垃圾转化为艺术品后，居民对垃圾产生了新的认识。这样的艺术创作让居民更了解了艺术创作中的材料和思维转换问题，与此同时，他们也更好地理解了垃圾分类的知识，社区美育达到了审美影响与知识普及的双重目的。

通过本次艺术实践，我们拓展了艺术创作的广度。以前我们的创作更多是一种自我表达，现在则打破了精英主义的惯性思维，将视野扩展至周围的人群、生活的环境、社会的治理等更多面相，这次实践也让我们重新思考艺术的表达方式和价值意义。我们与居民建立合作伙伴关系，达成共识，在共创中掌握垃圾分类知识。居民的身份发生了转换，变成了与我们一起创作的实践者，这件艺术作品同属于我们与居民，整个过程就是对博伊斯"人人都是艺术家"这一理念的具体实践。

二十四节气时空市场

徐嘉、杨馥榕 《二十四节气时空市场》 视觉设计   2021 年

徐嘉、杨馥榕 / 四川美术学院信息交互设计硕士研究生

如何在闹市传播传统文化
——《二十四节气时空市场》创作手记

徐嘉、杨馥榕

二十四节气是中国独特的、在农耕文明下发展出来的指导农事的历法，它是古人对一年中的气候、物候、时令等方面的经验总结，源于生活，又影响着人们的生活。早在商周时期我国就有了节气，后来随着气候的变化以及天文领域认知的进步，人们对节气的制定也在不断发生变化。秦汉时期，二十四节气已完全确立。如今，在工业化、信息化以及全球变暖的背景下，二十四节气在现代社会的价值值得深思。

为了解二十四节气文化的传播现状以及现代人对二十四节气文化信息的掌握情况，我们进行了桌面调研和社区实地走访调研。在桌面调研中发现，现有的线上节气文化传播大多停留在最基础的节气知识，如节气名称和日期等，缺乏对节气文化的系统科普和整理。除此之外，工业化和城市化对二十四节气文化的影响也值得关注。第七次全国人口普查结果显示，2020 年我国城镇化率已经达到 63.89%，城镇人口为 9.02 亿。随着社会结构发生改变，势必引起社会意识的改变，而二十四节气作为植根于农耕与农事的文化首当其冲。

虎兴社区人员结构复杂，老、中、青、幼不同年龄层的住户并存。我们以虎兴社区作为调研场所，对不同年龄层的住户随机抽取样本进行了视频访谈。通过对访谈结果进行归纳总结，我们发现二十四节气文化信息的掌握从中青年群体开始出现断层。于是在问卷访谈阶段，我们就选择了8位中青年进行访谈。通过对访谈结果进行痛点提炼，发现大多数95后获取二十四节气文化信息的渠道较为单一，获取的知识体系也不够完整。他们认为二十四节气只能作为一个文化符号存在，与现有的生活缺乏联系，且对原有的节气相关的一些生活仪式不感兴趣。

在调研中我们还发现，虽然中青年群体对二十四节气了解不多，但也不排斥传统文化知识，并认为二十四节气是一种可持续的生活方式。同时，中青年群体在家庭结构中大多担任父母的角色，他们吸收到的一些文化知识可以在潜移默化中影响儿童。

在传播二十四节气知识的活动地点上，基于前期调研，我们将虎兴社区的公共区域大致划分了四类：社区公园、社区儿童游乐场、社区幼儿园和农贸市场。虎兴社区作为现代化新型社区，公园的绿植大多选择没有明确物候的常绿植物，出于对人力成本和绿化成本的考虑，植物种类方面很难进行改变。社区儿童游乐场和社区幼儿园的主要人群都是儿童，儿童在玩耍时虽然有中青年群体陪伴，但中青年群体往往是负责儿童玩耍时的安全问题，对活动参与的热情度不高；社区幼儿园的主要群体虽然是儿童，但是儿童年龄大多在学龄前，很难认识和理解二十四节气的相关知识，需要掌握节气知识的中青年群体来引导。万蔬汇农贸市场作为与二十四节气物候与生活最密切相关的场所，同时人员结构也最全面，最适合来进行节气知识科普，因此我们最终选择了万蔬汇农贸市场作为活动地点。

在确定活动地点后，我们将"农贸市场"作为关键词思考接下来的活动形式和传播媒介。农贸市场最核心的行为是买卖行为，为让买卖双方的参与度最高，并能将节气知识潜移默化地传播，我们选择以购物袋和购物小票作为知识传播媒介。同时基于农贸市场这一活动地点，选择的知识点要与活动地点有一定程度的契合，因此选择食物作为宣传重点，从物候、气候、时候的角度进行资料收集，展现不同节气下的时令食物。

在设计时，我们利用了现有的社区场域，选择了农贸市场卖家这一身份进行摊位布置，宣传二十四节

小组成员设计的物料

气所倡导的人与自然和谐的生活方式和时空观。从颜色的搭配上，将二十四节气制成节气色环，为每个节气选择其特定代表色，加深观者对每个节气的印象。造型上选择更年轻化、更有视觉冲击力的样式，加深节气印象。

活动吸引了家长和小朋友参与

　　我们选择了最靠近小区、人流量最大的农贸市场的南出口作为摊位地点。在背靠的墙面上装饰海报，桌子上布置电脑、小票机、购物袋和贴纸，用来吸引购买者的注意力。物料的发放有两种形式，一是将节气知识购物小票、购物袋等物料提供给各摊主，通过买菜环节直接完成二十四节气知识的传播；二是用贴图自己动手制作（DIY）购物袋的方式吸引儿童参与活动，从而影响父母，让他们在吸收节气文化知识的同时教导儿童。

　　在这次社区美育实践中，通过和真实的受众接触，我们深刻感受到二十四节气文化的当前处境，其间曾一度怀疑二十四节气文化在当下存在的价值。为将一个传统文化概念重新植入生活，我们选择化繁为简，把提高节气文化在生活中的出现频率作为主要目标，通过农贸市场这个场域，为节气文化宣传做一点努力。但因为预算以及我们同市场管理部门的交涉不足，物料并没有扩展到如我们所设想的广度，事后复盘时也意识到物料选择没有更多考虑是否符合二十四节气文化所倡导的环保意识。从活动过程和结果来看，因为时间段的选择，活动更多的是吸引到下午有时间来市场的中老年及幼儿群体，今后应在组织活动、与社会各部门的联系以及媒介宣传等方面做进一步的优化。

虎兴之家，墨笔生花

石雨若、闫祺 《虎兴之家，墨笔生花》 扇面快闪表演   影像   2021 年

石雨若、闫祺 / 四川美术学院中国画艺术硕士研究生

上演一声传统艺术的"快闪秀"
——《虎兴之家，墨笔生花》创作手记

石雨若、闫祺

中华民族历史悠久，在漫长的历史长河里孕育了灿烂的文化，这些优秀的民族传统文化延续至今，成为中华民族的精神命脉。如今新闻、电视、电影、自媒体等传播方式应用广泛，我们应该充分借助这些传播途径，让优秀的传统文化以更"接地气"的方式融入公众的生活中，让公众更近距离地了解、传承、创新运用这些优秀的传统文化，潜移默化地提高学养、涵养、修养，从而让艺术自然地融入生活。

实地考察虎兴社区，并与社区相关负责人进行深入的沟通后，我们了解到虎兴社区有个艺术团，艺术团有团长 1 人、成员 24 人，均为 40 岁以上的女性。她们是一群已退休或即将退休并且特别热爱音乐、舞蹈艺术的姐姐们，平时有自己拿手的表演节目，如古风舞蹈、T 台走秀等。根据姐姐们的特色，结合我们自身的专业优势，小组成员经过讨论，确立了本次实践的创意：小组成员用中国画和书法技能绘制 25 把团扇，请艺术团姐姐们拿着绘制好的团扇，以"快闪"形式在舞蹈、T 台走秀节目里展示团扇，小组成员用视频记录并剪辑成片，发布到短视频平台、微信、社区宣传展板等进行宣传。

确定创意后，小组成员开始着手绘制团扇，以国画没骨花鸟、山水

石雨若、闫祺　《花鸟与书法团扇》　2021 年

小品、书法（小篆、行书、楷书）等方式，在空白的团扇上进行绘制，并落款钤印。 10 月 6 日，小组成员带好团扇和拍摄设备来到虎兴社区艺术团排练室正式拍摄。经过数次排练，完成了"快闪"表演。整个活动的宣传分为线上和线下两种方式，线上的宣传是引导虎兴社区的居民以微信、微博等自媒体形式传播，并上传抖音等视频平台；线下则是在社区宣传展板处张贴海报。

　　本次实践旨在利用小组成员掌握的国学知识，传播中国画与书法的美学，让社区居民深入了解中国画与书法艺术，并用中国画、书法结合社区居民生活的方式，增加社区生活的乐趣，构建和谐社区，丰富社区生活。活动同时也彰显了四川美术学院的艺术特色，以"志于道，游于艺"校训精神，创新社区的娱乐生活，增强了川美师生与驻地居民的交流。活动以传统文化为枢纽，增强了人与人之间的凝聚力，让川美研究生展示了自己的专业技能，也提高了居民参与社会活动的积极性。

认领一棵黄桃树

刘沼麟 《认领一棵黄桃树》 行为 2021 年

刘沼麟 / 四川美术学院雕塑专业硕士研究生

我在羊磴卖黄桃
——《认领一棵黄桃树》创作手记

刘沼麟

　　羊磴，准确来说不是乡村而是一个镇，这里最大的特点就是没有特点，它是中国基层社会的缩影，相较乡村而言更具典型性。"麻雀虽小，五脏俱全。"也正因其内部空间的丰富性，才使羊磴艺术合作社的艺术实践得以持续十年之久。在这里，人们更多是以一种顺其自然、不作预设的方式发展，以"鼠目寸光"的态度去做事情。此次我们前往羊磴并没有目的，缘起羊磴当地村民谢小春偶然提到，羊磴镇木园的黄桃快熟了，希望羊磴艺术合作社帮助当地村民售卖黄桃，于是合作社选择以"黄桃艺术节"为主线贯穿此次在地艺术创作。

　　笔者在此之前从未到过羊磴，也并未参与过在地艺术创作，出发之前基于自己原有的艺术创作方向，提出了两个装置方案：一是将气球系在尚未成熟的黄桃上，果实一旦成熟与枝叶分离，就会由气球带向空中；二是将内置 GPS 的造景浮石顺羊磴河漂流，试图用两件作品共同构建一个超现实的异质化现场。一到羊磴，大家先不谈创作，而是在一块空地上摆出七八张桌子，一户村民做一道菜端上桌，便开始了抵达羊磴后的第一餐。酒过三巡，与村民进行深入交谈后逐渐发现，之前所提出的装置方案是脱离乡村实际的，创作的惯性思维致使这两个方案缺乏存在于羊磴现场的必然性。"人挪活，树挪死"，在地艺术创作的作品就应该如一棵深深扎根于乡村现场的树，从创作灵感直至作品最后的形成，是艺术生长的过程，也是现场各因素综合影响的结果。倘若艺术家并未对当地的自然生态或是居住者的生存状态有足够的了解，完成自说自话的展览后又能留下什么呢？不亲历现场，不去深入村民内心的真正诉求，以先入为主的主观意识强制地介入乡村现场，这是在地创作应当避免的。

羊磴艺术合作社并不排斥能够为羊磴带来发展的商业机会，但要把卖桃这件事做得有意思，就需要结合羊磴的实际情况，与村民共同合作的方式去探索乡村振兴背景下村镇农户销售的新路径，给黄桃附加人文属性，使买家和农户产生情感上无形的连接。

在羊磴，创作者以往的经验并不重要，重要的是如何去成为当地人。在羊磴艺术合作社的成员中往往很难界定到底谁是艺术家，谁又是参与者。这种模糊的关系源于作品的出发点，即作品不对参与者做过多的预设与限定，参与艺术实践的双方在此过程中会为了自身的价值诉求而相互拉扯，最终达到令双方都感到舒适的状态。在羊磴合作社成员与村民协商调整销售合同的过程中，笔者想到认领桃树的方式或许可以丰富村民单一的销售渠道。认领桃树可以使笔者与村民以及桃树的关系从根本上发生变化，认领合同签订后双方受法律保护，相互享有权利与义务的关系，在"艺术协商"之下各取所需，这也体现了共生理论的参与性与合作性。与第一户村民冯源交流完想法后，他便十分热情地展示了自家的果园，笔者选择了一棵桃树进行认领。双方都没有拟定过这样的协议，因此在整个过程中也是不断地讨论和修改，最终按二十斤一年的平均产量和五块钱一斤的市场价格，支付了认领费用100元。在签订认领协议后，农户在获得收益的同时笔者对这棵桃树也有了为期一年的所有权，在不损害农户往后利益的前提下可以对这棵桃树做任何事情，这棵桃树一整年的产量也归笔者所有，农户有责任对其进行养护。

然而，艺术实践并没有随着合同签订的完成而结束。之后笔者再次来到羊磴，只能在冯源的帮助下才得以辨认出之前所认领的那棵桃树，于是萌生出做一个无法被复制的标记的想法。最初笔者想从树的造型上进行改变，不过无论从造型上如何变化，都无法改变它只是一棵桃树的本质。但如果从桃树存在的意义上进行改变，则会有不同的结果。于是，便有了之后的作品《许愿》，其可视为前一件作品的深化和延续，也可以说是生长出的一个分支。

羊磴因产石材，老街上随处可见刻墓碑的店铺，即便是在超市也能看到柜台上摆放的

《认领一棵黄桃树》展场图

纸钱与香烛。笔者试图以当地村民熟悉的语言符号建立起艺术实践中的主体间关系，第一天请风水先生为这棵桃树"开光"；第二天到羊磴老街上摆摊，并象征性地收一块钱代他人向桃树许愿，且承诺一年后如果愿望没有实现，他就可以在那棵桃树上摘三个黄桃，这赋予了桃树新的存在意义，让村民的愿望能够随着桃树一同生长、开花、结果，同时对许愿者而言更是一笔稳赚不赔的交易。出乎意料的是，当天上午的生意极为惨淡，只有几位老人来问算不算命，耐心解释一番后他们摇摇头说听不懂就走了，直到下午三点也没开张。我便和旁边的村民闲聊起来，得知他并不想用实际的一块钱换取一个虚无的东西。临近收摊，我索性改成了免费许愿，恰巧一群刚刚放学的小学生围了过来，看到免费许愿后纷纷兴奋地写下了自己的愿望，没多久许愿符就被小学生们写完了——有的希望明天学校能放假，有的是希望能和喜欢的女同学坐同桌，更有的希望讨厌的同学期末考倒数第一，但更多的是祝愿老师家人能够身体健康。笔者感触最深的是一位很腼腆的小男孩，可能是刚上一二年级，很多字不会写，写得很慢却很认真，他为每一个家人都写了许愿符，其中一张写的是希望他的爸爸在外打工能健康平安多挣钱，在与他眼神的交流中能够看出他对于缺失的父爱的渴望，其实也反映出目前乡村城镇普遍存在的留守儿童的问题。

通过这一实践笔者意识到，创作者不能过于执着既定目标而忽视参与方的意愿和趣味。在在地艺术创作中，艺术家应当避免陷入自我构建的语言体系中，顺势而为，体会创作过程中参与主体之间关系的微妙变化，使其自然生长在现场的沃土之上。

从笔者在羊磴的亲身经历，能明显感受到羊磴艺术合作社的创作不再局限于少部分人的参与，十年沉淀，羊磴艺术合作社的声音被越来越多的当地人听到。笔者与冯源的合作能够达成，就得益于羊磴艺术合作社十年来的扎根成长。笔者的实践还在继续，目前线上认领桃树的计划已在推进中，让买方与村民形成跨越空间限制的一对一联系。这也体现了举办黄桃艺术节的意义，大众的参与往往比个人更能激发出某种新的艺术与社会的关系，这是超出艺术家创作经历与大众日常经验之外的参与式艺术最为鲜活的部分。

展厅的这一千箱黄桃已售完，也得到了许多意见与反馈，我们总结经验，继续做出新的尝试，努力与村民形成一种长期的合作关系。我们的实践并不是艺术下乡，也不能被简单定义为艺术与乡村的结合。羊磴是一个大的社区，我们只是用艺术的形式为羊磴本来就丰富的生活增添了几分色彩。

奶奶的保健品

———

周禹帆 《奶奶的保健品》 绘本   2020 年

周禹帆 / 东南大学设计学硕士研究生

面向中老年群众的绘本尝试
——《奶奶的保健品》创作手记

周禹帆

《奶奶的保健品》是一本主要面向中老年受众的绘本。顾名思义，它以奶奶购买保健品为故事主线，辅以对现实生活细节的刻画，展现了当代老年群体生活的某种状态。

作品意图通过聚焦老人普遍面临的现实问题、具有的生活习惯以及长期以来形成的保守思想观念，从而唤起相关读者群体的关注、理解和思考，引导其转变认知，最终达到对老人的深层现实关怀，促进其身心的健康发展，实现社区美育的目的。

作品源自我与家里老人长期相处的经历。

作为一个被爷爷奶奶带大的孩子，成长过程中与他们相处的经历在我的意识里自动生成了一份"老年人生活习惯观察报告"。也正是因为足够了解行为背后的思想观念、文化认知和社会背景，我才更能理解老年人群体正在经历的矛盾、所遭遇的误解和独自承受的失落。

以我的爷爷奶奶为例，他们是在 1949 年前后出生的那一辈人，经历了物质条件匮乏的困难时期、目睹过欣欣向荣的改革开放，也见证着信息社会的风云变幻。长久以来的忧患意识使他们一生勤俭，即便到了退休，也时时刻刻省吃俭用。一方面，他们处处为子女着想，以自己的方式分担子女生活的压力；另一方面，晚年生活的清闲也让老人愈感空虚……然而，很多时候正是由于这样的观念和现状，才使得许多老人无法真正安享晚年。各种保健品公司利用老人爱贪小便宜的心理，举办五花八门的所谓"敬老活动"骗取老人信任，最终老人"自愿"购买各式各样的保健产品；抱着"多节省一分就是多赚一分"的心理，老人囤积废品、收集塑料袋、舍不得丢弃过期食物……久而久之，这些由过度节俭衍生出的不良习惯，无疑会对身体造成伤害。面对这样的状况，我也曾试着劝阻和引导，但多数时候都无法战胜他们根深蒂固的观念和所谓的"经验"。于是，我便萌生了通过一件艺术作品来转变老人错误认知的想法。

此外，我也注意到，当社会在呼吁给予老人更多现实关怀时，常常都只是强调"陪伴"一词。人们似乎习惯把老人的晚年孤独全部归结为子女无法常伴在侧这一浅层原因。然而，据我的了解和观察，问题的根源实际上在于老人意义感、身份认同的缺失、自我价值的弱化等自身心理层面的问题。仅仅呼吁儿女子孙多陪伴老人，并非应对"关怀老人"这一问题的有效之策，也不是长久之计。因此，我希望我的作品能够传达出一种观念、提

《奶奶的保健品》绘本内页之一

供一种解决问题的方法，即当下的老人应学会"以自我为中心"，尝试培养某些兴趣爱好来丰富、充实自己的生活，通过转变心态和观念，从而在一定程度上改善精神状态，提升晚年生活质量。

随着中国进入老龄化社会的进程加快，我们注意到许多行业都已开始为应对这一趋势带来的影响做出努力。以艺术与设计行业为例，近年来，适老化、无障碍产品的设计开发和住房改造开始成为设计行业的新风口；有些走在前沿的研究团队也开始尝试借助"艺术疗法"对老人的生理和心理疾病进行评估和干预。那么，作为一个学习艺术与设计相关专业的学生，要怎样以艺术的形式，来实现以上的构想，参与到缓解这一棘手的社会问题中去呢？

结合自己参观艺术作品展览的经历和经验，我发现，没有受过系统艺术教育的观众，在观展时会更容易被偏向大众的题材、比较常见的媒介以及较为写实的画风吸引。因此，观众停留在写实绘画、绘本、手工艺产品、动画等艺术作品前的时间，往往会比在抽象绘画、装置艺术、实验影像这类作品前的时间更持久。因而要想尽可能有效地向受众清晰地传达作品的立意，实现大众美育的目的，兼具叙事性、教育性、艺术性和现实关怀作用的绘本就成了我的最佳选择。

一直以来，绘本都被认为是进行家庭美育、学校美育的优选媒介。随着近年来生育政策的放开、美育活动的积极推广以及各国绘本的大量引进，儿童绘本市场正在经历着一个快速上升的繁荣发展时期，绘本逐渐走进了越来越多的家庭。实际上，绘本在受到儿童这一主要目标受众欢迎的同时，也在以一种潜移默化的方式间接影响着家庭中的父母甚至祖辈。绘本中纯真而温暖的文字、治愈的画面，给阅历丰富的成年人带来的是更深刻的触动和更温柔的抚慰，绘本并非儿童的专享。欣喜的是，市场上的成人绘本也正通过日益多样化的渠道，吸引着更广泛的读者。而中老年人绘本是一个更为细分、行业市场尚未关注和开发的领域，在积极推行全民美育的当下，创作面向中老年群体的绘本也不失为一种值得探索的全新尝试。

坦白来说，创作一本绘本对我而言是一次完全陌生的体验和挑战。绘本作为一种图文并茂的书籍，其创作需要兼具绘画功底、设计思维以及一定的文学素养，是一种综合性、跨学科的媒介形式。因此，为了让我的作品得到较为完整的视觉和内容呈现，我从前期调研环节起就做了比较充分、细致的准备。

　　首先，我前往了西西弗书店、G-TAKAYA、凤凰书城等绘本种类较丰富的实体书店，挑选了多个不同题材、适用不同年龄层以及不同画风的绘本，对它们的基本构成要素、畅销和获奖绘本的风格、视觉亮点、情节叙述方式、作品立意等进行了较为深入的学习和分析，形成了绘本创作的初步框架。同时，我搜集了中国知网中以"绘本""成人绘本"等为关键词的研究论文，对目前绘本市场的具体发展现状、值得学习和借鉴的优质案例、出现的问题以及改进的方向等有了一定的了解和思考。此外，关于故事内容的构成，我通过问卷调查、社交平台搜集以及口头询问等方式，征集了老年群体的家人对这一选题的想法、建议和相关案例分享。基于上述的前期准备工作，我以思维导图的形式，整理出了关于视觉表现、内容呈现和立意传达这三个方面的创作大纲，并在画风上进行了几种尝试。最终，我选择用较为写实的画风、温暖柔和的色调、简洁扁平化的视觉表现、平实口语化的文字语言、对日常生活情境再现的方式来实现我的作品构思。

　　具体而言，首先，我设计了两个主人公——"爷爷"和"奶奶"，不赋予其名字和姓氏，以传达其行为的代表性和普适性。两人的形象通过各自的装束、人物性格描绘、事件等进行塑造："爷爷"——衬衫马甲、节省、嗜好囤物……"奶奶"——玫红色针织衫、渔夫帽、

《奶奶的保健品》绘本内页之二

有时贪小便宜、轻信他人……并且人物的视觉形象贯穿故事始终，从而强化读者的印象。构图上，我大多通过突出主要人物动态、神态和局部肢体，突出局部场景，简化不必要的细节刻画，精简文字等方式，力图让画面内容更加简洁、清晰易懂，以符合中老年受众的认知能力和阅读习惯。在叙事线的编排方面，我将"奶奶"不断被忽悠去购买保健品——得知受骗——幡然醒悟的过程作为主要线索，穿插以"爷爷"为主要形象所呈现的"老年人的固有习惯"的这一科普性线索，通过旁白和人物对话将故事情节加以串联。为了使故事叙述更加自然流畅，我向学习编辑出版学的同学寻求了指导和建议。

另外值得一提的是，在绘本名称、封面封底以及环衬页的设计上，我也融入了一些巧思。绘本的名称《奶奶的保健品》实际上带有"一语双关"的含义：一方面，它直截了当地揭示了故事的主题；另一方面，它也暗示着作品的主旨立意——真正的"保健品"并非那些靠忽悠、骗取信任的手段销售的"神药"，而是始终葆有的一种快乐的心态、追求充实生活的观念。作品封面封底的设计也存在着呼应：在封面上我绘制了双手捧着一把保健品的形象；而在封底几乎同样的手势捧着的却是一只金毛狗的笑脸。这样的呼应同样暗示着一种心态和观念上的转变。为了凸显这一首尾照应，在绘本的装帧方式上我选择了可以完全平铺的"平装式无线胶订"法，以实现最佳的展示效果。此外，环衬页作为书籍翻开后的首页，能够最先抓住读者眼球。因而在设计上，我绘制了老年生活中常见的器物，如买菜用的帆布推车、成堆的旧报纸、老花眼镜、公园的健身器材等，希望迅速拉近与目标受众的距离。

诚如前文所说，历时两个多月的绘本创作对我而言确实是一次不小的挑战。在这一过程中，有初次尝试的迷茫、反复试错的疲惫、内容取舍的遗憾、词不达意的焦虑，但更多的是作品从一个小小的构想到最终落地的喜悦、克服重重困难后的欣慰、自我能力提升的巨大成就感以及收到各种反馈时的兴奋。作为一名学习艺术与设计相关专业的学生，我真心希望这件绘本作品以及今后求学和职业生涯中的每件作品，能够在表达我内心的同时，可以在最大程度上发挥它积极的社会意义。

山村剧场

——

吕侯健 《山村剧场》 影像　2020 年

吕侯健 / 影像艺术家

娄金：《山村剧场》这部片子的素材拍摄于 2014 年，至今已过了六年，是什么原因现在才让大家看见？

吕侯健：今年新冠肺炎疫情爆发，在京隔离期间，回看了许多过往拍摄的素材。田坪村的这些影像，让我很有感触。时间过了六年，曾经到访的村庄已经离我很遥远，不知现在那里的风土人情有怎样的变化。我小时候没见过大山，只大学时在西南地区生活过四年。现在在北京工作，很少有机会去到山区，对那依然很怀念和好奇，于是就做了这部纪录片分享给大家。

娄金：今年的疫情来得太突然，如今已成为全球性的灾难，疫情让每一个个体都在同一时间参与进来，很多行业都被迫重新洗牌，大家不得不反思全球的共同困境以及群体与个体的关系。艺术与时代背景、社会境遇以及现实生活密不可分，艺术如何揭露现实、与其同行，是每一个艺术工作者需要思考的。羊磴艺术合作社是群体在特定地区的艺术项目，合作社的工作好像一直在羊磴"消毒"，很多项目都有"提示"的功能，这次疫情本身必定会给合作社的发展带来启示，以及关于艺术与羊磴关系的思考。你在这期间完成了《山村剧场》的剪辑，也是一种收获，很多时候机遇与挑战并存。设想一下，这个片子如果在 2014 年就剪辑完成，与现在这部在疫情下再创作的作品应该不一样？

吕侯健：当时继续创作的话，可能会把这些视频做成一个多媒体装置；也可能把它放进一个移动电视里，扛在肩上，走到羊磴的豆花店、发廊、车站、吊桥等地去做野播互动。每个时间点创作的状态和偏好不同，有很多的可能性。

娄金：拍摄《山村剧场》时应该是你第一次到羊磴，羊磴给你的印象是怎样的？

吕侯健：羊磴的房子沿河而建，四周环山，下暴雨时会发大水。街上常有拉煤的大卡车开过，在街口较窄处常被这些大车堵得水泄不通。到了傍晚，广场舞的音乐声在山间响彻，天空银白色的余光洒落在羊磴河面上，映衬出暗黑色的山体，有种深沉又神秘的感觉。

娄金：你在羊磴还遇到过哪些印象深刻的事物？

吕侯健：我在羊磴参加了合作社的许多活动，例如在吊桥上放置异形板凳、到村民家探访等，也发现了许多有乡土气息的物件。

娄金：我记得当时我们在羊磴街上老仓库门口偶遇我初中同学梁正秀，她是文艺宣传队的成员，正要去村里参加文艺演出，于是你就决定和文艺宣传队一起上山，并记录了整个演出的过程。当晚我们在合作社看了这些生动的素材，镜头直勾勾地盯着在场的每一个人，很耐看，感觉表演与被表演都同时在画面出现。你在拍摄的过程中是怎么工作的？当地人面对镜头有什么反应？

吕侯健：那天村里的女性穿着干净漂亮的衣服，男性也精神，还请来了镇书记和遵义电视台的记者，整个庆典搞得非常热闹、隆重。从上午到下午，我拍了约 5 个小时的素材，几乎是时刻都扛着相机在工作的状态。

刚开始拍村民做早饭时，村干部看到我拿着相机，以为是电视台来搞宣传的人，对我很客气。不久他们就发现我啥都拍，是不受约束的摄影师。当我在房间拍摄地上的蔬菜时，他们进来带着熟悉的笑容，用本地话劝我别拍那些杂乱不卫生的东西。从那之后这些干部就开始防备我的镜头，尤其是他们在搞修路集资的登记时，我刚开机就被喊停了。但后来他们越来越忙，也顾不上管我，我依然可以自由地拍摄。舞台搭好后，就有许多村民开始占座，我趁机近距离地拍摄他们。他们很享受被拍的感觉，特别是年纪大的女性村民就更渴望得到镜头的聚焦。不过他们没多少被拍的经验，面对镜头时总摆出很僵硬的表情，但这种僵笑风格也体现了他们的淳朴。

娄金：文艺宣传队里的人给你怎样的感觉？

吕侯健：这些艺人的年龄不小，都有各自的家庭和孩子了。他们不是科班出身，有的只是镇上坝坝舞的领舞。庆典的主持人娄双林是羊磴电视台的台长，他唱歌、跳舞都在行，也特别会带节奏和调动观众情绪，身上有一种婚庆主持人的气质。

女艺人的服装和鞋子有一种夸张美。她们穿的高跟鞋，有的跟高十几厘米，有的还嵌有仿制的水晶、宝石等来做装饰。要是在都市里，这种鞋绝对是些非主流款，但在她们脚上却产生了一种乡村未来风的效果，一点都没有"沙马特"的感觉。我对这些野生的艺人

文艺宣传队成员梁正秀

观看演出的村民

特别感兴趣，巴不得把镜头贴着她们，拍出毛孔来。村里的小女孩总是目不转睛地看着这些艺人的一举一动，她们一定是很羡慕，很想模仿这样的打扮。

娄金：片中有很多层次的表演穿插，这里面有几个方面，村民与演员、下属与领导、记者与艺术家等在同一"舞台"上工作。摄像机的持续聚焦让这个事情有了戏剧感，镜头与眼睛的触碰，使自然的流露多了一层表演的色彩。观看与被观看，表演与被表演，构建了另一种真实与淳朴。这些情景应该是你作为艺术家的直觉在工作的过程中催化了事件本身向另一个维度的转向，在这之前你拍摄过类似的纪录片吗？

吕侯健：我喜欢用相机记录身边的事物。每次回家都会拍摄父母的劳作、聊天对话，还有家里的那些鸡呀狗呀、瓜果蔬菜等。在西南地区拍了被火烧伤的人、摩托车队的旅行生活、苗族和水族联婚……在北京拍了自己和朋友的北漂生活、上班时遇到的事情、中关村开公司等，基本上是去到哪拍到哪的状态。

娄金：在羊磴崇山峻岭间修一条乡村公路非常困难。我老家就在桃子村上，小时候经常梦到有一列火车从家门口通过，每次醒来想想都很浪漫。后来去城市上学，也坐上火车在大山间穿行，见深山中的零星人家很有感触。其实，在记忆里经常听到大人讨论自发组织修公路的事情，但是大家觉得修路会占用农田，家里的收成必定会减少，在大家都吃不饱饭的情况下，修路占地所带来的损失必定是雪上加霜，所以羊磴的通村和通组公路在这几年才逐渐修好，可是山上的大部分农民都因外出务工搬走了。这次看了《山村剧场》里乡村公路的通车庆典很有感触，在某种程度上，你拍的这部片子是乡村公路的"纪念碑"。从镇政府书记到村民，在同一时空出现，是人间百态的一个截面。

吕侯健：2014年我们到桃子村做田野调查时，从村民那得知，桃子村周围的山体已被煤矿厂掏空，许多住宅的墙体开裂，变成危房。现在过了这么多年，不知道那里变成怎样了。

娄金：煤矿的开采，导致水资源匮乏，桃子村的居民从十年前几百户减少到现在的十来户，农民把土地还给了自然。

娄金 / 四川美术学院讲师、博士研究生

第三单元
艺术动员

　　社区枢纽站是在"2018王南溟志愿者年"中发起的公共文化项目，以学术理念和项目策划的方式与社会各组织进行广泛的合作，更好地让美术馆化的社区艺术文化与学术界互动。本单元展示了社区枢纽站在上海陆家嘴持续4年的"艺术社区规划"案例，回顾展示了原陆家嘴社区公益基金会秘书长张佳华在职期间开展的与陆家嘴社区相关的艺术社区实践，借以向观众呈现以"艺术动员"来带动的上海陆家嘴老旧社区的治理和逐渐形成的"陆家嘴学派"。

——王南溟

周美珍

艺术社区的初步成效
——以社工策展人在陆家嘴东昌社区的实践为例

　　社区艺术运动的原始目的，是促进社区的进一步成长。"艺术可提高社区居住的舒适性，因此逐渐地，人们愈来愈重视艺术本身的价值，即增强艺术认知意识、发展观众群、提升艺术品质、培养更多的艺术工作者和愿意冒艺术的风险。"[1]艺术在社区中的展现形式是多种多样的，上海在各类社区艺术营造、社区微更新等项目的推动下，已经逐步解决了部分社区治理的问题，丰富了社区居民的日常生活。但多数艺术项目只是直接将艺术植入当地社区，没有合理地融入其中。因此本文将从一种新的身份——社工策展人的视角出发，探讨策展人是如何与社会学的社工专业相结合，在上海市浦东新区陆家嘴街道东昌社区进行跨学科的实践。

一、社工策展人的概念与形成

　　首先从社会学的"社工"角度来看，在介入社区的方式中，综合介入方式要通过增强个人的生活能力和社会能力才能得以体现。其次提到艺术社区概念的存在，是因为我们不仅仅是把艺术作品放到一个空间里面，还要通过艺术在社区去构建一种价值认同，即让社区能够重生并变得更加温暖。再次是社会学家谈到了如何跨学科介入社会的公共生活，如清华大学社会学系副教授严飞表示，他认为介入有两个维度："第一个维度是通过我们的专业研究以及田野调查，就关系到社会学的干预实验增加、社会治理跟社会的建设；第二个维度就是通过一些知识的分享以及扩散介入到公共生活。"[2] 在东昌社区进行的实践过程中，也体现了这些理论。

"社工策展人"这一概念是 2020 年由社区枢纽站创始人王南溟提出，当时开展了两场"社工策展人工作坊"，并经过一年多的实践逐渐形成了一系列理论。社工策展人的出现，是"一种社区通过艺术来形成从内心文化到视觉环境的与时俱进"[3]。社工策展人并不是简单地做社工工作或是将艺术的功能在社区内扩大，而是"更多地触及由艺术行动引出来的公共政策和公共行政上的问题，这些问题也是跨学科的"[4]。另外社工策展人是策展人与社工的结合，具备辨别社会问题的眼睛，既是"策展人"的，也是"社工"化的。

二、东昌社区的跨学科实践

在笔者一年多的实践过程中，发现在社区举办展览以及公共教育活动都存在很多不确定性。接下来将从东昌路的两个实践点展开实例讨论。

首先是位于东昌新村的"星梦停车棚"。笔者于 2020 年 10 月底第一次到东昌社区进行考察，在由时任陆家嘴社区公益基金会秘书长的张佳华带领工作团队在周围社区考察了一圈后，选择了这个停车棚作为实践点。当时整个车棚的光线较为昏暗，车牌的设计也不似如今这样精致，且当时"星梦停车棚"几个字还在翅膀图像的上面，而 2021 年 11 月这几个字特地移到了右边信箱的旁边。2021 年初，工作团队与上海大学博物馆进行合作，在停车棚内举办了"三星堆：人

"星梦停车棚"外立面（2021 年 11 月前），浦东融媒体记者倪竹馨拍摄

东昌瞭望塔模型，制作者：苏世栋（上海从双模型设计有限公司）

与神的世界进东昌新村特展"，并选择星梦停车棚的 A 区作为展览区域。上大博物馆设计团队根据场地的特点，选择了用灯箱将同期在上海大学博物馆展出的三星堆文物以照片的形式在此展出。自 2021 年 1 月份开展以后，还进行了各类公共教育活动，如东昌居民陈国兴主动提出要做展览导览的志愿者，面向观众进行导览活动，观众中包括东昌的小学生、博物馆处的领导以及普通市民等。

2021 年初三星堆图片展的成功举办，使东昌社区逐渐受到各界关注。而后团队又在位于东昌路浦东南路路口的东昌大楼举办了"瞭望塔上下"的陆家嘴记忆展。此次展览源于团队 2020 年从一个过去的瞭望兵赵解平获得的两张老照片，团队用照片找模型公司进行了瞭望塔建筑的还原。在还原过程中，模型先后进行了 6 次改进，当时团队只能通过两张照片去想象瞭望台过去的情况，再加上赵解平的手绘以及多次沟通，才形成了现在所看到的瞭望塔模型的样貌。

社区中的展览与在美术馆、博物馆中举办的展览有所不同，要考虑到当地居民的意愿。因此展览一开始就主要使用了社会学的方法，通过几次听证会、与居民多次沟通才得以顺利展开。在展览开展前，我们首先征得当地居民的同意，并根据他们的实际需求进行适当调整。2021 年 6 月，东一居民区的周海霞书记组织东昌大楼的居民进行了楼道美术馆的方案征询会，团队成员、华东师范大学伍鹏晗老师在前期考察中做了一个初步的设计方案，与居民讨论并征得了他们的同意。因为从东昌大楼 7 楼窗户往外看到对面的南洋商业银行，就是当时瞭望塔的旧址，所以在各方协调下，我们选择在此举办社区记忆展。虽然是在社区中举办展览，但是整体的布展我们仍然采取美术馆的专业布展方式。当时邀请了专业的布展公司，其老板在看场地的过程中给予了团队很多好的建议。比如，由于我们是以照片的形式进行展览，他就提出了照片如何挂放以及位置、大小问题等，另外当时东昌大楼楼上的灯光比较简朴，他提出了用美术馆专业的筒灯来进行照明。

在 2021 年 8 月的楼道美术馆中，瞭望塔的模型用博物馆专业的玻璃罩和展柜进行了展出，展览的设计、布展也是由美术馆的专业团队所完成。布展当天，住在东昌大楼7楼的老住户叶阿姨，在看到我们布展后与我们进行了一些交谈，在交流过程中她主动提出想要成为这个楼道美术馆的"馆长"，接管电视机等展品的日常运营。2021年8月8日，楼道美术馆"瞭望塔上下"展览开幕，邀请了赵解平老师、黄浦区铜山消防队的消防员战士以及周海霞书记共同参与开幕式活动。还有东昌新村的居民，如陈国兴和蒋阿姨也来到展览现场，他们是东昌区域的老住户，对这些照片以及东昌的故事都非常了解。

2021年6月10日下午，东一居民区周海侠书记组织东昌大楼居民开楼道美术馆的方案征询会现场

三、艺术社区的初步成效

"星梦停车棚"举办前期展览与活动后，学界与附近社区居民都持续关注着后续的活

2021年8月8日，楼道美术馆"瞭望塔上下"展览开幕现场

动。如东昌社区的居民创办的《昌新报》就在持续记录着社区内发生的故事和新闻，还刊载居民写的感想。随着一年多的艺术社区活动的展开，东昌社区的居民志愿者数量不断增多，并形成了社区内18人的"星梦志愿者"队伍，以更好地服务社区。笔者2021年9月又来到东昌小区，进门就看到东昌新村居民任浩章正在换上最新一期的《昌新报》。与此同时，笔者发现社区也越来越智能和有序，如停车棚装了智能门禁，让车棚的管理更加智能和方便。此外，居民蒋阿姨组织了一个小的志愿者团队——"星梦花坛"团队，主要是进行日常的停车棚打理，整个停车棚内外都被布置得富有生机。

2021年10月，团队再次与上海大学博物馆合作，在"星梦停车棚"进行了"龙门石窟图片展"。此次展览仍采取专业美术馆的布展方式，并在前期积累的经验基础上微调了停车棚的C区，开辟出另一个展区。除了"龙门石窟图片展"，C区还有三个白板，作为一个临时展厅，未来计划展示当代艺术作品，举办一个传统与当代进行对话的展览。在布

"龙门石窟：东昌社区展"展览现场

展当天，陆家嘴区域的城管在与大家的交谈中提到，通过这个展览和社区居民的自我管理，停车棚由混乱变得更加有序。2021年12月24日，上海大学社会学院也来到星梦停车棚，和东昌居民一起进行了浇花和种花活动，当时有三位学生参与其中。因为他们的加入，停车棚的活动及管理具有了跨学科性质。

2022年1月7日，社区居民、星梦志愿者代表去上大博物馆参观了龙门石窟的展览，社区居民颇受触动。他们在星梦停车棚展览中看到的都是图片和文字介绍，虽然会有初步感想，但再看实物时产生了更加深刻的认知，这也是博物馆、美术馆把艺术展览放到社区的意义所在。

除了小区内部的活动，团队还将视野放到小区外，让整条东昌路都被包含在艺术社区范围内。东昌路尽头有一面矮墙，2021年7月，社区居民、学生志愿者和艺术家一同创作了墙绘作品。

总的来说，星梦停车棚和东昌大楼的项目是以东一、东昌居民区为核心，通过设计元素导入、艺术社区策展、空间更新改造等措施，而形成的辐射周边居民区和小陆家嘴区域的艺术街区。团队期望以这些项目与活动的开展，达到"社区市民动员""志愿者扩大化""社区与大学合作、考察、实习的参与式研究""社会美育""社区、陆家嘴楼宇、美术馆、学院四位一体的陆家嘴社区动态"等目标。在此过程中，社工策展人在社区中举

东昌路矮墙墙绘作品

办展览与公共教育活动，需要兼顾社会学与策展本身的内容。在陆家嘴老旧社区开展的艺术社区项目中，社工策展人更像一名志愿者，借助了各专业的力量，针对性地解决社区的问题而满足了社区居民的需求，同时也能达到公共文化服务的目标。社区居民中的热心人如陈国兴，自己学习做导览，在整个过程中不断学习，对艺术

的理解越来越深刻。当然，更重要的是，整个社区的居民变得更有凝聚力了。

结论

在笔者参与这些实践的过程中，发现东昌路艺术社区就是社区枢纽站组合社会力量的一个平台。而东昌居民组成的星梦志愿者团队自主参与并融入其中，艺术社区变得更有活力、更有温度。由此看来，社工策展人的工作就是要注重社区的艺术工作坊和市民的参与程度。而社工策展人所进行的实践很好地回答了如何有效进行社会美育这个问题，这也是美术馆、博物馆的管理人员和策展人一直思考的，可以说，社工策展人的实践为美术馆、博物馆的相关工作提供了新的思路和有价值的参考。此外，由"艺术社区"项目产生的社区相关现象与问题，也值得社会学专业人士作进一步讨论和研究。

周美珍 / 上海大学上海美术学院博士研究生

注释

[1]［美］柯洛奇·卓伸.社区艺术管理［M］.桂雅文，译.台北：五观艺术管理有限公司，2001:23.

[2] 假如没有公共生活，社会学的"出圈"无从谈起［EB/OL］. https://baijiahao.baidu.com/s？id=1705870081243307305&wfr=spider&for=pc.

[3] 王南溟：社工策展人岗位设置与"艺术社区"——从艺术公共组织到社区公共组织［EB/OL］.https：//mp.weixin.qq.com/s/BOI0Q8NFhfkvGw47g–Lusg.

[4] 王南溟："社工策展人"首要的工作范围：简单回答［EB/OL］. https://mp.weixin.qq.com/s/LuDNarTEWfnFo–_2nEzLOA.

社区动员：在深度城市化社区的四年社会工作行动研究

张佳华、伍鹏晗

"社区枢纽站"艺术社区团队由三部分核心力量构成，一是以伍鹏晗老师为代表的规划师，二是以王南溟老师为代表的艺术家，三是以张佳华为代表的社会学工作者。三部分力量跨界合作，共同推动艺术社区相关工作。在工作方法上，我们并不是依照既定的理论框架开展工作，而是更偏向行动研究。通过进入社区后的点滴实践和社区内包括地方政府、社区干部、居民和社区企事业单位在内的各类主体建立联系，然后再去推动形成艺术社区的作品。我们以几个案例来阐述这一方法，这些案例的背后蕴含了很多前期的探索，是在"探索—试点—再探索—再试点"的螺旋式上升过程中形成的。

一、自我生长的招园

第一个案例位于陆家嘴的老旧小区招远居民区，这个小区进门右转有一块约 150 平方米的闲置空间废地。小区有一个"春之园"自治团队，他们希望通过微更新来盘活这块空间，但苦于缺乏资金和专业技术，这个愿望迟迟未能实现。2018 年底，张佳华和伍鹏晗进入这个社区，通

过与当时的居委书记周海侠和自治团
队多次协商，最终确定由伍老师带领
华东师范大学的同学开展社区微更新
设计，由张佳华依托社区资源展开众
筹与共建的方式，正式发起"招园"
项目。

华东师范大学设计专业同学开展社区调研

在设计过程中，居民的许多意见
被纳入在内，比如居民在听证会上表
达了要加入鱼池和假山的元素以符合
社区老龄化的需求，后来在设计方案
中就得到了体现。这个过程中很重要
的一点是项目的落地不是由地方政府
自上而下的行政化推动，而是基于需
求调研并联动社区在地力量和专业力
量来完成的实践。

"招园"开园仪式现场

在资金筹集方面，这一项目使用
了互联网众筹和专项基金定向筹资两
种方式，共计筹集社会资金约 15 万
元。"招园"建成之后，居委会组织居民、小区对面的东昌中学和共建单位共同举办了一
个开园仪式。这个也被作为 2018 年浦东在推动缤纷社区中探索如何联动社会资源的典型
案例，上海市政协委员、上海市社科院等先后实地调研并形成专报提交相关政府部门。

后来，我们团队去实地走访了这个空间，发现这个空间和原先的设计相比已经发生了
翻天覆地的变化，并按照居民自己希望的方式继续生长。我们去的时候发现里面有三百多
只乌龟、五千多条鱼苗、爬满墙的丝瓜、暗房里的蘑菇，等等。

二、不任意的任意门

第二个案例来自崂三居民区，小区内位于乳山路一侧的两栋居民楼中间曾经有一片违

章建筑。违章建筑拆除后，腾出来的 200 平方米左右的空间逐渐变成了建筑垃圾堆放点，泡沫纸箱在台风天时到处飞扬，成为当时社区治理的一大顽疾。早先，居委书记曾召集居民商议这个空间如何处理，但在听证会上，居民表决是否同意将这里变成垃圾箱房时，结果几乎所有居民都反对。

后来通过调研发现，居民更希望在这里实现邻里空间的拓展和出行的便利。因为当时小区在乳山路上的主出入口只有一个，机动车、非机动车、行人都从这一出口出入，由于人车不分流，经常会因为磕碰发生矛盾。因此，居民希望解决这一问题，在违章建筑拆除的这个空间打开一扇行人通道，这样不仅可以缓解主出入口的流量，也能够让居民步行 2 分钟就可以到达最近的东昌路地铁站。由此，这个项目就命名为"不任意的任意门"。

在设计方案中，伍鹏晗老师将中式园林元素、具有仪式感的步道纳入其中，营造一种回家的归属感。但在方案征询中，座椅的设置被否定了，因为空间两侧是居民楼，座椅的设置可能会造成深夜居民或行人在此聚集，影响居民休息。

这个项目的建设是从零资金启动的，从方案设计、募集资金到开工建设，实施周期非常长。在建设过程中，社区企业史丹利组织他们的员工志愿者来参与打造这个空间，20 多位韩国的中学生也来到小区参与社区建设，帮助小区清运垃圾。我们还发起了社区众筹项目，号召大家每人捐 20 块钱为小区"不任意的任意门"项目建设提供 2 块砖头。参与捐赠的有居民、企业、基金会，还有我们用项目去参加浦东团区委组织的比赛获得的奖励资金。最终，我们募集了 13 万元左右的资金实现了这个空间的更新。"不任意的任意门"项目也在 2019 年被评为浦东新区缤纷社区小微项目的一等奖。

社区众筹项目

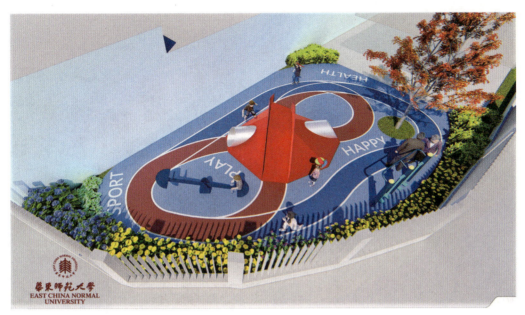

儿童乐园设计方案

三、居民众筹儿童乐园

第三个案例也发生在崂山三村，项目点位于小区内一个火锅店拆除之后产生的闲置空间。崂山三村建于 20 世纪五六十年代，有近三千户居民。这个小区的小朋友和附近一些新建商品房小区的小朋友有的在一起上学，他们会讨论放学后去哪里玩等问题。周边好一点的商品房小区有游乐场、游泳池等空间，而崂山三村内则连儿童游玩设施也没有。因此，有不少居民提出，希望将这个闲置空间规划为儿童乐园。

最初的设计方案来自居民手绘的一张草图，后来由伍鹏晗老师将其发展成一个可实施的方案。由于空间只有约 100 平方米，因此方案通过环形步道的设计让空间具有灵动性，里面设置了滑梯、跷跷板等儿童游玩装置。在资金方面，社区在 2020 年的 99 公益日期间发动了五分之一的居民和沿街商铺共同参与出资，募集到了 2.8 万元左右的资金，每户的出资情况居委会都在小区宣传栏做了公示。建成之后的启动仪式放在当年的植树节，来自浦东新区规划管理中心、地方政府、居委会、崂山小学的学生和社区居民共同在儿童乐园种下了一棵樱花树。

公共艺术墙绘《残余的温度》

四、"为爱上色"艺术墙绘

第四个案例是在老旧小区的外墙上开展的为爱上色艺术墙绘项目，这些墙绘的主题为儿童保护和动物保护，过去几年我们陆续在不同小区推动完成了 7 幅作品。其中一幅是有争议的，当时艺术家画完之后大部分居民表示比较喜欢，但是也有个别居民提出画面不够明亮，画面中的老虎让有的小朋友感到害怕等。迫于各种压力，最终这幅作品被抹掉变回了白墙。由此，我们也在反思面向公众的公共艺术作品在创作过程中和完成后，公众接受的临界点在哪里？如果有争议，作品应当如何处置？这类问题是值得我们去深入思考的。

五、在社区停车棚策展

东昌居民区非机动车停车棚乱象

第五个案例是东昌居民区，这是一个我们持续介入了 4 年的社区。2017 年，80 后的曹骏调到这个小区担任居委书记。当时，小区的治理工作四处碰壁，没有一项工作能够顺利开展。小区老百姓的凝聚力和归属感都很弱，因为小区离陆家嘴金融区非常近。过去的三十年，附近的高楼拔地而起，但小区内却没有什么发展，居民心里有落差。在这种情况下，我们首先引入了"为爱上色"艺术墙绘项目，通过墙绘来提升小区的外墙面貌。

微更新后的"星梦停车棚"

2018 年，在一次需求调研中，我们发现小区非机动车停车棚的前面有一个空间，这个空间经过管线落地改造之后变成了很干净的空间，但是这种状况维持没到一个月，又出现了垃圾成堆和乱停车的现象。原来，小区内有一些老年人，他们将捡来的纸板箱还有矿泉水瓶等都放在停车棚前面的空间，等积累到一定的数量再卖掉。同时由于小区内停车位有限，机动车也挤占停车棚的空间，随意在这里停放。

经过与居委会商量，我们希望以这个小微空间为第一个切入点，通过联合社会力量改善这个空间，并发动居民参与空间维护，慢慢培养居民的公共性。由此，伍老师设计了一个社区微更新方案，并对停车棚前的晾衣竿进行了时尚化改造。这个微更新过程发动了社区单位共建。在完成之后的竣工仪式上，一名志愿者用毛笔写了"星梦停车棚"五个字，象征着东昌小区居民的星空和梦想。

在曹骏的组织下，小区的第一批由五位年长的居民组成的志愿者团队成立，他们自己命名为"东昌突击队"，后来更名为"星梦志愿者"。他们每周参与维护这个更新后的空间，并编制了一份社区自己的报纸《昌新报》，寓意东昌在未来能够日新月异不断发展。这个项目在 2019 年获得了浦东新区缤纷社区自治项目的二等奖，当时的评委中除了政府官员，还有建筑规划专业、社会学和社会工作专业背景的专家。迄今为止，这个空间依然和落成时那样保持着生机，绣球花每年如期盛开。

2020 年，在王南溟老师的牵头下，上海大学博物馆将"三星堆特展"创造性地放到了东昌小区的星梦停车棚内。这就使东昌小区在外部硬件更新之后，继续引入专业力量让居民感受到社区是可以有美感和活力的。通过在停车棚内策展，居民下班回家停车时的场景就发生了变化。原先黑乎乎的停车棚变成了亮堂堂的博物馆，停车的间隙还能欣赏古蜀文明。

这个社区策展的方式是比较激进的，因为从来没有一个专业展览是在小区的停车棚内举办，所以当时我们并没有进行层层地报备，而是采用边实践边观察的方式进行。实际效果超出了我们的预期，在各大媒体的争相报道下，市区两级的宣传文化部门先后来到小区停车棚参观考察，并在这个项目推动艺术社区的发展方面给予了高度评价，甚至城管部门也表示这个项目让社区面貌不断改观，对他们的治理工作产生了积极的影响。

与此同时，小区居民陈国兴在上海大学博物馆副馆长马琳老师的指导下也逐渐成为星梦停车棚的居民导览员，每次有人来参观，他都会用一口浓浓的上海话为他们详细地介绍。在 2021 年的陆家嘴中心绿地举办的慈善晚会上，他自豪地与五百多人分享自己家门口的博物馆。在当年上海城市空间艺术季期间，他还登上了上海各地铁的宣传视频，成了社区的名人。

2021 年，龙门石窟特展又在这个停车棚里面拓展了第二个区域。这次的布展方式采用了与第一个区域的三星堆特展不同的形式，三星堆特展是在柱体之间布置灯箱，而龙门石窟特展则是挂壁画和灯光结合的方式。遗憾的是因为疫情未能举办公众活动，我们只在停车棚内举办了小型的居民导览活动。这两次展览期间，东昌小区的居民志愿者也和我们一起来到位于宝山的上海大学博物馆参观了实体展。居民志愿者从最初的 5 个人也发展到了 11 人，愿意进入小区公共空间参与志愿服务的居民在逐渐增长。

六、楼道变身美术馆

上海浦东的发展具有很强的时空压缩性，三十多年的快速发展中不断有高楼拔地而起。原本二十多米高的东昌瞭望塔是浦东的地标，而如今这一建筑仅存在老一辈的记忆中。在 2020 年的一次英国国王大学历史学专业的研究生章楠针对原东昌瞭望塔战士赵解平的口述史采访中，发现赵解平保留了许多东昌瞭望塔的历史照片，而他本人也非常熟知浦东的发展变迁。

楼道美术馆的想法在当时开始进入我们的视野，一方面当时东昌大楼所在的位置就在原来东昌瞭望塔的对面，另一方面楼道治理堆物和火灾等隐患的做法也没有太多的创新。楼道美术馆不仅可以重现往日的记忆和辉煌，还可以产出社区治理的溢出效应，这是一举两得的好事。因此，我们团队和居委会商议并召开居民听证会后，就在东昌大楼七楼的楼道空间内，以东昌瞭望塔模型

东昌大楼的楼道美术馆

装置和图片展的方式举办了"瞭望塔上下"楼道美术馆展览。

在近四年的行动研究中，我们陆续介入了十多个居民区，累计引入各类资金约 309 万元。虽然资金体量不大，但资金的来源构成非常有意思。其中 75% 左右资金来自社区单位的捐赠，15% 左右的资金来自社区居民，10% 左右的资金来自财政支持。这一资金结构显示，政府、市场和居民都在推动艺术社区的发展，而且后两者的力量有时甚至更大。

最后不得不强调一点，我们所呈现的这六个案例是相对成功的案例，这些案例背后是几倍于这些案例的失败经历。社区是一个复杂的场域，它与美术馆和博物馆具有本质的差异，因此艺术社区的发展不可能是一帆风顺的。以行动研究的方式推动艺术社区是一种有益的尝试，在不断的"探索—试点—再探索—再试点"过程中走进社区、了解社区、发展社区，才有可能产生有生命力的艺术社区项目。

张佳华 / 社工策展人、上海浦东新区善行公益服务中心秘书长

伍鹏晗 / 社区规划师、华东师范大学设计学院讲师

东昌社区与三星堆的故事
——艺术进社区实践

陈国兴

在陆家嘴街道有条东昌路，它建于1928年，已将近百岁，曾是繁华的浦东"南京路"。改革开放四十年后面貌一新，在艺术走进社区的推动下，逐渐形成文化街，现在已有东昌车棚图片展、高墙大型涂鸦、十米墙绘等作品。

2021年10月31日，在陆家嘴中心绿地，笔者在"2021陆家嘴慈善之夜"活动上发言

东昌新村虽然是陆家嘴金融城内唯一一个20世纪80年代的老旧小区，但居民积极地通过自我管理、自主自治，已令社区面貌焕然一新。

从"星梦停车棚"说起：过去的陋旧漏乱脏差、居民怨气怒狠骂，转变成如今美丽整洁、设施安全、宽敞明亮、居民称赞满意的为民工程。

在我们东昌，有支突击队，由18位居民自愿组成，在新老队长

2021年12月4日，东昌新村居民蒋阿姨在"星梦停
车棚"外浇花 建筑垃圾绿色堆园

任浩章、刘金祥的带领下，做到"召之即来、来之能战、战之必胜"。

小区里还有"鲜花盛开，人见人爱"的"星梦花坛"，是由我们志愿者蒋莲华精心管理，楼组居民也积极参与维护，赢得花坛四季常青。

"建筑垃圾绿色堆园"是宗银宝等志愿者自我设计、创作、安装建成的成果，真正实现建筑垃圾不落地的管理新模式。

东昌新村打造艺术社区的重头戏——星梦停车棚"三星堆文物图片展"，是一项"脱胎换骨"的民生文化工程，在艺术批评家、独立策展人、社区枢纽站创始人王南溟老师的努力下，衔接了上大博物馆的展览资源，促成了这个项目。

当居民白天上班，晚上回家推车进入车棚，偶遇"三星堆文物图展"时，就会感到十分吃惊，这不仅仅是车棚，更是一座博物馆！

起先，这是首次在车棚开展"三星堆文物图片展"，学者专家担心后续的日常管理，且图展内容引导讲解也可能存在难题，但我们东昌居民对小区的活动向来提倡居民参与，并且我们有优秀的志愿者团队，于是这些顾虑在东昌都不再是难点问题。车棚日常管理、三星堆图展管理由车棚管理小组承担，另外还建立了专职的居民志愿者对应负责制，分管制度建设、设施安全、文宣、统计安排、导览等工作，大家各司其职、各负其责，努力把星梦停车棚"三星堆文物图片展"搞得有声有色。

展览及导览员解说现场

一年运作下来，赢得专家学者、社会各界好评。

"三星堆文物图片展"居民导览员解说如下：

遗址距今 3000—5000 年，面积 12 平方千米，是四川省内面积最广、历史时期最长、文化内涵最为丰富的古城、古国、古蜀文化展览馆。

1929 年春广汉中兴乡，有个农民在牧马河无意中挖掘到一批文物，初次揭开三星堆遗址面纱。

1963—1986 年四川大学考古队挖掘出三星堆遗址，宣告"沉睡数千年、一醒惊天下"。

2020 年以来考古挖掘出新的六处三星堆遗址，向世人展出更全面的古蜀面貌，进一步揭开三星堆文明的面纱。

东昌车棚"三星堆文物图片展"分四个单元：

"人间神国"——古遗址文物中"巴蜀图语"尚未破译，只能根据推测诠释。

"以玉事神"——中国传统文化中玉器是重要的礼器，三星堆玉器特色：生产工具玉制化，兵器玉制化，反映王权与神权的结合。

"万物有灵"——讲述古蜀先民对自然崇拜，通过仿生器来反映这一思想。

"生命的延续"——在金沙地区发现了三星堆文物历史遗址的延续。"太阳神鸟金饰"意义非凡。

"三星堆文物图片展"开展后，前来参观的人络绎不绝，有居民、学生、共建单位、社会团体，还有上海市、浦东新区有关领导前来参观指导文化进社区工作。《解放日报》《文汇报》等数十家媒体来访报道车棚文化，东昌新村成为网红报道站。

"三星堆文物图片展"开展以后，呈现出"市民动一动、美好生活进一进、市民乐一乐、艺术社区长一长"的社区文化治理形态，彰显出社区文化的新面貌、新时尚。

陈国兴／东昌新村居民

基于场所记忆的老旧社区公共空间的更新改造设计
——以上海上港小区公共空间为例

胡雯婷

在过去增量发展的模式下，老旧社区的风貌和邻里结构都受到较大的破坏，老旧社区居民的生活质量受到越来越多的关注，老旧社区更新成为城市建设和发展的重要内容，是焕发城市活力的重要着眼点。近年来，上海从各个层面对老旧社区更新展开了积极探索，为老旧社区更新提供了宝贵的经验。例如"15分钟社区生活圈""社区规划师制度""上海城市空间艺术季""浦东缤纷社区行动"等，[1]这些多路径的微更新实践取得了较好成效，老旧社区的物质环境得到改善，居民的幸福感得以增强，社区乃至城市的形象也在逐步提高。

但是，随着老旧社区更新发展到一定阶段，新的问题也逐渐显露出来。在老旧社区中，邻里关系尤为重要，公共空间应该是一个连接人与人的场所，而一些更新改造却忽视了这一核心内容，呈现出同质化的趋势，居民的认同感和归属感并没有因为公共空间的改造而增强，这其实违背了公共空间更新的初衷。在老旧社区更新中，需要把物质空间建设和精神文化建设结合起来，对社区公共空间进行针对性的改造，使其可以承载和延续社区的精神文化，让人与人、代与代之间建立起交流的纽带。

一、场所记忆与老旧社区

　　法国历史学家皮埃尔·诺拉最早提出"记忆场所"的概念，通过对记忆场所的研究，探寻残存的民族记忆，以期找回法兰西群体、民族和国家的认同感和归属感。[2]他认为人群共同意愿与习惯经过长时间的积淀从而形成了记忆场所，该场所是保护和传承记忆的重要场所。[3]

　　老旧社区公共空间的更新改造区别于传统历史文化空间的原真性保留，如何让空间随着时间、居民、周边环境的变化而更新和延续是其意义所在。[4]中国的老旧社区普遍呈现人口结构老化、居住人员租客化、邻里社会结构消亡的特征，随着城市的发展，老旧社区居民的认同感和归属感越来越弱。而场所记忆可以作为一个切入点，来改善老旧社区当前所处的困境。老旧社区中拥有居住多年的居民，他们有着共同的空间记忆和情感记忆，这些可以作为营造记忆场所的素材。[5]通过更新改造将这些记忆重构和延续，在此基础上，融入不断发展的生活记忆，可以将不同群体连接起来，重构社区关系。

二、上港小区现状

（一）场地概况与现状

　　上港小区位于上海浦东新区浦东大道，于1958年建成，是陆家嘴社区中的一个老旧小区。上港小区附近有学校、医院、菜市场、超市、多功能艺术中心等，功能齐全，人群类型多样。小区门口的公共空间面积约150平方米，邻近陆家嘴街道上港居委老年活动室，平常这里的人流量较大。作为小区的入口区域，且邻近老年活动室，这块场地较为空旷，没有可休憩的设施，有时还会被建筑垃圾、车辆等占用，空间利用率极低，甚至会阻碍人的流线，也影响了小区的形象。

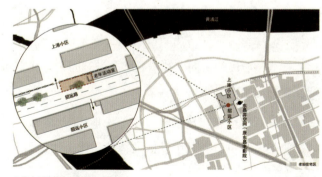

上港小区及其公共空间地理位置

（二）场地特有的场所记忆——东昌电影院

上港小区所在区域曾经是以东昌电影院为核心的大型综合商业圈。建于1954年的东昌电影院是浦东第一家电影院，曾经它用无数个一票难求的放映场次获得了"浦东大光明"的美誉。在那个文化娱乐设施匮乏的年代，东昌电影院始终占据浦东地区文化消费的重要地位，它为附近居民创造了繁荣的景象和丰富的生活，几乎很多浦东人的观影之路都是从这座电影院起步的。但是随着浦东的开发开放，东昌电影院逐渐没落，直至2004年停止营业，东昌电影院的时代就此结束。2019年，东昌电影院改造升级为东昌弈空间，在外观、功能和场所体验上都与原先有很大不同，人们对东昌电影院的印象逐渐模糊。

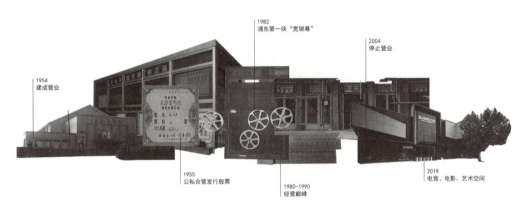

东昌电影院的历史

东昌电影院是一个特殊的存在，它是人与人之间联系的纽带，也是记忆的记录者和承载者。然而附近的居民却与曾经引以为傲的东昌电影院越来越远，他们这段共同的、特有的记忆也在慢慢消失。东昌电影院的没落伴随着场所记忆的消失，同样伴随着社区关系的变化。起初人们因为东昌电影院而聚在一起，但是随着商业中心的转移，附近的居民渐渐远离，居民之间的联系相应减少，人与人也失去了一种非常重要的连接，社区的凝聚力被削弱。

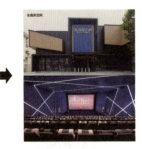

东昌电影院与东昌弈空间对比图

三、设计策略与实践：复兴场所记忆，重构社区关系

（一）不同群体的共同记忆点

人们对东昌电影院的记忆是重构社区关系的重要媒介，在公共空间更新改造中可以通过复原场所记忆，重新建立起人与人交往的纽带。但是，由于东昌电影院的记忆基本只存在于老年人的心中，所以仅仅复原东昌电影院的记忆只能建立起老一代人心中的情感连接，对年轻群体和外来租客群体来说没有太大意义。

东昌电影院设计效果图

如果要将不同群体有效连接，就需要找到共同的记忆点。而记忆本身具有"动态化"的特征，它既可以随着时间的流逝而消退，也可以慢慢积累和更新，记忆随着生活而发展、变化，生活就是记忆本身，所以日常生活就可以成为不同群体的共同记忆点。在公共空间复兴关于东昌电影院的场所记忆的同时，融入不断更新的日常生活记忆，以此创造新的场所记忆，有效连接不同群体，重构社区关系。

（二）营造记忆场所的设计媒介——幕布

在调研东昌电影院过去的材料、结构、空间等要素后，最终采用可以"投影"的"幕布"来营造记忆场所。幕布是电影院的重要元素，幕布在空间中的运用可以回应曾经东昌电影院一幕幕菲林卷轴的光影记忆。人看幕布就像在看电影，同时，人经过幕布时会在幕

布上留下影子，人的活动也成为可看的"电影"，人通过"幕布"在"观看者"和"表演者"的角色间相互转换，"幕布"由此成为人与人之间联系的纽带。居民的日常生活成为"电影"本身，"观幕""入幕"间，记忆被唤醒和延续，人们未来的交往与活动或许有了新的可能。

（三）空间的功能布置

以"幕布"为媒介，结合电影院以往的活动，通过对"观幕""入幕"的设计，在公共空间中置入休憩、观影、舞台、展览等功能，这些功能空间通过几种不同的幕布搭建方式来呈现。受场地空间大小的限制，幕布被设计成固定的和可变动的两种形式以及不同尺寸、形状的空间形态，来提高公共空间的利用率。可变动的幕布用于空间功能从观影到舞台表演的转换、从阅读到展览的转换，使得场地各功能更为灵活。以舞台和观影的空间为中心，其他休憩功能分布在两侧，利于形成两侧向中心的视线。幕布的形式根据功能而变，日常生活记忆得以记录和更新。

（四）不断更新的场所记忆

改造后的公共空间记录着居民的日常生活，这是对东昌电影院的回应，但又不仅仅停留在东昌电影院。幕布将居民、生活、电影三者联系在一起，电影源于日常生活，日常生活可以成为电影本身，也可以成为记忆本身，幕布赋予了场所记忆不断更新的深远意义。

人与幕布的关系示意图

结语

老旧社区公共空间更新改造是城市建设和发展的重要命题，而场所记忆的复兴和构建是有效连接不同群体、加强人与人交往的重要手段。当下很多社区的公共空间改造都会直接构建新的交往模式和场所记忆，但构建一个新的记忆需要漫长的过程，人们一时很难接受新的交往模式，在不断重构与推翻的过程中，人们对交往的兴趣逐渐减弱，公共空间的使用率降低。复兴和构建场所记忆不是直接将过去的历史文化搬过来，而是通过场所记忆寻找不同人群的共同记忆点，再融入空间中，建立人与人之间的纽带。每一个老旧社区都有自己的文化积淀，公共空间改造设计中应当尊重场地的历史文化和场所记忆，在唤醒和增强老一代人记忆的同时也要关注年轻群体和外来群体的认同感和归属感。在将场所记忆运用于老旧社区公共空间改造时，要注重场所记忆的动态发展，让场所记忆真正具有生命力，从而更为有效地重构老旧社区关系。

胡雯婷 / 华东师范大学设计学院本科生

注释

［1］王琪，卢银桃，王珊 . 社区空间微更新的上海探索［C］. 面向高质量发展的空间治理——2020 中国城市规划年会论文集（02 城市更新），2021:1248-1264.

［2］沈坚 . 记忆与历史的博弈：法国记忆史的建构［J］. 中国社会科学，2010（03）:205-219，224.

［3］姚一珍，曾鹏，陈雨祺 . 基于记忆场所视角的大运河沿岸空间城市设计方法研究——以天津市武清区为例［C］. 面向高质量发展的空间治理——2021 中国城市规划年会论文集（07 城市设计），2021:1393-1405.

［4］程琳 . 城市更新中场所记忆与多元发展的协同策略——以澳门逸园赛狗场改造为例［J］. 建筑与文化，2021（03）:178-179.

［5］景晓婷 . 集体记忆视角下老旧社区空间场景化营造研究——以西安土门庆安街坊为例［C］. 活力城乡美好人居——2019 中国城市规划年会论文集（02 城市更新），2019:739-748.

博物馆与社区互动模式的探讨
——从上海大学博物馆走入东昌社区说起

王晴焕

"十三五"以来，我国博物馆事业得到了大发展，最显著的是国内博物馆数量实现了快速增长。截至 2021 年底，全国备案的博物馆共有 6183 家。2021 年全国推出了 3.6 万余个陈列展览，32.3 万余场教育活动，接待观众 7.79 亿人次。尽管在全球新冠肺炎疫情肆虐的背景下，博物馆对外服务的范围与深度仍然在不断扩大。

据民政部 2022 年第一季度的民政统计数据显示，我国存在村委会 48.9 万余个，居委会 11.7 万余个，共计存在社区 60 万余个。这么一个庞大的数量是博物馆对外服务不可忽略的对象。我国博物馆在与社区合作的过程中衍生出了几种互动模式？作为文化机构的博物馆在与社区互动时应该注意什么问题？这些问题都是值得探讨的。

一、概念厘清

"社区"一词最初起源于国外，20 世纪 30 年代"社区"的概念才被引入国内。但在国内外，"社区"俨然代表了两种不同的内涵。国外的"社区"侧重强调其为某一政治经济文化方面的共同体，如民族区域甚至是互联网论坛，而国内所谓的"社区"则更侧重强调其为基于一定地域范围的社会自治团体，例如下文中将提到的东昌社区。

博物馆是什么？许多人会觉得博物馆就是一个放置文物、开放展览的地方。这其实是十分片面的。国际博物馆协会 2007 年给出的定义认为："博物馆是一个为社会及其发展服务的、向公众开放的非营利性常设机构，它为教育、研究、欣赏的目的征集、保护、研究、传播并展出人类及人类环境的物质及非物质遗产。"其中"教育、研究、欣赏"是博物馆的目的，而"为社会及其发展服务的、向公众开放的非营利性常设机构"是博物馆的性质。因此，与社区互动、为社区服务是博物馆完善社会教育职能、担当社会责任的体现。

2022 年 5 月，国际博物馆协会公布了经特别咨询委员会会议投票产生的关于博物馆新定义的两个最终提案，这两项提案将在今年 8 月举行的国际博物馆协会布拉格大会中的特别全体大会上由会员代表进行最终表决。"社区"这个名词均出现在了两项提案中，这也从侧面显示出当今博物馆界对与社区合作的重视。

二、两种模式

国内博物馆界在与社区合作的实践中主要衍生出了两种模式。一种是在地打造社区博物馆，如虹桥机场新村社区参与式博物馆、北京市京铁家园社区铁路博物馆和武汉王家巷社区航运记忆博物馆。

2021 年 3 月，对外开放的上海虹桥机场新村社区参与式博物馆坐落在距离上海虹桥机场距离不到 3 千米的虹桥机场新村社区。该社区是上海虹桥机场枢纽附近的一个大型社区，实际居民达 7000 余人，独特的地理位置和人群结构在这里沉淀出了极具特色的航空社区文化。在艺术家的引导下，该博物馆面向虹桥机场新村的居民征集了许多与居民职业和博物馆展示需求相关的实物展品与口述、影像资料等，并依托这些征集来的资料在博物馆中打造了展览"我们都是机场人"和各种相关活动，如"织块地毯好过冬""全家福换酱油""一起搭个纸建筑"等。在这座博物馆营造的过程中既征询了居民对改造家园的意愿，实现了充分的民主参与，也征集到了许多实物资料用于建设社区博物馆。

上海虹桥机场新村社区的参与式博物馆吸引了许多观众前来参观，更重要的是极大地激发了当地居民的参与热情和社区认同感。这是国内近些年来博物馆与社区互动的一个良好范例。

北京市京铁家园社区铁路博物馆位于北京市丰台区的京铁家园社区中，于 2021 年 9 月开馆。该社区属于北京市铁路局的一个住宅小区，社区大部分居民都是铁路职工及其家属。社区通过面向铁路收藏家、收藏爱好者和本社区居民征集展品建起了这座博物馆，这里的展览通过展示本社区居民的职业发展情况，记录了北京铁路的百年发展史。许多退休居民自发在博物馆中义务充当讲解员，以亲历者的视角带领观众参观展览。

武汉王家巷社区航运记忆博物馆于 2019 年 5 月对外开放。博物馆所在的王家巷社区是武汉一个著名的"航运社区"，常住人口 3428 人，其中三分之二的居民来自航运系统退休人员和在职人员。该博物馆由社区与华中港航集团共同打造，通过"早期航运，发展落后""航运事业，蓬勃兴起""改革发展，砥砺前行""绿色发展，服务多元"四个板块展示了百年来两江航运的变化。该博物馆所使用的展品也多由居民捐赠，如使用社区居民林鸿春捐赠的纽扣做成了"纽扣船锚"。

林鸿春是一名有着丰富航运经历的老船员，他接受《长江日报》记者采访时提到，组成"纽扣船锚"的这些纽扣都有着不同的用途与来历，其中小一点的纽扣是钉在袖子上的，大一点的是钉在衣襟上的，深色的是冬天制服上的，浅色的是夏天制服上的。那些占据拼图中心地带的、带有金属花纹而显得异常精致的铜扣子，则是其 18 岁就读于航运学校时获得的第一件制服上面的扣子。1957 年 10 月 15 日是武汉长江大桥建成通车的日子，那天林鸿春就穿着这件白色制服在通车典礼的仪仗队里见证了这一重大历史时刻。

林鸿春的妻子心灵手巧，会做衣裳也喜欢收集旧衣服上的纽扣，在她的勤俭持家下这些旧衣服上的纽扣得以在家中保留下来。几年前林鸿春的妻子给远在海外的重孙织了一件毛衣，夫妻俩特意从一堆旧纽扣里选了一枚钉在了织好的新衣上。这枚小小的纽扣连接了过去、现在与未来，甚至也跨越了地域，在海员林鸿春家庭里扮演着重要的角色。如今一部分纽扣来到了博物馆里，也作为物证无声地记录着关于江城航运的故事。

这种在地建立社区博物馆的模式中，展览与活动的参与主体多是当地社区居民，展览与活动内容也多与居民自身生活经历相关，因此社区居民的参与较为深入。但此类博物馆所在社区多具有自身特色文化或优势文化，博物馆也是建立在传播社区特色文化之上的。

另一种模式是"馆社互助"模式。在这种模式下博物馆与社区依然是两个独立的主体，但是主体间通过图片展、流动展览、活动、论坛等形式进行联系。这种模式目前在我国博物馆与社区的互动案例中占据多数，如上海博物馆非遗代表性项目进社区活动、广东省博物馆进社区活动。

2021 年 6 月，上海博物馆在徐汇区天平街道开展了为期一周的博物馆进社区活动，活动内容主要包括文物修复技艺展示活动、四场学术讲座和体验课。通过活动，让当地社区居民对古陶瓷、青铜器、古书画、古家具的修复技艺有所了解，起到了学术推广的作用。

广东省博物馆基于馆内的党史研究成果，于 2021 年 12 月在越秀区大塘街道龙腾社区中展出了"党的光辉照南粤——中国共产党领导下的广东革命历程图片展"，通过红色主题展览，让社区居民一起加入到了党史学习教育中来。

"馆社互助"模式投入的资金和精力成本较低，虽然与在地打造社区博物馆的模式相比，在这种模式下社区居民的参与不够深入，但博物馆与社区交流的方式灵活且多样。

三、上海大学博物馆走入东昌社区的实践

上海大学博物馆是一所综合类的高校博物馆，去年成功跻身为国家二级博物馆，馆内常设展览有"海阔天空——海派文化的当代遐想""海上明月 轻裾随风——江南望族与海派旗袍特展"和"上海方言文化体验馆"。2020 年起，上海大学博物馆通过与多家单位合作，陆续推出了"越风悠悠——萧山越文化文物展""三星堆：人与神的世界"和"铭心妙相：龙门石窟艺术对话特展"等展览。

东昌社区是位于上海市浦东新区陆家嘴街道的一个老旧社区，社区里的大部分房子建于 20 世纪八九十年代。博物馆作为文化机构如何为这个老旧社区带来生机呢？

2019 年，东昌社区的居民首先对小区停车棚进行了自发整治，经过一番打理，停车棚比之前更加整洁、有序，并且更名为"星梦停车棚"，寓意追逐星空梦想。2021 年 1 月，在艺术批评家、独立策展人、社区枢纽站创始人王南溟老师的牵头下，上海大学博物馆的"三星堆：人与神的世界"以图片展的形式从上海大学博物馆走进了陆家嘴东昌社区星梦停车棚的 A 区和 B 区。展览在停车棚落地后激发了观众参观的极大热情，获得了媒体的大量播报转载，也为东昌社区引来了许多慕名打卡的参观者。2021 年 11 月，上海大学博物馆与洛阳龙门石窟合作的新展"铭心妙相：龙门石窟艺术对话特展"也以图片展的形式被

引入了星梦停车棚的 C 区。新展览的到来吸引了许多居民的关注，个别退休居民自发成为志愿讲解员，也有热心居民捐赠花种播撒在停车棚旁边的花坛里，春夏期间停车棚周围花团锦簇、争妍斗艳……除了图片展，上海大学博物馆甚至将学术论坛也搬到了东昌社区内。

　　星梦停车棚的变化是肉眼可见的，也影响到了整个社区环境的变化，居民对社区的认同感与归属感经过一系列的连锁反应得到了激发，在笔者对东昌社区的几次考察中，甚至看不到小区主干道上有任何垃圾。因为经济高速发展而被周围高楼大厦包围的陆家嘴老旧社区——东昌社区由于披上了文化的华袍而摇身一变展现出了另一番姿态，这是

展览现场

停车居民参观停车棚 C 区展览

令人惊讶的。

总的来说，此次上海大学博物馆走进东昌社区主要做了四件事，分别是做图片展、培育社区志愿者、邀请居民参观上海大学博物馆和举办学术论坛。尽管形式看起来似乎较为单一，但笔者认为这就像是投石入水，已经在表面产生了涟漪，至于水面之下的震荡如何，我们静待时间去传递。博物馆文化对社区影响的效果不是一朝一夕就能显露出来的，随着时间推进，所有人终会看到上海大学博物馆此举对东昌社区的意义。

四、关于博物馆与社区可持续互动的思考

相关消息表明，上海大学博物馆与东昌社区的合作还将继续，日后还将在星梦停车棚中加入新的展览元素。但从目前上海大学博物馆与东昌社区的合作模式来看，似乎社区居民的参与度还有所欠缺，结合前面对国内现行博物馆与社区合作模式的分析来看，笔者认为，为了实现上海大学博物馆与东昌社区可持续的合作，以下方面是需要予以考虑的：

一是要进一步发掘社区的特色文化或者优质文化，打造居民自己的展览，通过社区共同文化的展示，增强居民对社区的归属感与认同感。

二是要拓宽居民参与的广度与深度。现行合作模式下社区居民的参与度有限，一方面除个别热心居民（如陈国兴先生与蒋莲花女士等人）积极参与博物馆与社区相关事务外，大部分居民仍然扮演了旁观者的角色；另一方面，我们所打造的展览和论坛等，并不是直接与居民的生活本身相关的，社区居民在其中只能充当辅助者的角色。如何调动更广大的居民更深入地参与到博物馆的活动中来，这是后期需要着重考虑的问题。

三是要思考如何实现博物馆与社区的双赢（win-win）。对博物馆来说，与社区合作可以实现社会职能和打响社会知名度。但对社区来说，博物馆除了为观众提供美育和学习的机会，还能为社区提供哪些方面的效益呢？经济效益或许可以作为激发居民合作的一个突破口。据小道消息，自从引进了博物馆的展览，东昌社区的房价似乎得到了增长，小区业主们笑得合不拢嘴。虽然该消息是否属实还有待查证，但有好多人认为讲文化影响应该回避经济效益，笔者认为这是没必要的，至少在博物馆与社区合作中是没有必要的。如果博物馆文化的传播确实为社区带来了经济效益，那当地居民会很高兴，这也说明博物馆与社区合作这件事情至少在物质层面是有意义的。

星梦志愿者合影

结语

"十三五"以来，尽管我国博物馆数量急剧增加，但与欧美发达国家相比，我们的人均博物馆占有量还十分有限。在数量庞大的博物馆中，除去大中型博物馆，小微型博物馆的数量也是相当多的，这些小微型馆由于馆藏数量与质量、馆体面积等条件限制，对观众的吸引十分有限，几乎不具备同大中型馆争夺资源的优势。相应的，我国社区规模庞大，博物馆利用自身的馆藏等资源与社区进行合作，在社区中推广博物馆文化、打响知名度或许会是数量庞大的小微博物馆发展的一个出路。

最后，希望所有的博物馆不仅要往"外"走，还要往"下"走。不能光注重对外交流，还要主动地扎根基层、关怀社区、服务社区，用博物馆文化装饰这些"水泥、混凝土构成的小盒子"。

王晴焕 / 上海大学文物与博物馆专业硕士研究生

第四单元
映证彼此

　　本单元是社会性艺术在西安一地实践的展示。艺术的社会转向，成为身体力行的方式，介入当代社会社区的构建中，在全球当代艺术的本土化趋势中，对本地和附近重拾关注。艺术作为"无用之用"，在构建社会、重塑艺术、形成社群中，可能会产生极为具体的效能，趋向于艺术—社会—人的多重实现。但我想，更重要的价值在于用艺术打开社区问题，使得青年艺术家和各类问题背后的人建立某种连接，产生某种情感，成为彼此主体间的新关联，那些温暖的行动，重新正视被忽视的民众、被边缘化的群体、被忽视的阶层、被艰难纠缠的生命，会使参与者们产生触动、产生依靠、产生新的生命能动、产生艺术的新的可能，这对社群文明的构建意义非凡。

——武小川

地摊肖像——流动的烟火

李财林 《地摊肖像——流动的烟火》 社会性艺术 2020年

李财林 / 西安美术学院实验艺术专业硕士研究生

《地摊肖像——流动的烟火》创作手记

李财林

　　2020 年 6 月，疫情有了短暂缓解，之后各级部门出台了相关政策，地摊突然火了起来。为了方便管理，政府统一规划了摊位，这些摊位由城管统一分配，且均免费。那段时间出现摆摊高峰期，一个小县城的公园就有一百多个摊位。笔者也在地摊风潮的带动下加入了摆摊大军，为了迎合市场需求，卖过饰品、少儿美术材料，也在路边画过像，因此结识了一些摆地摊的小商贩。在和他们深入交流后，笔者发现摆地摊并不是想象的那样简单，这里面有着复杂的社会关系和审美趣味。摊主们来自各个阶层，不同的文化背景导致了不同的摆摊风格，不同的地域和街区也塑造了不同的地摊特色。每每看到路边的地摊，笔者还是会好奇：这些摊主有什么样的人生经历？地摊在当下有多少种样态？城管和摊主的真实关系是什么？

　　地摊的现状和美学价值讨论一直是笔者比较关注的一个话题，在对艺术社会学的学习中，我逐渐关注地摊这一对象。从前期的田野调研、问卷调查以及大量的摄影记录，到中期的分类整理、对比研究，再到后期的几次不同形式的艺术呈现，每个阶段都有不同的工作内容。笔者通过田野调查和问卷的方法深入地摊现场，与摊主、顾客、居民对话，借用摄影、录音、录像等方式记录了一些有效信息，以市集活动、社会参与等方式介入公共空间。

从 2020 年 9 月开始，笔者去了西安及周边的很多街区和集市，进行了几个月的实地走访和调研，发现了不同地方的地摊面貌差异很大。雁塔区、莲湖区、长安区和高新区都有不同的特色，即使是同一个区，地铁站附近和老市集的地摊也不太一样。调研期间笔者看到了很多感人的故事，也遇到了很多困难。在拍摄时，有些摊主以为笔者是记者，他们害怕被宣传报道，害怕自己以后没法再摆摊，因此不愿意被拍摄，也有些摊主在笔者购买了他们的商品之后，才同意拍摄。通过大量的考察、调研和拍摄，笔者才对西安的地摊有了一定的了解。基于此，笔者制作了一份西安地摊地图指南，上面包括西安地摊地图、每个地点的代表性摊位、出摊时间、商品类型等信息，一是为自己做好每周的拍摄计划，二来也可以发给身边的亲朋好友，方便他们去逛摊。这时，笔者开始思考：如何转到艺术上？如何将地摊以艺术化的形式呈现在更多人面前？围绕这个问题，笔者实验了三种不同的艺术转化方式。

"地摊百相"摄影

在项目调研的过程中，笔者拍摄了大量的纪实性摄影作品，并从其中挑选了一百多张作为《地摊肖像》的呈现方式之一。通过摄影语言直观展现了地摊的面貌和现状，以及摆摊者的喜好和审美倾向，侧面反映出摊主们不同的人生经历。每一张照片都有时间、地点、商品概况的记录，还有一些照片将摊主也拍摄进去，摊主的容貌和摊位的实况共同向观者诉说着一个个不为人知的故事。《地摊百相》其实是为摊主和摊留下影像，为观者展现地摊原貌，或许还能反映地摊在疫情后的新变化。

地摊百相之一：金银器、饰品、白色毛巾（2020 年 11 月 28 日摄于大唐西市）

"卖摊儿"市集活动

2021 年 4 月，方志小说与西安美术学院实验艺术系合作，基于吉祥村的艺术计划"旅店街"开展在地实践，围绕吉祥村的旅店和街道空间展开驻地实践，探讨城市变迁中的公共关系。

"卖摊儿"的摊儿（2021 年 4 月 25 日摄于"吉祥市集"）

故在吉祥村举办了一场"吉祥市集"野生艺术展览活动，这是一场由地摊市集、艺术展览及电影放映三部分组成的活动。地摊部分共邀请了五位摊主参与摆摊和交流。因当天下大雨，活动地点选择在吉祥村村卫生室搬迁后的空房子里，活动时间也从下午五点开始持续到晚上十一点。这是一次实验性的艺术实践，顾客（观众）可以观看、体验、购买甚至可以帮助摊主推销。活动让在场的人产生了一种奇特的关系，一些本不相识的人在这里相遇，大家抛开一切身份和价值观的差异，像亲密朋友一样聚在一起，参与到各个"小摊儿"的活动中。

五位摊主分别按自己的方式在空间中布置好自己的摊位，而笔者则摆摊卖地摊摄影作品，通过摆地摊去卖地摊是为了呈现地摊的样貌而采取的一种另类方式，以此和现场其他摊位产生错位和呼应。利用空间里已有的药柜作为展示台，将照片像商品一样排列展示在药柜里，旁边电视屏幕上播放着《地摊百相》摄影作品，药柜上用卡纸写着标价五元一张，限量发售。其实这只是一个象征性的摊，顾客购买的愿望是否强烈并不重要，通过售卖"地摊肖像"引发对地摊的关注和思考，使现场观众、摊主、艺术工作者在互动交流中生发出更多的可能性才是活动的重点。

"流动的摊儿"参与式艺术

实施时间：2021 年 11 月 3 日—4 日

实施地点：西安美术学院人行天桥、阳阳国际、小寨十字天桥、飞炫广场天桥

实施方式：以互动的形式吸引路人自愿参与其中，组织偶发讨论

参与者：不同年龄和不同职业的路人

现场组织：李财林、窦媛媛

摄影记录：张俊丰

实施过程：选择人流量比较大的人行天桥作为摆摊地点，运用投影的形式将地摊摄影投射于铺在地面的白布上，用光影制造一个虚幻地摊，白布上投影的摊在不断地更换，观众可以选择自己喜欢的一个物品，将其轮廓描绘在白布上。通过给路人发"西安地摊指南"的传单，帮助他们了解西安地摊市集的相关情况，以便他们寻找自己想逛的摊。通过光影的流动性来表达地摊的流动美学，幻灯片式的切换模拟摆摊和逛摊的行为。人们可以体验不同于传统地摊和真实地摊的感受，这种陌生的逛摊方式吸引更多的路人参与其中，他们带着好奇心去寻找喜欢的"地摊"中的物品。

"流动的摊儿"是随着时间的变化而变化的，观者"逛摊"是一个不断移动和选择的过程，直接与街上偶遇的行人发生互动是最为直接、真实的社会参与。天桥和广场平时也是摆摊者的首选位置，在参与的过程中不断深入交流关于地摊的看法，重新建立对地摊的认识，更加理性地看待地摊文化的现状与历史。当孩子看到自己感兴趣的东西时，他们会主动地拿起画笔将它们描绘在白布上。有一位参与活动的女士是做文身的，她甚至对这种摆摊方式产生了兴趣，并希望能够通过地摊把她的爱好推广出去。通过这一互动环节，观众既获得了逛摊选物的体验，同时也感受到了通过绘画留下喜欢物品痕迹的快乐。每个参与者对地摊的看法都不同，面对"地摊肖像"，他们或许有所好奇，有所思考，或许会开始关注身边地摊的不同样貌。

地摊最大的特点是具有流动性，它所呈现的地摊美学是一种流动的美学。地摊的流动性主要体现在摊位的变动、从业者的不确定以及逛摊的动态过程这几方面。即使是固定的市集，每天的摊位也会发生一些变化。确切地说，市集不是一个固定地点，而是在一个区域内所有摊位和人的共称。一个区域的摊位会因为管理者的调配、摊主

"流动的摊儿"现场（2021年11月4日摄于小寨飞旋广场天桥）

之间的位置互换和消费者需求的变动而发生实时变化，这种流动性就像文学和电影一样是有时间性的。摊主每次都要重新搭建 / 构想摊位，有时还要选择位置及周边的环境，以便吸引逛摊者的注意。有的摊主会不断更换地点来躲避城管，或者选择人流量更大的位置。摆摊在很多人看来都是临时性的职业，随时都有更换的可能。逛摊者则是带着猎奇的心理捡漏，一般不会只去某一个摊位购买，往往会把所有摊位都逛一遍，然后选择自己最想要的物品。这种逛摊行为就像看一幅中国古典山水画，要在"市中游"，才能有所体验和收获。地摊肖像会不断地发生变化，人们对地摊的看法也会有不同程度的流变。这种流动性的美学体验是逛地摊所带来的一种独特审美感受，逛摊者既可以得到逛摊的乐趣，又能欣赏不断变化的地摊肖像之美。

地摊经济作为一种有着长久历史并被政策左右的经济形式，它有其存在的必要和价值，也有改进和提升的空间。地摊文化在民间仍然有深厚的土壤，未来还会以更多样的形式存在下去，"地摊肖像"项目也会继续。那么，到底能为"地摊"做点什么呢？地摊的流动美学是最接地气的，也是最容易被忽视的。像拍摄个人一样去拍摄各种各样的地摊，用肖像摄影的方式去拍摄这些地摊的样貌，用能反映地摊真实面貌的媒介将其呈现给更多的人。"地摊肖像"项目是一个集地摊考察、摄影并介入社会现场的社会性艺术实践，也是一个动态的可持续的项目。希望能够借此项目记录地摊的真实现状和变化的过程，也希望通过社会参与的方式让更多的人与地摊结缘。

领养一本书——瓦尔登湖畔的"莴屋"

拆界艺术小组 《领养一本书——瓦尔登湖畔的"莴屋"》 艺术项目 2021 年

拆界艺术小组 / 一个西安本地的社会实践艺术小组

《领养一本书：瓦尔登湖畔的『莴屋』》创作手记

李鹏鹏

"领养一本书"艺术项目之瓦尔登湖畔的"莴屋"是我所参与的拆界艺术小组发起的一场艺术实践项目，实践的场地是西安迈科中心莴屋书店，就像项目的名字一样，它是基于一本书的阅读而组织的艺术项目。

从 2018 年开始，拆界艺术小组开始关注到教育中的各种问题，它既有比较宏观的结构性的问题，也有非常具体的每个孩子遭遇的个体问题。基于这些问题，拆界艺术小组进行了多种艺术形式的社会表达及实践。比如在此次"领养一本书"艺术项目之前的街头抄写行动，就是由我发起，招募了大量的西安志愿者，将调查到的 2000 份问卷里孩子们的诉求抄写在街头巷尾的小广告上，以此寻找可以让孩子发声的空间，让孩子的声音在这种"不正规"的社会空间成为一种另类的"广而告之"。2020 年，随着对教育的深度参与，拆界艺术小组对教育的关注逐渐由批判和发声式的艺术行动转到合作实践式的艺术建构，"领养一本书"就是在这样的一个对艺术和教育的方向探索之上产生的。

"领养一本书"艺术项目选择对《瓦尔登湖》一书进行阅读，也是希望参与者通过这样一本书能够了解梭罗的实践经历及其独特的生活方式背后是一种怎样的价值反省和重构。诚然，在巨大的学习任务和压力之下，现在的孩子已经无暇顾及生活，久而久之自然缺失了对生活进行亲身感受和思考的能力，这对一个孩子而言是一件很可怕的事情。因此，这个项目实际上是想让参与者有一个可以审视当下生活、反思自身与外部关系的思考，而这个思考的具体内容则是各自不同的。虽然作者梭罗的生活不是样本，但是梭罗面对自身、生活以及社会关系的态度和行动，则可以成为被用来讨论和激发的公共话题。参与者不仅是家庭单位，还包括了参与这个项目中的艺术家，我们更想看到，艺术家是如何面对自己和生活的关系，如何传递自己的生活态度，如何在公共空间进行艺术的表达、表现和传递的。

项目由三个部分组成，第一部分是"一次寻找瓦尔登湖的出行"，由参与的艺术家和家庭共同完成。2021 年 8 月 1 日，参与者分别从各自的家里出发，前往蓝田玉山镇寻找"瓦尔登湖"，诚然，这里的瓦尔登湖只是一个意象。到达之后大家徒步上山，每到一个地方，有感而发地进行即兴表达和创作以及讨论，到傍晚返回目的地，大家一起制作了蓝晒作品。在这一天寻找瓦尔登湖的过程中产生的作品最后以展览的形式呈现在茑屋书店。其实在出行中，参与者的即兴创作从艺术语言来说很难称为艺术，但本次出行的目的也不在艺术生产，而是借艺术来寻找一种临时逃逸的另外的生活。正如梭罗经过两年多的瓦尔登湖生活而写成的书一样，它像一篇"瓦尔登湖日记"将参与者带入各自对这个项目、生活、艺术的思考。

"一次寻找瓦尔登湖的出行"展览现场　西安迈科中心茑屋书店

第二部分则是艺术家在莴屋书店以帐篷进行的现场互动，每个参与的艺术家都被要求看了《瓦尔登湖》，结合自己的生活，以一顶帐篷在莴屋书店和参与的家庭以及现场的观众进行互动，将自己对这本书的理解结合生活的思考进行现场的表达、

参与艺术家焦鹏飞互动现场　西安迈科中心莴屋书店

表现和传达。因为我们始终在强调艺术在社会现场行动、实践的公共性，即它本身必定得是一种可参与、可接触、可讨论、可变化的真实社会现场，四个艺术家用各自的方式，这些艺术方式又必须是参与式的、互动式的形式，这对艺术家而言也是一种创作的突破和实验，所以在这个项目中，拆界艺术小组也一直期待艺术家可以有令人耳目一新的艺术语言和形式的产生。这种追求艺术创作和教育价值双向标准的工作成为一种平衡术，想要两面共存（也必须要两面共存），就必须要寻找到一个个人和公众、私人语言和公共表达、艺术形式和内容价值的边缘与奇点，这对我、对拆界艺术而言，都是一个不小的挑战。

项目的第三部分是分享会，这是一个没什么创新的参与形式，但是我们非常强烈地意识到，项目想要显现它的最大价值和链接作用，就必须要进行集中的讨论，而分享会则成为一种很有必要、不可或缺的同公众进行对话的经典、直接、有效的方式。分享会分为两场，第一场是对《瓦尔登湖》这本书的分享，第二场是谈论村上隆这位商业上极其成功的艺术明星，从而产生一种现代化商业的大众生活和独具思考的离群索居的生活的对比，以引发在场者的辩论和思考。需要强调的是，对于梭罗在瓦尔登湖的生活实验，我们不是要扔给公众一个标准，因此这种对比和讨论是非常必要的。

三个部分共同组成了这样一个艺术项目的实践，在为期 43 天的活动中，参与的人数很多，讨论的人也不少，关于教育、生活、艺术，项目本身像是一个平台，提供给公众进行讨论的契机。我们希望艺术是和公众建立联系、和公众进行沟通的，我们也希望以艺术之名，呈现可以被拿来进行公共讨论的议题。

此次社会空间介入式的行动是拆界艺术小组对社会生活价值和意义的一次探讨，同时

参与艺术家罗朗现场分享　西安迈科中心茑屋书店

也是对艺术语言的一次探索。社会实践的艺术形式，特别是合作型、建构型的实践，一直存在着一个较为棘手的问题，就是在实践中如何把握实践的艺术性和实践的社会实际效应关系的问题，很多时候，艺术性的要求多少会折损实用性，而强调实用性反过来又会削弱实践的艺术性，两者似乎正在成为矛盾的两面。但我始终相信，两者必然不是一种简单的对立关系，因此试图寻找一条串联两者的路径也成为这个项目艺术探究的核心。一味地意义叙事、价值叙事以及故事叙事的逻辑很容易进入一种自我的感动之中，从而遮蔽项目本身的客观性，这对我们再次进入社会现场展开实践是非常具有蛊惑性而且是不利的，因此我最终还是愿意以自我批判或者是反省的视角结束对这个项目的论述：它不够具有公共的冒险性，它不够具有实践的意外性，它不够具有社会现场的偶发性，它促使我们必须要再进行更加冒险、更加意外、更加偶发的现场行动。而这次实践具体产生了多少艺术价值、教育价值，我们或许可以不去追求精确的计量，但是，它确实在促使着我进行下一次的行动。

李鹏鹏／拆界艺术小组成员、西安美术学院实验艺术专业硕士研究生

消除熵——网络时代下的信息流失

刘恩希、阮淑静、田雨荷 《消除熵——网络时代下的信息流失》 社会性艺术 2021 年

刘恩希、阮淑静、田雨荷 / 西安美术学院实验艺术系 2019 级本科生

《消除熵——网络时代下的信息流失》创作手记

刘恩希、阮淑静、田雨荷

信息的流失与离散已成潜在隐患，物理的熵引申于信息通道的过程，信息用以消除事件的不确定性，而消除熵，又名为获取信息。

网络大数据时代，互联网媒介便利，信息高速更迭，程序应用间不断搭建场景，信息交换隐隐渗透于各行各业之中。开放、共享是交流通路的信号，但其中也潜伏着许多不定的安全隐患。不同于早期黑客多带共享平权意识与去中心化动机进行网络行动的境况，当今流量与信息成为资本运作底层逻辑，对信息的窃取与盗用成为最直接的获利方式。加密与泄露、入侵与防火墙、访问权限与数据检测变成系统内部时刻必须处理的问题。

全面实名认证、透明上网的同时，恶意程序、各类钓鱼欺诈事件却依旧保持高速增长，黑客攻击、大规模个人信息窃取案件频发，大量隐秘且关乎隐私安全的信息流离在外。然而，许多人并未意识到自己正被窥视、被监听、被归类、被掌控。如何填补日常生活中的信息安全漏洞，如何制定网络信息安全保障对策？针对网络时代下的信息安全问题，我们展开调研。

经由移动支付与实名信息理论研究、基础网络资料调查、线上线下的问卷咨询、具体用户问题访谈、新闻实例搜索参考、互联网信息专家采访等长期调研过程，小组确认：与各种网络攻击大幅增长相伴的，确为大量用户个人信息的流失。我们身处一个窥探似乎无孔不入的互联网时代，被时代潮流裹挟着。人们能否抵挡信息的流失，又该如何自处？

为此，以"游戏＋论坛"的形式，小组开展了"消除熵——无心之失"活动。"熵"原由热力学引入，用于度量热力学系统中的无序程度，20世纪时，数学家香农将统计物理中的熵引申于信息通道的过程，从而开创了信息论。在信息熵中，信息用以消除事件的不确定性，而"消除熵"，又名为获取信息。

活动的第一部分，参与者扫描二维码启动邀请函程序，填写姓名、职业、手机号、邮箱以登录系统。现场入口处放置动态海报，场台摆放活动折页、身份勋章，玩家登记身份后领取折页、徽章，玩家即拥有参与后续游戏的序号与个人ID。第二部分中，观看游戏获取了玩家的身份信息：每一位参与者靠近摄像镜头，由手机扫描人脸，照片联网上传至显示屏，图片实时更新并排列展示。参与者透过细小的孔洞和鱼眼镜头窥探黑色幕布之下的画面，那正是自己与他人畸变的头像。传音游戏是获得玩家的声音信息与音频内容：参

"消除熵——无心所失"活动海报

"争踩游戏" 现场

与者对着黑箱的洞口，低声道出心底话语。而黑箱内放有一部录音手机，记录音频即时传送至后台，后台将内容加密变质，转换为噪声播放。争踩游戏取得玩家的兴趣爱好标签：参与者根据抛出的问题，选择地面纸片中符合自己的答案标签踩上，要求必须与选定标签产生部分肢体接触，同时游戏过程中每位玩家皆留有录像。

　　第二部分为"消除熵"活动论坛。它作为整场的重点和末尾阶段，组合与融汇了玩家们的体会与感受。参与者们分享关于生活中信息流失的切身体会、具体事例和相关见解，小组则向参与者介绍与坦白项目的意图——展开关于信息交换的方式、关于被窥视的氛围、关于网络信息安全的探讨。活动伊始，人们佩戴身份勋章入场，窥探个人面貌、倾听自我议论、争踩个人标签，参与者们的轨迹自觉同步到网络中。

　　讨论过程中，许多参与者对信息流失有着个人的看法。有参与者选择反击——"现代社会对个人信息的侵犯性有多强，但我偏不让它得逞，得向那些网线背后窥探别人隐私的爬虫宣战"，他说。在网络应用中输入信息、搜寻物件的时候，难免被数据捕捉到自己的兴趣取向，进行精准获取和信息推送，而他则会在网络中塑造一个虚拟的、相反的自己，制造虚假的个人信息与兴趣取向用以模糊人工智能的数据统计运算。但也有参与者认为这一切都是时代趋势，无可避免——"在时代的洪流裹挟下高速发展着网络社会、信息经济，我们在生活中也总是不得不让出部分自己的个人信息，以获取更大的便利。我们现在会倾向于主动平价'出售'一些个人的普通信息，为了与大众相似，也与时代发展趋势不相违背——这是无法改变的。"

　　活动结束后，我们为每位参与者打印了一张结算小票，小票记录了参与者的姓名、身份序号以及在活动各个环节中流失的信息，作为纪念，也代表生活中在网上留下的痕迹。我们与参与者共同探讨现场活动、互联网社会、信息流失的认

参与者们佩戴"无心之失"活动徽章

知体悟，讨论结束，一张张汇总游戏所失信息的小票单呈至眼前：一切都是"消除熵"，一切都是"获取信息"。最后，作为"无心之失"活动的后续和"消除熵"项目的继续，小组将活动参与者的身份编号与个人信息一一整理、相应汇总，并由邮箱、电话的形式对部分参与者进行了反馈。

　　用户暴露于网络中的个人信息，被应用或第三方程序截获、利用。玩家于游戏运行中逐步体验个人信息的微小流失感，那些曾经不被重视、不被关注和妥善保护的朴素与细碎的信息，在无心之失系统的动态收集与处理加工下，也将呈现出一张张立体完整的人物画像，这正是我们消除熵小组所想警醒人们的。

缝缝补补——针头线脑中的消逝与再现

董玲、李婷、曹一丹 《缝缝补补——针头线脑中的消逝与再现》 社会性艺术 2021 年

董玲、李婷、曹一丹 / 西安美术学院实验艺术系 2019 级本科生

《缝缝补补——针头线脑中的消逝与再现》创作手记

董玲、李婷、曹一丹

　　社会性艺术是要进入社会中去的，我们小组在前期项目开始之前的组内讨论对社会中存在怎样的问题、社会问题在社会环境中以怎样的形态出现、艺术能够以何种方式介入社会问题等几个比较总体宏观的问题进行了分析与详谈。最终我们一致认为，存在于社会最边缘位置的问题能够以另一种视野切入社会问题的更深层面，因而边缘职业从业者作为边缘化问题的行动承载者，成了我们前期调研的主题。在计划雏形阶段的一周时间里，我们走进社会现场和边缘化职业的不同从业者展开对话，整个项目的计划也在这些对话中逐渐清晰起来。

　　在"缝缝补补——针头线脑中的消逝与再现"项目中，我们协商拟定了三个项目关键词，为项目结构安排与运转方式提供观念支撑与统筹依据，这三个关键词分别是边缘化、身份联结、惯性形式重构。

　　"边缘化"一词首先是由美国社会学家帕克于 20 世纪 20 年代提出的，后来这个概念在社会学与人类学等领域中被不断扩展与重新定义。在技术演进与系统内部结构流动性转型的过程中，必不可少地出现部分群体因无法完全契合新系统的迭代性运转模式而趋向一种缓慢的、稳定的运转状态，从而呈现出一种系统性的边缘化样态。在"缝缝补补——

裁缝阿姨在活动现场工作

针头线脑中的消逝与再现"项目中，对边缘化职业的讨论则倾向于将边缘化概念认知为对社会系统局部性结构变迁和社会分化中发生的某一类社会现象、效应及趋势的整体性描述。

　　沿着这个方向，我们对具体边缘化职业开始调研，比如守墓人、裁缝、哭丧人、修鞋匠等，我们走进社区周边各种职业从业者们的生活，通过了解他们的生活现状和面临的主要问题拟定下一步的计划。

　　进入周边城中村后，通过采访我们了解到，这里有很多快要消失的职业。在高科技的不断发展下，他们追不上社会变革的速度，这些职业显得如此多余且落后。年龄较大的修鞋匠、裁缝以及配锁师傅最常提及的问题，是现在的社会政策要求社会快速发展，城中村逐一消失，他们无法承受昂贵的租金，也可能很快失去容身之所。另外，现在人们的消费观念和生活价值观念都发生了很大的改变。随着生活水平的提高，人们不再需要修补物品，这让从事修补职业的人群生意越来越不景气，行业更新也陷入了僵局。

　　寻找各种职业的过程中我们针对不同地段做了调查，有吉祥村、罗家寨、西八里姑娘村、明德门北区廉租房和小区内的裁缝店。当到了西八里姑娘村时，我们首先遇到了一位修鞋的老爷爷，他独自坐在一个不到 5 平方米的路边小铺子里，关于我们的询问，不知道是因为耳朵的原因，还是不想回答，爷爷几乎一言不发。除了修鞋，他还会给人配钥匙，没有生意的时候，老爷爷就独自抱着膝盖，在小马扎上面坐很久，有时甚至独自一人静坐一整天。从这位爷爷的常客——一位比较健谈的叔叔口中得知，现在大家都有钱了，鞋坏了就扔掉，不会想着修了。但是老人家只会干这个，也只能干这个，他静静地坐着，看着来来往往的行人发呆，进入自己一个人的世界。

我们还采访了一家位于城中村的洗浴店。洗浴店坐落在罗家寨的一个小巷子里，两边的楼房距离很近，有一种阴暗潮湿的感觉。进入店中，里面是一些用了很久且清洁不到位的家具，摸一下会有又油又涩的感觉。这里的工作区域和生活区域是连在一起的，厨房在一个隔间，进门是一个玻璃小柜台，应该起着吧台的作用，负责招待客人，从浴室旁的楼梯和地板来看有一定年头了。

经过前期调研，我们逐渐缩小了调查范围，最后将目光锁定在裁缝身上。小作坊裁缝的工作地点主要分布在城中村和老旧小区。通过进一步的了解，知道这一职业往往与所处社区深度绑定，被相应社区的人群需要，使用老式机器的小作坊裁缝往往有着丰富的经验，城中村或老旧小区的人们会找裁缝进行一些简单的修补，但很少会找这些从业者制衣，因为在大众认知中，服装已经是一种工业流程生产的具有可复制性的商品。

我们前后走访了十几家裁缝店，最后将目标锁定在其中一家具有典型小作坊运作特征的无名裁缝店。

这是一个半开放式的店面，约有十平方米，位于罗家寨街道里的一个拐角处，店铺外面摆放了一些饼干、果冻之类的小零食，门口是一台小小的缝纫机。老板娘慈眉善目，有着坦然生活的态度，笑起来非常有感染力，平时会坐在这里进行她一天的工作。这里没有摆放给客人坐的凳子，她平时的工作都是一些简单的裁缝，周围比较随意地摆了许多布条之类的杂物。一块布将里外分隔了开来，里面只有一张小床，小床上面也挤满了各种盒子之类的物品，只有一小块地方可以躺一个人，用来小憩。

在为期两个星期的调研实践与社会现场工作后，我们开始了项目中期活动运行结构的拟定与项目艺术呈现部分的构想，即关于多种身份人群的深度参与合作、各种实施缓解的充分协商，共同构建起一个灵感激发、深度体验的工作环境，最大可能地调动各种身份参与者的个人经验和感受。

我们将裁缝请到学校内的透明空间里进行了时长三天的"缝缝补补"活动，该活动

"缝缝补补"活动现场，夕阳洒在透明空间

是裁缝和参与者合作，由裁缝制作出参与者的故事、想法、心情、梦境等。活动有趣且有效，让人们了解到裁缝不仅能够进行简单的缝补，还能做出很多奇思妙想的物件，是并不古板、也能跟上时代发展的人群。传统小作坊裁缝由于工作方式难与今天网络化的消费、生活观念对接，行业整体缺乏活力。通过改变传统的单一化、扁平化的工作方式，制造出一个通过协商合作激发创造力和想象力的工作坊，可以产出非常规的、去功能化的、充满直觉和情绪的合作作品。在每一天都处在变化与更新的工作坊现场，参与学生、举办者、裁缝三方的关系被微妙地串联起来。

在空间的搭建上，我们将活动所需的布料悬挂在空中，裁缝就坐在布料的中间，若隐若现，随着布料的消失，渐渐显露出裁缝的模样，这是对裁缝形象的塑造。制作出来的物

"缝缝补补"活动现场，被布料围绕的裁缝阿姨

品悬挂在布料的附近，这寓意裁缝与人群沟通的桥梁。

　　我们将现场看作是一个参与式的、合作的临时微型乌托邦，在这一场域中将艺术本身的流动性与小作坊裁缝工作模式的稳定性相交融，重构了工作形式。活动结束后，我们对边缘化职业有了更加深刻的认识，这些平时不会注意到的、快要消失的社会角色在我们眼前变得立体而真实。总之，这是一个具有延展性意义的项目，虽然我们构建的活动有时限，但这个项目带给参与者们的影响将进入他们的生活中。项目也引发我们思考：边缘化职业还将存在多久，是否会随着社会的发展的加快而真正消失？

老而不休——人生下半场

孙博放、鲍琳、曹然　《老而不休——人生下半场》　社会性艺术　2021 年

孙博放、鲍琳、曹然 / 西安美术学院实验艺术系 2019 级本科生

《老而不休——人生下半场》创作手记

孙博放、鲍琳、曹然

随着人口老龄化的加剧，在外务工的老年人占比在逐年增长，他们分布在城市各个角落。老龄化浪潮的迫近显然催生了普遍的焦虑情绪，与老年人相关的退休、养老、医疗等问题越来越频繁地出现在公众视野中。大家常说快节奏的社会抛下了老年人，然而仅仅是感慨一句而已，时代的车轮并不停息，仍旧滚滚向前，发展的步伐不会为了小部分人停下。在这个境况下，我们愈发认为社区艺术的落脚点应该放在人的心理需求上，去了解那些没有被时代浪潮吞并的老年人，他们在这座城市中保持着什么样的心态？

我们翻阅相关数据报告，几经取舍，最终将"老而不休"确定为研究的主题——以退休为题，描写不休之人。在该退休的岁月里，除了顺利回到家中享福的那一拨人，其他人又在做着什么？立足于这个疑问，我们的研究方向就是探寻他们的生活和工作。

前期确定调查地点时，我们发现，我们所在的美院社区本身就被包围在一个很有趣的社群里，家属院、医院、城中村、商场……几乎能凑齐一个小社会。于是我们翻搜了几乎每个角落，看到的职业千奇百怪，而这些劳动者最终都有一个共同点：老而未休。

　　……你无法想象无数个夜晚，雨雪天生病的时候，那些孤寡老人是如何一天一天挨过来的，但是他们一天一天地活下来了，他们平静地叙述，我们虔诚地记录，我们记录他们是为了警醒我们自己。

——《五十四种孤单》

　　接下来，我们所要做的是"记录"与"重构"。

自由职业

　　按照原定的想法，我们的询问主要围绕工作的时间、内容、薪资情况，聊得久了，话题也开始往家庭方面深入。我们原本以为有关家庭的问题涉及隐私，怕他们不愿意多谈，但出乎意料的是他们相当洒脱，几乎没有冷场，也让我们的采访取得了不小的进展。

　　其实相比起仍然在职场挣扎的"社畜"，部分理应退休的中老年人压力似乎小一些，子女大多已经工作，他们也基本都是自由职业，"想干就干，不想干就给自己放假"。卖

《老而不休——人生下半场》活动现场

核桃葡萄粮油杂货的夫妻、开三轮车的大叔、卖肉的大爷，还有收废品的阿姨，他们的经历相近，都是老来怕闲，在家待不住，所以仍旧回到劳动者的队列中。

当然，受到自身条件限制，他们选择的职业都很普通。我们在废品回收站接触到一位阿姨，她还年轻，只是临近退休的年纪，她的子女也劝过她不要再继续收废品，但她这份工作干了三十多年，她真的为自己的工作感到快乐。收破烂、收废品，确实是大部分人看不上的职业，我们在采访之前也总会先入为主地以为他们都是生活所迫，然而在深入了解后才发现，他们并没有什么太大的生计问题，工作本质上是自由的，他们本人也乐在其中。

干到干不动为止

在我们采访的人群中，有一位修电器的大爷，应当算是一个"闲不住"的典型。他起初对我们还有些警惕，不愿意回答相关问题，我们就在他那多磨了几天，慢慢地，他开始愿意同我们聊几句。

他的口音很重，显然不是本地人，已经工作的孩子也在老家，家庭条件似乎不差，他却仍然在街头做较为辛苦的修理活儿，而且只是"偶尔收钱"，或许更像义工。当我们问起他为什么做这个，他谈得很大方，除了闲不下来，还有"靠自己，不吃孩子的"这个原因。六十岁，在我们采访到的人群中其实还算年轻，他们还有活力，早年过惯了苦日子，对劳动抱有执着的热情。

离开之前，我们问了最后一个问题："会干到什么时候为止呢？"大爷说："干到干不动为止。"

生活不是乌托邦

并不是人人都这么幸运，作为职场上的弱势群体，也有相当一部分老人是为了生活不得不在外奔波，"将劳动工作当作消遣"在现实中是一种太理想的状态，他们真正面临着"老而不得休"的窘迫。

从学校出发，去往医院的这条人行道上，每天都能遇到摆摊的小贩蹲在一块简陋的布旁。这片地方人流量很大，称得上"黄金地段"，他们却生意寥寥，门可罗雀，或许是卖的东西实在过时，顶针、皮尺……还有花纹廉价的彩色塑料镜子。他们与城管斗智斗勇惯了，对一切意外都保持着草木皆兵的警惕，我们很难从他们那问出什么，但在谈及收入时，他们也露出了颇为苦恼的神情，感慨生意不好做，与他们年轻时不同了。

除了这些"个体户"，环卫工人也是一个典型且庞大的群体。一条街有两个环卫工人，我们绕了三四条街，还蹲点守到了他们的一场集会。环卫工的工作时间固定，也受冗杂的条框规则约束，远没有那些街头职业自由，所谓保险更不用提，在一些被默认的社会秩序里，这个年龄层好像已经游离在职场规则以外了。

选择这个职业的老人通常条件一般。在谈话中，我们听到的更多是生活的酸苦，被拖欠工资，不理想的家庭境遇……当我们问到"如果经济条件允许，还会继续工作吗"，老人的回答呈现两种截然相反的态度，家庭条件相对不错的那部分通常回答"还会继续做力所能及的事"，但生活并不理想的那部分则回答"有钱谁还出来工作"。

我们在这个群体里采访到的人做的都是再普通不过的职业，甚至是不太起眼。他们被迫或主动，沉默地拥挤在这座繁茂的城市森林里，日复一日地支撑在底层，组成了"地基"。大多数人匆匆地来，匆匆地走，社会焦点只凝聚在未来、当下，"花朵"与"栋梁"挤满了人们的视野，不太看得见老年人群体。

项目结构

在构思的初期，我们希望能够借此营造出一个彼此联结的社群，一个容纳下这个老旧职场的空间，让观者自己去倾听、观察这些已被大众忽视的声音和面孔。

经过几周的探访与调查，在摸清了寻访对象的工作与个人情况之后，我们希望能够展示出这些容易被人们忽视的老年工作者的工作环境与形态，对其工作环境做出一个个模拟搭建。

在材料的选择上，我们采用了木质框架，统一罩上朦胧而半透明的白布，参考调查对象的工作环境，布置出十个或方正或不规则的小空间，分散放置在展览现场，多个独立空间构成了一个新的"社区"。装点这个"社区"的不是人，而是带有人的气息的物品，我们借来、买来十位调查对象的商品、工具、资料，从他们切身所处的工作状态出发，再加

《老而不休——人生下半场》项目关于裁缝的现场展览照

以变形，在其中营造一片模糊而不稳定的工作氛围，构筑出他们的"生活"。

　　从庞大的人群中拎出一个并不那么起眼的群体来组成社区，走进其中就像在跟人的另一个时间展开一场对话，这些日子离我们这样近，让我们能够驻足观看；这些日子又离我们这样远，让我们只好沉默地观看。触碰薄薄的白布，就能窥视他们经年累月的日常，看不清的介质则是我们用来制造距离感的一种方式，观者仅能看到里面不太清晰的影，同时也生出隐约的熟悉感——他们就生活在每一个人的身边。

第五单元
城市非遗

　　云南是中国少数民族数量最多的边疆省，亦是人类文明重要的发祥地之一，在漫长的历史长河中，形成了丰富的少数民族文化资源，其独特的地理环境和人文环境共同塑造了宝贵的非物质文化遗产。然而，在全球化和现代化的冲击下，非遗文化因缺少认同感而失去了应有的活力，如何保护"非遗"成为我们目前需要考虑的问题。

　　本单元以"城市非遗"为主题，以"非遗介入"的形式服务于城市文化建设和社区艺术体验。推动城市与乡村连接，破解当代城市文化趋同弊病，满足公众多元文化需求，增强艺术介入社区的能力。

——吴白雨

云大青花碗

云南大学设计研发的云大青花碗

科学、艺术与非遗的美育实践

吴白雨

　　科学、艺术与非遗，是云南大学近年来美育实践的关键词，即通过美育的形式向公众传播科学和非遗文化。古人言："器以载道。"任何方式方法，其目的皆是培养人们对文化艺术的感知力，以达到塑造理想人格的愿景。

　　"博物学"发端于西方，其虽以科学为对象，但在具体实践中，又包含着对历史文化和艺术的研究。在欧洲社会尚未出现博物馆之前，有些贵族和科学家喜好收集各种奇怪且特殊的物品——大到猛犸象化石，小到一颗中世纪的纽扣。当藏品数量逐渐增加，开始出现专门陈列物品的柜子——"珍奇柜"，之后他们以一间房屋来展示自己的藏品，为"珍奇屋"。以至后来，一栋房子成为收藏品的容器与陈列空间，里面包括了地质学、人类学、植物学、动物学、宗教等各个方面的科学标本、历史文物、艺术品。欧洲的博物馆正是在藏品数量不断增加、门类愈加细分且人们观赏兴趣高涨的情况下应运而生。

　　在西方古典绘画中不乏表现科学家、科学活动、科学发现的作品，发展至当代，许多艺术家将科学与艺术结合，形成"科学艺术""生物艺术"等新的艺术观念和领域。在古代中国造物艺术和绘画领域中，科学与艺术也紧密相连，如乾隆皇帝曾让造办处制作"珍宝盒"，这些盒子非常精巧，里面可放置许多小物件，其中大多为可把玩的玉器、瓷器、珊瑚等文房用品。乾隆皇帝的珍宝盒与西方的珍奇柜可谓有异曲同工之妙，无论东方还是西方，人皆有好奇心，只有在好奇心与情趣的驱使下，才会收集这些珍贵的物品，进而感受到科学、艺术所带来的精神愉悦。宋代的刘松年就画过表现宋代文人把玩青铜器的《博古图》，后来"博古图"也逐渐成为中国画专门的一类题材。清代的赵之谦曾画一幅名为《异鱼图》的手卷，此图十分有趣，是用中国写意花鸟的笔墨来描绘一些想象中的深海动物，可以认为这张画就是古代的"科普绘本"。

云南大学艺术与设计学院一直在探索公共美育和学科建设之间的契合点。我们提出了"一体两翼"的思路，即以艺术学为体，科学和非遗为两翼。云南是一个多民族、多文化和多生态环境的省份，云南大学的民族学和生态学皆为 A 类学科，是根植在云南独特的自然文化条件之上发展的优势学科。在综合性大学里办艺术学院，无疑需要发挥综合性大学的学科优势，为此我们提出了以艺术学科建设为核心，综合非遗和科学来形成学科交融、学科特色的做法。

为国际留学生开设"云南传统陶瓷工艺"公共美育课程

组织云大青花碗义卖活动

　　兹举以云南陶瓷工艺文化研究为内容的"非遗＋艺术"的系列教学科研活动为例。在云南西双版纳、新平、芒市等傣族聚居的地方，现还保留早期人类制作陶器的"泥条盘筑""平底堆烧"工艺，这种工艺可以追溯到新石器时代。随着时代变迁，中原早已发展到轮盘拉坯、龙窑烧造的阶段，但是在云南还活态地保留了这种原始制陶术。今天西双版纳的妇女仍然使用这种最古老、最传统的方法来制作日用陶器。傣陶既是一种器物，又是一种手工艺术，而傣陶制作技艺则成为非遗。非遗是中华优秀传统文化的一部分，我们将傣陶作为专题项目，形成课程体系，在美育教学实施中，学生的兴趣十分浓厚，这不仅是一门手工艺术的践行，更是一种非遗文化的体验。

　　云南大学在云南各个陶器产区皆设有教学实践基地，学校、企业与地方政府共同开发了数类丰富多彩的美育活动，同时也以此服务于乡村振兴。2013 年，云南大学协同玉溪技师学院共建"玉溪窑发展研究中心"，恢复了玉溪窑青花烧制技艺，并建立教学体系，研究成果颇丰。2018 年，云南大学在临沧市凤庆县鲁史古镇进行精准扶贫工作。鲁史古镇是历史文化名镇，是茶马古道的关键节点，也是云南大学的扶贫点。当时，鲁史中学的

王晓东画《麒麟虾复原图》

师生团队为社区青少年开展科普美育活动

操场尚未修建塑胶跑道，在此情况下我们确定了以设计开发"云大青花碗"进行义卖捐资鲁史中学修缮操场的思路。学院师生以明代玉溪窑青花为元素，创新设计出一款既有传统纹样，又适合当代审美的青花瓷碗。这款碗设计好后在丽江市永盛瓷厂批量生产数量达两万只，随后在学校里发起"义卖云大青花碗，助力鲁史精准扶贫"的主题活动，耗时十天的线上、线下售卖，共筹得资金12.795万，全部用于资助修建鲁史中学塑胶跑道。此次青花扶贫活动引起了良好反响，既实现了科研成果的产业转化，又创新了精准扶贫工作思路，展现了云南大学特色学科建设助力扶贫工作的亮点。

第二个案例是以古生物插画创作为优势的"科学＋艺术"系列教学科研活动。云南大学古生物重点实验室是国内一流、国际知名的实验室，但很多论文插图仍需委托省外甚至国外的插画家进行绘制。为回应古生物实验室的需要，学院专门组建"艺术与科学多媒视觉传达实验室"，借助古生物学科的优势，以古生物为插画设计的内容和题材。实验室聘请了古生物研究领域的两位长江学者和著名教授为客座导师，一位是研究恐龙的毕顺东教授，一位是研究地球物理学的郑洪波教授，另外还有一些科学领域的博士后共同开展工作。其主要内容设定在古生物复原图绘制上，以此突出插画的科学性与艺术表现，为插画教学和创作找到一条特色发展之路。同学们绘制五亿年前的奇虾、海口鱼，亦绘制云南各大高原湖泊的土著鱼、珍稀动植物，并将其开发为文创产品，以此进入各大社区进行专题美育活动，并带领儿童前往野外考察采集化石、参观博物馆及绘画古生物。小朋友们了解到这些古生物的基本结构之后，可以绘制作品并参加比赛，兴致颇高，而敬畏自然、尊重生命的教育目的在这些丰富的美育活动中得以完成。

　　第三个案例是城市 CBD 艺术介入社区美育。2021 年 5 月 20 日，学院在昆明市中心人气最高的同德广场举办了"520·爱生万物"主题展演。师生们组织了以生物多样性为主题的服装秀、音乐会，以建党百年为主题的插画展览、美术作品展览，古生物标本陈列和绘本展示、文创市集等活动。此次活动从策划到执行筹备耗时近两个月，探索出高校资源和商业资源共同服务社会美育的路径。社会美育必须要与公众对话，而场所不应停留在艺术家工作室或艺术家园区。美育可以在商场、社区、乡村、街道、工厂等，其场所与空间无限，只有开放式的美育，才能让美育更加亲近公众和社会。

吴白雨 / 云南大学艺术与设计学院副院长、教授

一只从 2018 到 2021 的碗

——云南大学非遗介入乡村振兴实例

金铸

在"双一流建设"和"云南大学服务云南行动计划"的支持下，云南大学艺术与设计学院以吴白雨为首的云南陶瓷研究团队，在推进云南非物质文化遗产——"玉溪青花瓷烧制技艺"传承与发展中，探寻以"非遗文化"助力"精准扶贫"的创新思路，实现从"非遗传承"到"文化扶贫"再到"产业扶贫"的一体化，走出了一条"非遗活化＋精准扶

云南大学校长方精云参观考察非遗传承基地

贫"的特色之路，在精准扶贫工作中探索出了可供借鉴的新模式。

一、善借政府主导之力，加快"非遗活化＋精准扶贫"推进的步伐

党的十八大以来，我国公共文化建设取得了显著成果，十八届五中全会明确提出，"坚决打赢脱贫攻坚战""引导文化资源向城乡基层倾斜"。在这些顶层设计的指导下，多年来各级政府主导，鼓励和调动社会力量广泛参与，形成了"非遗"保护传承与精准扶贫的强大合力。

云南大学始终借力于政府主导，发挥自身资源优势，才使得与江西景德镇陶瓷同时出生的、有过辉煌历史、后被岁月尘封几百年的玉溪青花瓷终于成功复活，"重见天日"。否则，玉溪青花可能永远只是深藏于博物馆中的历史残片。

二、有效利用市场承载，推进非遗生产性保护与产业扶贫互利共赢

2018年4月以来，云南大学扶贫办与吴白雨团队联合发起的"义卖云大青花碗，助力鲁史精准扶贫"活动，短短1个月，就通过线下现场、互联网卖出"云大青花碗"2万只，已凸显出了良好的经济效益和市场认可度，为云南大学对口扶贫点临沧市凤庆县鲁

云南大学师生与鲁史中学师生合影

在云南文博会展示售卖云大青花碗

史镇筹款 12.7 万余元，全部用于鲁史中学基础设施建设。项目组还与丽江永胜瓷厂合作，利用最新的陶瓷釉下彩印花工艺，批量生产"云南青花鱼藻纹餐具"获得成功，实现一只碗从 1.2 元到 2.8 元的增值目标，以永胜瓷厂日生产 8 万只碗的规模计算，年利润预计增加 4 千万元，大大带动了贫困地区的经济发展，走出了一条"非遗扶贫"特色之路。

此次活动中，云南大学吴白雨团队研制的"云大青花碗"，因为利用了非遗技艺——玉溪青花瓷烧制技艺，大大增加了产品的文化附加值，并注重产品创新，增加了时代元素，产品一经投放市场便受到消费者好评。同时，通过"互联网 + 非遗 + 实体店""非遗 + 中介公司"等模式，极大地畅通了销售渠道。

三、注重科研成果转化，提升非遗的时代活力与精准扶贫的科技含量

非物质文化遗产具有悠久的历史内涵和独特的文化魅力，而最新的科研成果又饱含时代活力和广大前景。高校的职责是研究和实现非遗文化的创新性发展和创造性转化，实现非遗保护传承与科研成果转化的有机结合。但是，长期以来，高校非遗研究多以"观看式""论文式"为主要方法，导致科研成果不接地气，不近民情，能够直接推广应用的成果不多。而扶贫工作需要精准、需要落到点上，这就为促使高校师生深入一线研究非遗文

化创造了条件，推进了科研成果转化，有效反促了高校的科研创新工作。高校科研团队应运用好产业化这个重要媒介，将非遗研究从"书本上"转化到"大地上"，深入农村和工厂，在贫困地区建设"非遗+扶贫"工作站，搭建"非遗文化"和"产业扶贫"之间的桥梁，让"非遗+"提升精准扶贫的科技含量。

自 2006 年以来，吴白雨团队对建水紫陶、云南青花瓷器、华宁高温色釉陶器的传统烧造技艺进行系统研究，相继出版《建水窑》《云南青花的工艺与绘画艺术》《玉溪窑青花工艺文化丛书》，发表学术论文二十余篇，建构了云南传统陶瓷烧造技艺的基本学术体系。特别是在云南青花瓷器的色釉料配方、绘画技法、图像谱系、烧造技艺上取得了系列成果，代表着云南陶瓷工艺研究的一流水平。

四、加强人才队伍建设，促进非遗传承与经济社会的可持续发展

党的十八大以来，云南大学全额出资，先后免费为曲靖市、临沧市、怒江州、文山州、大理州等州市共举办了近 15 期 1900 余人次的脱贫攻坚干部培训班、少数民族干部能力提升培训班等各类培训班，并在培训中注重非遗文化宣传，不断植入文化扶贫理念。同

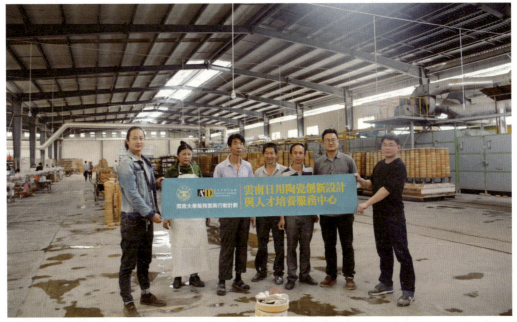

师生在丽江永胜瓷厂开发产品

时，云南大学积极倡议、招募扶贫挂联点的有志青年到学校全额免费接受雕塑、绘画、陶瓷、书法、美术等技艺培训。

此外，吴白雨团队在引领云南青花产业发展过程中，注重挖掘、培养年轻人才，并吸引了创意设计人才、产品网络营销人才加入，使"非遗"注入了创意和网络的新鲜血液，是"非遗活化＋精准扶贫"取得成功的重要原因。通过加强对贫困地区"非遗"人才队伍建设，既使传承人群增强了传承技艺的能力，又增加了致富知识与创业信心，更开阔了视野。他们回乡之后，把所学技艺与当地"非遗"资源有效结合，激活传统技艺的产业链，从而使贫困地区和贫困群众获得更多的工作机会和经济收入。一旦"非遗"形成产业链，源源不断地输出经济效益，还能吸引广大农村外出务工人员回乡创业就业，使农村务工人员创业、就业离土不离乡，带领家乡人民共同致富，达到"培训一人，带动一片"的生动局面，促使精准扶贫落到实处。

团队自2018年开展一系列青花扶贫活动以来，各界反响强烈，并受到社会高度评价，这体现出云南大学为立足云南、服务全省的格局。此项目不仅证明云南大学特色学科建设与精准扶贫工作互促共赢的可能性、可行性，也实现了科研成果的产业转化，并完成精准扶贫工作思路的创新，体现出云南大学特色学科建设助力扶贫工作的优势和价值。

通过总结2018年至2021年的非遗扶贫工作，团队做出下一步工作建议和规划。首先，建设特色学科应着力发现地方需求、发掘市场需求，云大青花碗在科技成果转化中，强调研究成果的学科特色，寻找产品差异，定位产品人群，是有效推动科技成果转化的有效途径；其次，坚持"特色学科＋精准扶贫"，实现两者互促共赢，现阶段云南青花碗已经批量生产，实现了增值目标，希望今后通过对"特色学科＋精准扶贫"工作站的持续建设，获得更多的政府支持和社会关注。

金铸／云南大学艺术与设计学院硕士研究生

我爱昆明·爱生万物之东陆青春嘉年华

2021 年云南大学艺术与设计学院"爱生万物之东陆青春嘉年华"现场

金晓琦

CBD+YNU=520 秀

　　"520 艺术秀"是由云南大学艺术与设计学院与同德昆明广场联合举办的以"爱生万物"为主题的毕业艺术秀，旨在为毕业生搭建一个全新的交流平台，同时结合 2021 年昆明生物多样性大会，体现同德昆明广场和云南大学艺术与设计学院对公益实践、公益精神的倡导。

　　此次活动是一次城市 CBD 美育的探索，通过多样的艺术形式，在丰富人们精神世界的同时，寓教于乐，将环境保护、生态多样性保护等理念传递给大家。用艺术服务社区，以期对社区的发展起到一定的推动作用。

一、城市 CBD 介入对社区美育的推动

　　社会美育是对社会成员实施普遍的审美教育活动，是提高全民美术素质、思想道德素质等建设社会主义精神文明的重要方法，更是引导和促进社会全体成员热爱生活、热爱艺术，提升幸福指数，拥有积极健康的生活心态来面对社会事务的必要措施。城市的艺术，应该融入城市，将艺术变为城市生活的一部分。城市 CBD 作为中央商务区，汇聚了大

量人流，构建了以商业、消费、娱乐、休闲为指向的人群组成的社区，是实施社会美育的最佳场所之一。将艺术落户到这一类型的社区里，可以塑造城市形象和人文特色，提升城市能级和影响力，为建构和谐社会起到积极的作用。

在城市 CBD 举办毕业艺术秀，也可以为艺术专业的毕业生提供充分展示才华的机会。在这种特殊的展场中，能有力提示各专业学生的专业技能，也能激发他们为社区服务的热情。

二、"520 艺术秀"的活动策划

本次活动由云南大学设计艺术学院美术交流委员会与同德昆明广场联合主办，全名为"我爱昆明·爱生万物之东陆青春嘉年华"，于 2020 年 5 月 20 日在同德广场开展，通过舞台走秀、文艺汇演、创意集市和大屏滚动播放的形式，完成与居民的互动。希望以此为社

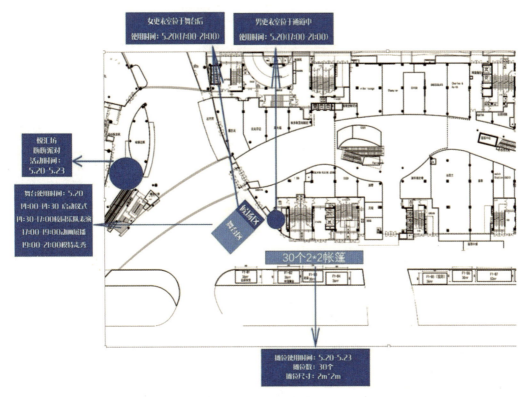

活动场地规划图

活动现场之一

区打造创意视觉盛宴及传播公益文化，在满足公众多元文化需求的同时，增强艺术介入社区的能力。

活动前期策划的准备包括活动区域与时间的安排，活动内容分为五个部分：第一部分为服装走秀，主题是"潮流青春"，由服装设计专业的毕业生进行展演。其中一部分学生的作品是以"生态多样性"为主题进行创作，一部分同学运用了云南少数民族文化和各类非遗传承技艺。专业的模特队与创新的妆造吸引了众人的视线。第二部分是音乐系的表演，主题为"乐动青春"，以音乐系的学生进行流行音乐与民谣表演为主，同时伴有舞蹈社团精彩的舞蹈表演，种种情谊融入歌声和舞蹈里，将气氛炒得火热。第三部分是创意集市，主题为"技艺青春"，主要由视觉传达系和美术系的学生开办各种摊位，学生以"生物多样性大会"为切入点设计创作了丰富的文创周边进行展示和售卖。第四部分是动画视频，主题为"躁动青春"，由数字媒体系的学生将他们精心创作拍摄的动画、微电影等作品在大屏幕上进行滚动播放。第五部分为"青春表白"，由云南大学学生和现场居民等参加活动的人进行温馨有趣的表白互动环节，吸引了许多5月20日出门约会的情侣参与其中，进一步提升了整个活动的人气，也十分贴合这个特殊的节日，获得了居民的一致好评。

三、"520 艺术秀"的学术价值与社会效应

威尼斯双年展中国城市馆策展人迈克尔·布鲁内罗（Michele Brunello）说过："公共艺术它是面向社会的艺术，面向社区的艺术。新的艺术形式应该是在考虑到生态要素的同时，有恰当的文化方面的介入。"此次活动便是一次创新尝试，并取得了不小的收获。其中"表白昆明""表白生物多样性""爱国爱党"等主题都得到居民的广泛认可。艺术秀与

昆明生态多样性艺术装置同时布展，生动体现出了万物和谐共生的理念。本次活动集合了各个院系、美育中心和艺术学研究中心的最新教学成果，活动从策划到执行筹备了两个月。活动开展后，不仅提升了同德昆明广场和云南大学艺术与设计学院在昆明市场上的曝光度及知名度，而且为学院创收十几万元，达到了多方共赢的成果。通过对在场居民的采访获知，活动得到了广泛认可和一致好评，引发了居民对昆明热爱的共鸣，更好地提高了居民的城市凝聚力和文化认同感。这也证明了，面向城市 CBD 的艺术介入，可以让艺术更好地服务于社会，用美去提升心灵，提升居民的生活质量和幸福指数。通过丰富多样的艺术活动，推动了居民对艺术的参与度和认可度，普及了许多艺术知识，是公共艺术介入推动社区美育的优秀成果。

四、通过"520 艺术秀"反思艺术服务与公众美育

此次"520 艺术秀"通过形式丰富多样的艺术活动，结合 5 月 20 日这个在当代具有特殊意义的节日，引导居民向爱人表白、向昆明表白、向艺术表白，使参与活动的居民对昆明产生更多城市认同感。活动后，团队通过总结发现，本次受众群体还具有局限性，在

活动现场之二

活动现场之三

之后的活动实践中需要和时事配套联动，落实塑造美、示范美、创建美和关爱美，让公众与艺术紧密联系，共同营造具有昆明特色的文化艺术街区，使公共文化与人文精神共同生长，为社会创建具有内涵的高品质人居环境。

公共艺术介入城市发展的过程中，艺术手段的使用不能只停留在发现问题、解决问题阶段，艺术应传递城市温度并产生文化认同，这样既可获得新的思考，亦能建构新的场域，并给社区建设带来更多契机。

金晓琦／云南大学视觉传达设计专业硕士研究生

古生物复原图

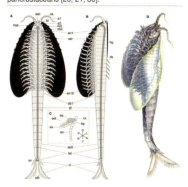

feeding strategies in macroscopic Cambrian pancrustaceans [20, 21, 36].

Figure 3 Morphological Reconstruction of *Ercaicunia multinodosa*.

∨ Show full caption

View Large Image | Download Hi-res image

作品：滇南十大功劳 Mahonia hancockiana Takeda　作者：刘畅

作品：臭椿 ailanthus altissima　作者：陈获

王晓东、刘畅、陈获 《古生物复原图》

五亿年之复活
——古生物插画的城市科普美育实践

刘畅

当前城市美育工作的开展，可以围绕人与自然的关系展开。这是因为城市生活使人远离大自然，但人类却有亲近大自然的需要。另外，高校和研究机构里艺术与科学人才的汇聚，也为跨学科开展以人与自然关系为主题的美育活动提供了条件。云南大学艺术与设计学院组建的"艺术与科学多媒视觉传达实验室"，开展了古生物插图绘制系列工作。在插画绘制前期，请到诸如毕顺东教授、翟大有研究员等知名古生物学家

毕顺东教授展示古哺乳动物化石

为团队讲授不同物种的相关知识，以此保证古生物复原图创作的科学性。

实验室王晓东老师所绘制的插图很好地体现了艺术与科学的融合，相当多作品随相关论文发表在各种国际知名杂志。如"多节耳材村虫复原图"随云南省古生物研究重点实验室翟大有研究员论文发表在《当代生物》（*Current Biology*）杂志，"瓦普塔虾携卵（川滇虫）复原图"随中国地质大学欧强副教授论文发表在《科学·进展》（*Science Advance*）杂志，"罗慧麟虫素描图"随云南省古生物研究重点实验室主任侯先光教授的论文发表于剑桥大学出版社（Cambridge University Press）。

王晓东老师的复原图不仅拥有严谨的科学依据，也具备一定的艺术美感，在体现生物原本结构的同时兼具人文温度的画味。李昂老师为毕顺东教授绘制的"蜥脚类恐龙复原图"，在风格上则有所不同，数码感更强一些。个人风格的差异也是古生物插画艺术性的体现。插画的绘制手法多样，大致可分为手绘与电脑绘制，手绘相比电脑绘制更具质感，电脑绘制的好处则是修改更为便利。

实验室学生团队的作品包含各类动植物插图。长胸鳍龙鱼等生物是罗平地区已灭绝物种，绘制过程是参考现生物种与化石，例如长胸鳍龙鱼参考的现生物种金枪鱼类，鱼龙则是参考海豚，高背罗雄鱼形态较为特殊，鱼鳞也不同于现代大部分鱼类，但也可在骨舌鱼等现生物种上找到类似点，同时参考化石进行绘制。

李昂老师绘制的"易门彩云龙复原图"

古植物复原图则基本参照现代物种进行，新生代古植物到现代基本没有形态上的变化。千百万年前的臭椿、滇南十大功劳和现在的臭椿、滇南十大功劳差别不大。绘制的过程有时候会运用 3D 技术。团

二叠纪罗平地区水生生物

三叶虫钥匙扣

队成员以水彩风格绘制的各种云南土著鱼（大理弓鱼、金线鲃），代表工作室参加了由昆明市科学技术协会主办的昆明科普产业博览会"生物多样性主题展"。

团队在科普美育实践过程中亦制作了文创产品。古生物文创产品制作难度较高，在把握生物特征的同时打造一个可爱的形象是重点，制作完全写实的模型也不失为一种方法。我们制作了一些较为简单的文创产品，用于辅助科普美育活动，如三叶虫钥匙扣和恐龙纹样的马克杯。

科普美育实践活动的形式非常多样，例如在社区摆摊展示化石与复原图。参加活动的居民对化石复原图很有兴趣，孩子尤其热心于这些神奇的生物，对它们的故事充满好奇。团队在展示的同时也会简要介绍古生物的相关知识，增进大众对古生物的了解。

我们会带领社区小朋友到野外采集化石，在活动过程中向小朋友科普相关古生物知识，并将采集到的化石进行分析，让孩子大致了解古生物的形态结构，最后进行古生物插画的绘制，而小朋友亦可发挥自己的想象进行自主创作。除此之外，我们也带领孩子参观各类古生物博物馆，其目的是让他们更加系统地了解古生物相关知识。小朋友参加完活动，了解到这些古生物的基本结构之后，所绘制的作品也可参加相关比赛。

科普美育在某种程度上象征着科学与艺术的融合。自古以来严肃科学不与普通民众沟通的问题便已存在，德国生物学家海克尔在 20 世纪初就发现这些问题，并认为这个问题急需解决。博物学家赫胥黎认为艺术与科学对应着人类认知世界的两种方式，这两种方式缺一不可，而现代社会的种种问题有一大部分正是由于人类将这两种认知世界的方式互相孤立的结果。在我们的科普美育实践活动中，将那些亿万年前的生命通过各种形式重新呈现于人们的面前，不仅仅是告知人们地球上存在过这些生命，同时也旨在通过这种方式建立起一种跨越时空的情感联系，并引发人们的反思。

社区摆摊活动

带领小朋友开展野外实践活动

　　与此同时，我们也相信，科普美育要提倡的美，并不仅仅指漂亮这种形式上的美，而是一种融合了科学之真与艺术之善的全新的美，这种美会告诉我们在科学与艺术异径而走的现代社会，我们应当反思审美与求知的分化，并重新建立起一种综合认识世界的方法，终止艺术与科学的继续疏离。因此，科普美育的终极目标，应该是通过古生物复原图等一系列活动的展开，倡导人们敬畏自然、尊重生命，并最终通过这种寓教于乐的方式引发人们对真善美的思考，为创造更美好的社会环境提供一份微薄的力量。

刘畅 / 云南大学艺术与设计学院硕士研究生

第六单元
现实虚拟

　　互联网为现实世界和虚拟空间搭建了沟通的桥梁，随着移动设备的日益便携化、智能化，公众无时无刻不在现实与虚拟之间来回切换，空间、身份、认知不断发生错位。虚拟世界既反映着现实生活又自有一套运行法则，被数据、流量重新定义的大众基于不同的目的寻求构建新的秩序，从而打破固有的社会交往模式，人性于此被放大，代际冲突频发，引发了一系列现实社会问题，虚拟隐藏了显示屏背后的实体，却放纵了他们的行为。本单元的作品通过表现公众行为在现实与虚拟之间碰撞出的各种社会问题，抛出话题，引人思考。

——屈波、卜艾珩

黄桷坪社区野生动物图鉴

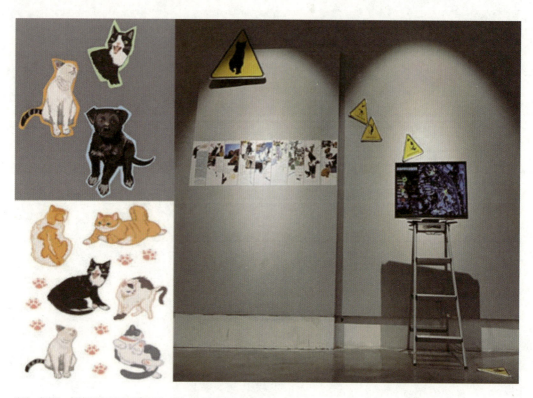

张璐、李洺颖 《黄桷坪社区野生动物图鉴》 影像 综合材料 2021 年

张璐 / 四川美术学院油画专业硕士研究生
李洺颖 / 四川美术学院动画艺术专业硕士研究生

特殊原住居民的足迹探寻
——《黄桷坪社区野生动物图鉴》创作手记

张璐、李浛颖

2020 年冬学期，我们有幸参与了在地艺术创作这门课程，由于实际操作的原因，老师把创作方向定为了网络社群的考察。但我们小组成员出于共同的兴趣，把观察视角从人类社群放到了动物社群上。选择动物社群作为课题，首要问题就是选择何地、何种动物作为观察对象。经过短暂的讨论，我们迅速把目光聚焦在以四川美术学院黄桷坪校区为中心的区域，观察动物的种类为附近居民区的流浪猫、狗。其原因有如下三点：首先，黄桷坪是一个充满历史的老城区，周边有很多待拆迁的建筑物，环境很适合流浪猫、狗生活；其次，黄桷坪周边的居民大多为老人，便于我们沟通交流；最后，因为小组成员张璐十分熟悉黄桷坪周围的环境，可以节省我们调研的时间。

以下是张璐对方案的初步阐述："与小黑的偶遇在我的潜意识中埋下了一个关注点。当时只当是黄桷坪意外收获的插曲，没想到数天后小黑和它的世界成了我作品的主角，我始终觉得这是种很神奇的际遇，是那天的小黑主动给我的礼物。因为家里养猫，我了解跟小动物的沟通方式。在即将面临变迁的黄桷坪社区，不少居民搬离了这里，不少宠物被遗弃，被迫变成了流浪动物。物理空间的变迁，这些动物如何重新构建领地，划定新的心理安全范围，与原生的流浪动物共处，一系列的问题使我将关注点放在了社区的流浪动物上。经常可以看到一些小动物流窜在黄桷坪的街头巷尾，被匆匆而过的人和车辆惊吓逃跑到隐秘的居所。这些生物与人类的生活区域重叠，也有自己的领地、社区以及各自不同的脾气甚至八卦，我们却总是忽视它们存在的合理性，将它们视为居住空间的入侵者。"

在确定了初步方案后，我们第一时间来到了黄桷坪进行考察，这次考察目的是确认在一定的地理范围内有没有足够的观察对象。很幸运的是，在当天下午我们就选定了五只可接触的流浪猫作为对象。此时我们携带了一枚 GPS 项圈，给其中一只戴上了项圈作为实施方案的第一步。通过几天的观察，GPS 系统运行良好，顺利地向我们反馈了第一位观察对象——小黑在几天内的行动轨迹。此后我们又购入了一些 GPS 项圈，为接下来的实地考察做准备。在黄桷坪的走访过程中，我们一直在寻求一个切入点，一个在短时间内介入这个地域社群的方式。但黄桷坪的社区有它独有的复杂性，美学符号和视觉元素的泛滥让我不得不重新思考我们的介入能为这里带来什么，什么是这个社区真正需要的。

确定方向后，我们开始成为一个"跟踪者"，定位器的选择是我们遇到的第一个困难，因为这些动物习性的不确定性，很难将定位器戴在它们身上后再回收，最初想要选择可降解的材质，让定位器在一定时间后自动脱落，避免对动物造成伤害。但因为可使用的可降解的材质大多是水溶的，随时有脱落的风险。我们最终决定用最笨的办法，就是跟这些小动物搞好关系。之后我们花了大量的时间跟它们建立信任感，直到我们达成了一定的默契，它们对我们不再有很强的戒备心，多次实验之后的实施变得顺利了许多。

值得一提的是小黄的定位过程，小黄是一只温顺的胖子，行踪总是很诡异，偶尔在房顶闪现，定位器在第四天的时候终于电量告急，之后很长一段时间它都没有在房顶出现过。由于担心定位器给它造成负担，我们只好每天去书屋蹲点，一等就是一天。终于在下着小雨的一天等到了屋顶上的小黄，成功把定位器回收。

在整个考察过程中，除了每天跟着小动物的足迹在黄桷坪四处游荡，我们也多次接触和采访了周边的居民。比起我们这些外来的观察者，他们更熟悉这里的一草一木，这里居住的流浪小猫、小狗很多都是吃着好心的嬢嬢的百家饭长大的。在我们的图鉴中，大部分小动物的名字也是从这些居民口中得知的。

　　我们还从一位居民口中得知了这样一个故事：有一只常住在这栋楼下的大猫生了三只小猫崽，有热心居民想着在窝里垫点东西，动了一下三只小猫，结果小猫身上粘着人味儿，就被大猫吃了。这只大猫很聪明，它不会跟着激光光点跑，会看着激光笔发光的地方。它不怕狗也不怕人，性格不高冷，经常在路边打滚，看见人就讨要吃的，也会跟狗对着干，是只非常厉害的猫咪。它也有野性，擅长扑鸟，有时候看见路上死掉的麻雀就是被它扑下来的，它不一定会吃，但是喜欢捕猎。它能跟人类和谐相处，在这里生活很久了。它不调皮，很安静。它有时候可以跑很远，跑到十几千米外，过两三天或者是一周就又回来了，继续躺在它熟悉的马路边上。

　　随着采访工作的收尾，我们也收集到了足够多的小动物的照片，后续的工作即是将它们的活动领域归纳整理，制作出一张它们出没区域的地图，在实地进行标示。

　　整理归纳小动物的活动范围后，我们又制作了每个小动物的"个人名片"，以推文的形式发表在微信公众号"桃花源村委会"上。这种在公众号线上呈现的方式较为轻松，可读性强，与观众互动的概率高，传播范围也可以更广，使每一个潜在的观者都可以用轻松愉快的方式阅览故事。每个小动物都有它们自己的名字、外貌特征、性格特点

在黄桷坪居民小区内张贴的动物出没标牌

以及健康状况。除此之外，还附加了每个小动物的行动轨迹动态图。虽然现在我们回收了 GPS 项圈，但是我们对这些小动物的观察还在持续，这不只是一次作品的实践，与小动物的相处也会成为我们宝贵的回忆。

　　经过两个月与这个社群小动物的接触和磨合，我们不禁思考，创作究竟能为这个地方带来什么？也许人类能为动物做的事情很少，就像大猫这个故事的启示一样，即使是人类照顾了很久的、看似完全适应了人类社会的流浪猫，也还是会对给自己喂食的人充满不信任，甚至因此伤害自己的孩子，而我们对这些动物所谓的"怜悯"又加剧了它们对其他动物的伤害。是否人类所做的一切都是多余的呢？伴随着一次次的深入考察，我想这个问题的答案是否定的。虽然对人类来说，这些动物好像是我们生活的入侵者，可是反观动物的生活呢？它们悠闲地游走在城市的每一个我们无法涉足的角落，看着与我们眼中一样又不一样的风景，我们对它们来说也是一些奇怪的入侵者。在黄桷坪这个充满生活气息的老地方，动物对人类来说是不可或缺的一部分。就像李一凡老师拍摄的纪录片《杀马特我爱你》，一开始我们带着好奇走进一个群体，过程中我们可能因为自己的狭隘，会有一些对这个群体的误解，但我们最终是能够互相学习的。只有持续不断地观察与接近，我们才能打破自己的壁垒，以全新的视角接触到这个真实的世界。

线索

张素筠、帅王俏佳、陈曦雨 《线索》 摄影 2020 年

张素筠 / 四川美术学院文化创意设计专业硕士研究生
帅王俏佳、陈曦雨 / 四川美术学院产品设计专业硕士研究生

互联网审丑奇观之吃播生态
——《线索》创作手记

　　随着技术的进步，互联网生态体系日益成熟，人们对互联网的依赖越发凸显。我们的创作，着眼于人们在精神上对互联网的高度依赖，这种依赖改变了人们的生活、习惯、思维。而正是如此迷人的互联网，催生了新的、发生在现实之外的种种乱象。以这些现象为线索，我们抽丝剥茧，对当下的互联网社会"流动空间"运作逻辑进行了调研剖析，亦以现象作为我们灵感的来源，试图在这种种存在于非现实却又源于现实的荒诞景象中，以艺术手段表达我们的理解。

　　网络社会中，网络虚拟符号能够跨越地理空间障碍，进行流动与拼贴，进而衍生出新的社会空间形态——"流动空间"。这一空间是资本、技术精英操控的权力结构，符号的流动与拼贴并非随机，而是以公共议题为线索进行组织。与此同时，大众化的审美发生畸变，审丑奇观被制造，并蔓延至网络媒介乃至整个社会中。

　　对政治精英与资本精英来说，通过把握符号的相关性逻辑便可实现对网络空间的操控。带有导向性的精英操纵一是制造议题，二是替换议题，三是控制共通议题中符号的序列，例如运用算法归纳、总结和分析，其代表有微博、电商。

相关逻辑下的审美生成相关性成为网络社会的空间生产逻辑，它不仅形塑了新的大众文化面貌，还转变了大众文化的审美维度。它影响和转变着受众的趣味和关注点，因此出现了我们所要讨论的现象——审丑。

网络媒体的基本属性是"社会性"和"聚合性"，一个议题要在短时间内获高度关注，建构审丑奇观不失为一种捷径，审丑成为赚取点击量、获得更多广告投放的一种传播策略。审丑奇观的创构取向渗透到网络大众文化的各个方面，除了艺术传播的审美维度，网络音乐的审丑奇观也被频繁制造，部分视频网站趋向营构审丑奇观，在网络直播平台兴起之后，这一趋势愈加明显。

审丑奇观主要的三类内容：一是身体和性的曝光，如狗仔偷拍明星事件；二是对商业品牌和金钱的崇拜，如卖肾买苹果手机、精致消费主义炫富行为等；三是对某一群体的污名化，如对大妈、女司机、女博士等名词的贬义使用。

审丑奇观议题和意义具有多游移性。经过调研与分析，我们归纳出以下观点：大众文化处于"流动"与"稳定"的"褶皱"状态，审丑奇观被不断制造、流动和转化，受信息技术范式的影响与渗透，还影响着相关的大众文化形态。

我们主要关注了吃播现象，通俗来讲就是指吃饭直播。2015 年，韩国兴起美食偷窥热，人们通过付费观看美女和壮汉吃饭直播。日本一直有大胃王挑战赛，吃播热自然蔓延到日本，大胃王从线下走到了线上。在该趋势之下，吃播文化渗入了中国。2018 年，短视频平台兴起，吃饭直播从只有直播，再到有视频日记，吃播市场空前巨大。最初做吃播火起来的都是大胃王，比如日本的木下佑香，中国人称她为"净坛使者"，原因是吃什么都不留一点剩菜和汤汁。

这类早期的吃播博主，通过大胃王＋不错的颜值吸粉无数，获得可观收入。吃播博主密子君还上过《天天向上》这类顶流节目，大大增加了曝光量。但在自媒体日趋饱和的时代，高颜值＋大胃王的人设吃播主播越来越多，后来者难以占据市场，要如何从众多的吃播博主中脱颖而出成为难题。

吃播分很多类型，有走精致路线的博主，将制作美食和吃饭过程完整记录，满满照片墙（ins）风，也有走探店路线的博主，记录探寻美食的过程。这两类博主的粉丝黏性高，但流量一般，算是小众。若想短时间内火起来，吃播博主大都有两个特点，一是吃得刺激，二是吃得多且刺激，因此很多人凭借"刺激"的事物或吃法吸引大众眼球。

张素筠、帅王俏佳、陈曦雨 《线索之二》 摄影 2020 年

在酸甜苦辣咸五味中，辣是最富刺激性且复杂的一味。于是，在"辣播"们的视频里，全天下的事物都应该爆辣。"辣播"还不算，还有更离谱的生吃的吃播，最惊悚的是生吃八爪鱼。这类刺激又变态的吃播，慢慢进入人们的视野。然而，暴利行业下总有代价。

受密子君这类 IP 影响的人并非寥寥，吃 30 碗拉面、80 个鸡腿、100 个鸡蛋、300 个泡芙的内容直播也并非新鲜事。但世界上并没有那么多真正的大胃王，于是吃播催生了一条产业链——催吐。镜头背后的博主，要吃生鸡蛋润滑肠道，要喝大量碳酸饮料利于呕吐。有时候呕不出来，就要用手抠喉。反复呕吐对喉咙的伤害极大，严重的话会引起食道炎，甚至癌症。很多吃播博主的嗓子被抠坏，就用变声器直播。真正走进这些吃播博主，你会发现，他们并不值得羡慕，不过是"以吃谋生，以吐存活"。以哗众取宠、无下限操作收割流量的吃播界，被央视数次点名批评。

在"Z 世代"信息化社会中，虚拟的网络成为人们的平行世界，当大众文化处于一种流动的与稳定的皱褶状态，审丑奇观在不断被创造。大胃王为了名利催吐浪费粮食且伤害自己的行为值得关注，因此我们对这一人群的某些特征进行放大，希望引发反思。我们将作品命名为"线索"，以吃播博主的台前幕后花絮作为元素，通过摄影的形式来探寻他们关于美食与罪恶、欲望与伤害的生活片段，将光鲜亮丽背后不为人知的心酸秘密曝光在镜头前。

"出圈"

李欣蔚、兰蓓、陈乾　《"出圈"》　影像　2021 年

李欣蔚 / 四川美术学院广播电视专业硕士研究生
兰蓓、陈乾 / 四川美术学院设计历史与理论专业硕士研究生

从『饭圈』到出圈
——《出圈》创作手记

陈乾、李欣蔚、兰蓓

随着 21 世纪初选秀节目的兴起，作为亚文化的粉丝文化开始发展。对于粉丝来说，偶像就是一种理想型的存在，是粉丝自身所想要达到的理想状态。在粉丝眼里，偶像就是自己的化身高配版，容不得一丝一毫的亵渎，粉丝时常沉浸在偶像"神性"维护的狂欢之中，寻找各自身份的标签和由这个标签带来的群体归属感。依据粉丝的追星行为，大致可分为三种类型，一是单纯欣赏偶像的才华与颜值，二是关注偶像作品与动态，三是跟随偶像打卡、应援等。以前，粉丝追星是个体行为，而在社交媒体时代，这一行为则成了一种群体行为，生产、传播、分享使分散的个体重新开始"部落化"，粉丝组成了社群，形成所谓的"饭圈"。

饭圈是指在明星偶像不断产生和制造的当下，在选秀节目与偶像、各类粉丝群体之间形成的一个圈。而当下"饭圈"形成与以微博为代表的"平台"有很大关系。微博平台把所有人聚集在一起，形成了所谓的"类缘空间"——所有人都可以进入，路人可以围观也可以加入，部分狂热的粉丝可以找到同类。与饭圈相关的名词"出圈"，一般指某位偶像或明星知名度变高，不只被粉丝小圈子关注，开始进入大众视野，被更多的路人知晓。但随着饭圈所导致的文化乱象，现在也有用"出圈"

创作方案讨论现场

表达粉丝的种种狂热行为给偶像或明星带来负面影响的意思。

　　粉丝追星行为正经历着从无互动到浅互动再到深度互动的转变。过去，追星更多是支持明星的歌曲专辑或影视作品等，然而在互联网时代，粉丝可以通过各种平台、媒介来为偶像应援、控评、打投、反黑等，更深入地参与偶像的产生过程。粉丝与偶像的物理、心理距离被缩短，同时因为网络平台的传播，也逐渐导致饭圈文化突破圈层壁垒主动介入现实社会，引起除粉丝群体以外的人的关注。比如，以各种偶像为标签的论坛、贴吧，微博、微信群等网络社区为粉丝群体进行偶像文本的创作及分享提供交流、展示和互动的平台。随着粉丝规模不断扩大，粉丝群体拥有不容忽视的影响力。但是饭圈文化因为受到社会外部环境的对冲，经常会导致出圈的状况，出圈已经成为一种常态。这一状况的产生有两方面的原因，一是数字媒介时代的粉丝参与文本解读和再生产的手段更丰富；二是借助社交媒介平台，部分饭圈突破文化圈层和壁垒主动介入现实社会。在数字媒介时代，粉丝开展参与式文化实践的手段丰富多样，比如擅于摄影的人在现场可以为偶像拍照，文字表达能力好的人能够在网上为偶像写一些文章，熟悉软件的人为偶像制作表情包，等等。

　　在社交媒介平台匮乏的年代，粉丝与偶像之间总是存在一个审美距离。但在互联网时代，粉丝通过种种参与式文化实践，试图缩短自身与偶像间的距离，尽管绝大多数实践跟偶像本身没有太多的关系，更多是粉丝自身的行为。粉丝行为可为偶像增加流量，产生正面效应，但不可否认的是，粉丝行为所产生的负面效应也会反噬到偶像，以出圈的方式伤害到偶像的社会形象。

　　经过研究和分析，我们决定以短视频的方式来进行创作。我们以"饭圈"中常见的追星打卡这一现象为切入点，以娱乐新闻报道的方式呈现，内容是粉丝群体打卡一个顶流小生拍过戏的地方，打卡过程中出现了乱涂乱画、过于喧哗等一些不文明的行为，影响了当地居民的正常生活。事件在微博上引发热议、登上热搜，事情愈演愈烈，一方面抹黑了人们对该偶像的印象，另一方面引起大众对粉丝打卡这一行为的反思。

　　研究饭圈文化，其实也是研究一种社会心理。在用法律和道德约束粉丝的非理性行为之外，还应注重从社会心理层面加强对这个能量庞大的群体的人文关怀和社会心理疏导。对于粉丝来讲，偶像本身的传播力、影响力、公信力都是普通人无可比拟的，偶像对粉丝的不良行为与不良心理能够起到较好的价值引领作用。我们的创作以小见大，通过再现粉丝群体的行为，探讨如何正确约束追星打卡这一行为，思考偶像是否应该为不文明的打卡行为发声，以达到引导粉丝正确追星的目的。

"审判"

梅桉宁、周家骏、李鑫怡 《"审判"》 影像 综合材料 2021 年

梅桉宁、周家骏、李鑫怡 / 四川美术学院文化创意设计专业硕士研究生

众口铄金的暴行
——《审判》创作手记

梅桉宁、周家骏、李鑫怡

随着互联网的普及，网民数量成倍增长，目前，中国已经成为全球网民数量最多的国家。网络暴力作为一个新的社会现象日益凸显，解决好网络暴力问题，既关系到网络自身的健康发展，也关系着社会的稳定。此次实践围绕网络暴力这一主题，以"弹幕"为内容创作一件装置作品，希望能够引起网民的反思。

网络暴力，是一种通过网络行为打击人们心理的软暴力。网络暴力并不是传统意义上侵害他人生命权、身体权的暴力行为，而是一种不特定的多数人以网络为载体，自发、集体地对某一事物或事件进行语言的攻击和骚扰的行为。与现实中的暴力相比，网络暴力的参与者范围更广，影响更大。生活中小小的事件，可能因为网络媒体的传播而引发大规模的暴力性事件。网络暴力的类型主要有四种，即文字语言暴力、图画语言暴力、非理性的人肉搜索以及谣言诽谤。其中，文字语言暴力是出现频率最多的网络暴力方式。而"弹幕"这种本无倾向性的形式，也因为一些网民的非理性运用，成了网络语言暴力的主要载体之一。

"弹幕"源于射击游戏，因大量评论在视频上滚动犹如游戏中子弹布满屏幕一样而得名。目前，弹幕这一交互形式在各大主流视频网站中被广泛使用。相比点赞、评论、转发等方式，其能够从视觉上给予用户震撼性的体验。同时，弹幕的"共时性"能够打破时空限制，满足用户即时互动的社交需求，因此弹幕文化被大众广泛接受。弹幕主要集中在视频页面的上下方，但当弹幕评论数量较多时，大量弹幕布满整个屏幕可以形成信息瀑布效应，弹幕"刷屏"现象会吸引更多用户参与互动。可以说，在当前网络社交环境下，弹幕已成为用户所关注的重点部分，是决定视频对用户吸引力的重要元素。正因如此，自从哔哩哔哩网站等年轻类视频网站引入弹幕功能以来，弹幕文化不断发展，使用群体不断壮大，弹幕文化已然成为用户与创作者互动的一种重要模式。不过，也正是由于发弹幕门槛低，越来越多的网民通过弹幕这种形式进行网络暴力，以一种自我设定的标准去"审判"他人、伤害他人。近年来，"弹幕暴力"导致各种偏激和缺乏理性的恶俗文字如"子弹"一般密集地出现在视频区域，例如某明星"鬼畜"视频的律师函警告、大篇幅的"上坟""烧香"弹幕刷屏、列出 B 站百大 UP 主"暗杀名单"……这些行为不仅影响了观众的观看体验，也毒化了整个社会的风气。

我们对网络暴力与弹幕文化进行了观察、纪录与思考。总结起来，网络暴力就是恶语相向人身攻击。弹幕的特点是重复和流动，我们选取了一些相对温和的弹幕式网络暴力流行语，用红色、蓝色、黑色等色彩的纸带，创作了装置作品。作品由六块透明亚克力板、破碎的镜面玻璃、充满氦气的红色气球以及若干打印了弹幕的长条形纸带组成。

作品制作过程如下：首先，将透明亚克力板拼组成一个正方体，正方体的前后左右四面分别切除一个弹幕纸带进出口；其次，将准备好的正装镜打碎，挑选出较为合适的破碎镜面，将其贴在正方体顶部；然后，将挑选出来的网络暴力流行语打印出来，做贴膜处理；最后，将充满氦气的红色气球放入正方体内，并且在气球周围贴上写满弹幕式的网暴流行语，将其固定在底座。

《"审判"》局部

正方体象征着整个网络大环境，其透明材质寓意网络世界的特殊性——即每个人在互联网中都是透明的。网民所发表的评论能够在任何时间被任何人看到，任何带主观色彩的评论也极易被人攻击甚至被人肉，身在互联网中的每个人都有可能成为下一个被网络暴力的对象。正方体顶部摇摇欲坠的尖锐破碎镜面玻璃寓意网络暴力的危害性，也暗喻网络暴力的最终结局。镜子中所折射出的画面暗示网络暴力的传播力，每个人都可能在不经意间成为网络暴力的施暴者。充满氦气的气球被下方的弹幕纸带向上推，似乎随时都可能被尖锐的玻璃戳破。氦气气球象征着每个曾经或正在被网暴的人，虽然也许能够短暂逃避，选择自我安慰或自我消化，但随着内部的氦气不断注入，以及下方纸条的推波助澜，终有一天会被那尖锐的镜面玻璃戳破，以致逐渐自我崩塌甚至走向毁灭。正方体底部的弹幕纸带则是象征每一个网络暴力的施暴者，每一条对别人充满恶意的评论弹幕都有可能成为压死骆驼的最后一根稻草。

关注网络暴力，表现网络暴力，是希望能够在一定程度引导网民自觉履行网络伦理规范，塑造正确的网络道德观并尽可能避免网络暴力，以防恶性蔓延。通过在网络中培养的道德自觉性、正确的价值观去带动现实生活，也是本次创作希望能够达成的最终目的。

网络热搜"纪念碑"

李寒梅、黄文康、余春柳 《网络热搜"纪念碑"》 影像 2021 年

李寒梅 / 四川美术学院油画艺术专业硕士研究生
黄文康 / 四川美术学院设计历史与理论专业硕士研究生
余春柳 / 四川美术学院中国画专业硕士研究生

非纪念碑的纪念碑

——《网络热搜『纪念碑』》创作手记

黄文康、李寒梅、余春柳

　　伴随着新媒体时代互联网技术的进一步发展，人们参与网络舆论的成本越来越低，形式越发多样化，互联网技术使得话题和热点的传播速度加快，公众能够更加容易在各大网络平台对当前的热点问题进行讨论。微博、微信、抖音、知乎等网络平台，是公众在新媒体时代参与社交和交流的主要场所，公众能够与具有共同爱好的人沟通，进一步了解彼此的愿望，也正是基于用户的这一需求，产生了微博热搜这一体现绝大多数用户喜好的热点搜索榜单。

　　但在新媒体时代，网络舆论逐渐呈现出非理性的特征，微博的热搜榜单也逐渐成为公众吐槽或者引战的主要标志之一，一旦公众对某一事件或者公众人物的讨论过于激烈就会将其"送上热搜"，直到公众停止对其进行讨论或另一更吸引人的事件出现之后才慢慢淡出公众的视野。与此同时，还存在"刷热搜""降热搜"的现象，这是因为在利益的驱使下，部分人为了满足一己私欲，运用一定手段对微博热搜榜单进行控制，以达到不可告人的目的。这都说明微博热搜榜单在具有一定价值的同时，也存在极大的弊端。

　　如今，能够为公众提供讨论热点问题的平台逐渐增多，微信、百

度、抖音、知乎、QQ、小红
书、贴吧等网络平台迅速成
为新的网络舆论场所。各大
网络平台尤其是微博成为舆
论主阵地。但是伴随着泛娱
乐化的发展，网络热搜榜单
尤其是微博热搜榜逐渐被明
星的娱乐八卦新闻占领，一
旦没有对其进行控制，就会
引发所谓的"粉丝战"，这也
使得微博热搜多次被叫停整

《网络热搜"纪念碑"》展览现场图

顿，泛娱乐化已经成为当下一种较为普遍的现象。

热搜的底层逻辑主要包括三部分，即算法、经济、媒介权力。算法是最基本的属性，算法为用户提供和筛选出信息。在经济属性上，微博从 2014 年诞生开始就存在流量造假事件、商业利益等问题，本身自带经济属性。最重要的是媒介权力，每个平台都有自己的热搜榜，都带有平台自身的特质。

在了解目前热搜榜单所存在的问题之后，我们小组通过问卷调查的方式，去了解公众目前所看到和期望看到的热搜榜单内容。调查共回收到 197 份有效问卷。通过整理问卷，我们发现，公众在网络热搜中实际看到的内容包括社会时事、娱乐八卦，但公众所期望看到的热搜内容则是娱乐八卦，超过了社会时事。

网络热搜的存在价值和意义毋庸置疑，其能在一定程度上使公众对社会事件进行监督。但商业化带来的问题不容小觑，尤其是商业化、娱乐化的倾向从根本上影响了网络热搜的社会公共职责，更不用说"买榜"现象带来的恶劣影响。因此，我们对网络热搜目前存在的不真实、不理性、人为操纵的问题，及其泛娱乐化、易逝、不稳定、变化快的特征进行了充分讨论，提炼出"纪念碑"这一关键词作为创作理念——这是一种非纪念碑的纪念碑，一种反讽意义上的纪念碑，但其依然存有记录社会热点的纪念性意义。

在确定"纪念碑"这一理念后，小组成员讨论了以何形式表现"纪念碑"。在对香灰混凝土、易燃材料、水管、气球等形式进行反复比较之后，最后确定了以气球作为主要的创作材料。气球所具有的特性与网络热搜榜一致，不稳定、易变化、易爆的特性让其成为表现"纪念碑"的绝佳形式。

我们将未充气的、干瘪的气球放置于草地之上，在气球表面用不同颜色的颜料写上网络热搜榜单中的内容，并利用充气装置对其充气，在充气的过程当中，气球表面的字体脱落，就如同热搜榜单一样具有不稳定性。在气球充满之后，气球的变化具有两个方向，一是气球开始漏气，在漏气的过程中，气球表面字体加速脱落；二是气球在漏气过程中炸开，变成许多写满热搜的小气球。这两个变化方向都表现出热搜榜单的变化性、不稳定性及易逝性，尤其是大气球在变化过程中炸开，更是如同热搜榜一样，总是不经意地就会出现"爆""沸""热"的热搜，出乎公众的意料。

在展厅布展时，得到了刘也老师的指导，我们以各种各样的气球布满现场，强化了网络热搜信息混乱现象的感觉。

侧耳倾听

秦晋、王心怡、张梦琳　《侧耳倾听》　影像　2021 年

秦晋、王心怡 / 四川美术学院环境设计专业硕士研究生
张梦琳 / 四川美术学院文化创意设计专业硕士研究生

虚拟恋人与城市孤独症
——《侧耳倾听》创作手记

秦晋、王心怡、张梦琳

随着时代的发展，城市越来越繁荣，人们生活的环境从原来的乡村到城镇再到城市，生活越来越便利快捷。不过，虽然更多的人居住在同一座城市、同一个社区，但是已经失去了原来在乡村和城镇中生活的那种亲密联系，人与人之间的相见是有目的性的、偶然的或是短暂的。在这样生活节奏加快、竞争激烈的社会环境中，人们的压力逐渐增大。虽然城市里的每个年轻人都有一颗鲜活的心，但在各种复杂因素的作用下，绝大多数人都是城市孤独症患者，人们拖着疲惫的身体，每天仅仅往返于公司与家之间，生活圈子变得越来越小，与他人之间的距离也越来越远了。

城市孤独症虽然不是严重的疾病，但是作为一种真实的心理感受它同样对人的健康有着极大的影响。城市生活中的人们在面临工作、学习、生活、情感、经济等压力的情形下，需要能够倾听、理解、包容他们的人出现。但是，职场上的尔虞我诈和利益冲突让人很难交到真心朋友，面对繁重的工作，朋友之间联系变少，距离越发疏远。同时，感情问题也一直困扰着年轻人，对于独处异乡的年轻人来说，需要有良好的经济基础才能过上自己向往的生活，而父母催婚的行为更是无形中增加了子女的压力。在这一情境中，虚拟恋人衍生了出来。

虚拟恋人即虚拟环境中的恋人，是在社会高速发展的背景下网络技术进步和无数年轻人情感需求的双重推动下的产物。年轻人可以根据自己的喜好自行选择虚拟恋人的性别、兴趣爱好、性格、声音等，他／她可以包容你的一切，可以满足你的一切要求，无论你的生活多么富裕或落魄，他／她总能默默地支持你；无论你的情绪多么高涨或低落，他／她总能默默关心你，他／她的存在能够让年轻人倾吐心事、敞开心扉、释放压力，因此受到年轻人的青睐。

主角定妆照

如今，虚拟恋人这一行业越来越壮大，无论在淘宝等交易平台还是微信等社交网络上都能看到其身影。虚拟恋人发展到现在，种类已经相当丰富了，"女友"有傲娇、萝莉、御姐、邻家、可爱等类型，"男友"有高冷、暖男、正太、霸气等类型，服务项目包括情感安慰、游戏陪玩、工作倾诉、日常闲谈等，费用根据聊天时长、服务项目以及聊天者等级不同来定。作为一种理想型的"恋人"，他／她可以让用户没有任何负担，保持距离，也可以放下身上的负担，专注地与他／她进行交流，这样的方式使得孤单的年轻人心灵得到慰藉。

人们通过网络虚拟恋人的服务来释放自己内心的负面情绪，给自己的内心寻求一丝安慰。但是这种方式的作用只是短暂的，虚拟恋人只是暂时弥补了人们内心的缺失，让他们陷入幻想而无法自拔，到服务时间结束后，内心会感到更加孤独和寂寞。虚拟恋人虽然给年轻人带来了安慰，但是并不会真正改变现状，反而会使沉迷于其中的年轻人很难调节好心态回到真实世界。长期沉迷于这样的交流方式，年轻人更加容易惧怕甚至厌恶与人面对面交流，甚至认为已经没有与他人交流的必要了。

《侧耳倾听》拍摄过程图

　　我们需要科学地分析这种现象背后的原因，而后采用不同的方式来引导患有城市孤独症的年轻人走出他们沉溺于其中的虚拟恋人服务，调节他们的心态，提升他们生活与工作的幸福感。影像《侧耳倾听》就是秉持这样一个目的，以情景剧的方式再现一个城市年轻人因为与"虚拟恋人"交往而不能自拔的场景，以此警醒年轻人——在寻求虚拟恋人服务之外，我们还可以有更多的方式去克服城市孤独症。

被击溃的聚餐

孙香、卞艾珩、赵子睿 《被击溃的聚餐》 影像 2021 年

孙香 / 四川美术学院广播电视专业硕士研究生
卞艾珩 / 四川美术学院设计历史与理论专业硕士研究生
赵子睿 / 四川美术学院环境设计专业硕士研究生

网络代餐

——《被击溃的聚餐》创作手记

孙香、卞艾珩、赵子睿

从传播角度来看，社交软件给我们带来了不少方便。以微信为例，相较于笨重的电脑，手机具有无可比拟的便携性，网络的高覆盖率也让交流变得愈发便捷，人们可以便利、舒服地在任何时间、任何地点，以任何方式享受交流的乐趣。这种便捷性是微信传播的最大优势，人们不必再固守地点来沟通，而是可以随时随地享受信息沟通的自由，这体现了传播的便捷性。

而一般面对面人际传播可以感知对方的声音、表情、动作等共同营造的"现场"，这种情境强烈地影响着正常的人际关系。但是在微信人际传播中，交流双方都无法准确估测对方所处的情境。从传播的去现场性讲，微信交流双方通常不在同一个"现场"，而是处在不同的交流场合、交流情境之中。因此，个体究竟处于何种位置、在何种境况下与外界开展交流，对交流双方而言都是未知的。

从人际传播的劣势来看待微信，首先就是传播的延时和浪费。微信交往在沟通上的延时和浪费主要体现在两个方面：一是微信的延迟性异步交流，二是由于文本书写及语音录播带来时间的浪费。首先，微信交流具有回复的延迟性。人们越来越多地依赖微信这种新型的交流工具，很大一部分原因是其信息传递效率高。微信看似能达到"天涯若比邻"的效果，但在实际的收发信息的过程中确实经常出现延迟的情况。根据调查了解，产生延迟回复的现象主要基于以下几种情况：收到令人不适的信息，例如由于情感上的纠葛造成双方不快的内容；不方便立即回复的情况，也许此时收信者正在忙碌，无暇立即回复；需要认真考虑回复的内容，此类微信沟通往往具备极大的延迟性。

而在面对面的交往中，人们需要同时观察交谈对象的表情和语气来判断谈话的内容。举个简单的例子：朋友之间的"不好意思，麻烦你"这句普通的话，是真挚的感谢还是敷衍的说辞，就需要语言之外的非语言符号来判断，诸如姿势、表情、语调、语气等，而这些在微信中是无法表达的。

客观来看，手机刚刚流行时，其主要功能是为了方便使用者与不在身边的亲朋好友保持联系。但不知从什么时候开始，大多数人提起手机就会想到手机和社交软件给人带来的困扰。社交软件似乎成为一个"黑洞"，让人沉沦其中，日益远离身边的真实人物和真实环境。

定格动画《被击溃的聚餐》的灵感来源上述现象，表现当下的家庭聚餐如何被社交软件的"黑洞"吞噬。故事设定为节假日里一个人数众多的大家族聚餐的场景。家族里的热心人大姨通知兄弟姐妹带着家人前来聚餐。年轻一辈们本来约好出门和朋友吃饭、玩耍、聊天，结果被父母强制参加家庭聚餐。因此，在吃饭的时候一直低头玩手机，人在桌边，心在网络中。大姨辛辛苦苦准备聚餐的饭菜，从做饭的每一步都能看出来，作为长辈的大姨十分重视这次家庭聚餐。而年轻的晚辈通过手机软件跟朋友聊天、玩游戏，几乎不跟身边的亲友交流。可能是因为网络社交的吸引力更大，也可能是找不到共同话题而产生逃避心理，年轻人各玩各的手机。在场景

拍摄场景之一

拍摄场景之二

的最后，大家的手机都黑屏了，桌上的菜也都没有了，仿佛只是一堆手机在聚餐。

　　以上就是作品的大致剧情，以真实的做菜场景呈现大姨的精心准备，年轻一辈的出场方式以手机上社交软件的聊天对话框为主，解释了作品名"被击溃的聚餐"。手机只是我们使用的一种工具，不应该让手机把我们变成最熟悉的陌生人。人长时间把精力放在手机上，它并不会给予我们感情上的回应。在家庭聚餐时，如果人人都拿着手机对坐无言，这样跟分隔两地也毫无区别。现实生活的聚餐不应变成社交软件上的盛宴，真实的聚餐不应成为网络代餐。

房子塌了

何菲、陈雪梅、王佳欣 《房子塌了》 影像 2021年

何菲、陈雪梅／四川美术学院环境设计专业硕士研究生
王佳欣／四川美术学院影视动画艺术专业硕士研究生

何菲、王佳欣、陈雪梅

饭圈文化中人设崩塌的具象化
——《房子塌了》创作手记

在网络社区中，以明星为主体形成了一个相对独立的组织——饭圈。在饭圈成熟之前，粉丝行为普遍以收藏作品、看演唱会等方式表达对偶像的喜爱。而在饭圈成熟以后，便成为相当有力量的组织，高度组织的饭圈有能力进一步介入深度的应援工作：反黑、控评、数据、打投等。

饭圈文化活跃在以微博为代表的各大社区类网络平台上。在微博的内容体系中，对立观点往往是流量之源，这些争议观点为明星获取了大量流量。在资本的引导下产生了一系列饭圈异象，而这样的饭圈是网络社区中的典型代表。

一、表现方式设计

以"房子塌了"这一饭圈用词为切入点，展现网络社会青年独特的"饭圈文化"，用 sketch up（建筑设计软件）等 3D 软件将饭圈青年在网络社区这个虚拟空间的现象形象化。

作品采用像素化动画的形式进行表现。将网络中的社区进行可视化表达，利用模型呈现粉丝社区，表现不同的饭圈群体。故事围绕两个敌对的粉丝团体——即饭圈中所说的"对家"展开，他们通过造谣、反黑、辟谣、造谣式辟谣等一系列操作维护自己的偶像的热度，并打压敌对的明星。

粉丝尽心尽力维护自己偶像的完美人设，而明星却因为被曝出的民族立场、违法问题、人品问题、专业能力、谈恋爱等一系列问题导致人设崩塌，也就是饭圈中常说的"房子塌了"，这里的"房子"在我们的动画表现中成为社区中的建筑、植物、河流等实体。在动画表现中，通过敌对社区之间对社区建筑、植物等的破坏，来隐喻对对家的诽谤、造谣，通过对自己社区的建设修补来隐喻对自家偶像的维护。故事的结尾即其中一方的房子突然坍塌，以示这场"战争"的结束。

这种对立到底从何而来？是娱乐圈中常说的拉踩、蹭热度，还是资本掌控下的网络社区利益运营链条？在动画的结尾，镜头拉远，表示这两个社区不过是网络社区中的沧海一粟，代表资本利益集团的剪影人围坐在这些网络社区组成的棋盘旁，意味着这些社区斗争只是资本谋取利益的工具。

二、故事情节设计

为了更加具象地模拟网络社区中的实际情况，我们拟定了互为对立阵营的两个社区饭圈青年及其偶像相互抨击的细节，为其设定了一个完整的故事情节。

饭圈青年聚集在网络社区，他们因为对明星 BLUE 和 PINK 的喜爱形成了 A、B 两个社区。恰逢年末，明星在争当热度冠军。A 和 B 社区的粉丝都在不停地投票刷热度。这时营销号爆料有明星的榜单数据存在作假，但是双方粉丝并没有理会。最终 A 明星获得了热度冠军，B 社区的粉丝心怀不满，抨击数据作假，质疑冠军的真实性。在粉丝的控评、刷屏的发酵下，最终官方证实了 A 冠军数据并没有作假，反而暴露出了 B 明星数据作假的事实。B 明星数据作假被官方警告，也与热度冠军无缘，于是 B 社区与 A 社区的矛盾升级。

两个明星为了热度共同参加了同一部剧，在共同宣传新剧的现场，双方的粉丝就开始了第一轮争执。B 社区的粉丝开始抨击明星 BLUE 的虚假人设，如大量使用替身、虚伪、拜金等。A 社区的粉丝也不甘示弱，进行反击，指责明星 PINK 的粉丝控评压热搜。在争吵过程中，B 社区的粉丝用弹弓发射图案喷漆在 A 社区的建筑上，讽刺 A 社区偶像校园霸凌，是老赖之子。A 社区也不甘示弱采用投石器，发射带有歧视同性恋的石头击倒了对方社区奥斯卡小金人雕塑的头，嘲讽 B 社区偶像参演耽美剧实际上却歧视同性恋。双方粉丝从原本的维护自己偶像、建设自家的社区变成了无差别攻击对家、破坏别人的社区。

A 社区用自家偶像做公益的消息掩盖了之前校园霸凌的热度，B 社区也修复了奥斯卡小金人雕塑。双方社区看似回归了平静，这时，热搜榜单又曝出 A 社区偶像与粉丝恋爱并劈腿，明星 BLUE 人设崩塌。A 社区的粉丝崩溃，同时 A 社区的建筑开始坍塌，映射粉丝的"房子塌了"。在 A 社区崩塌时，明星 BLUE 的粉丝也同时产生了集散，有的消失，有的则去了其他社区。

观众的视角慢慢变大，发现这样的社区还有很多，或扩张，或毁灭，或就静静地立在那里。视角不停地变大，出现了围坐在棋盘旁的资本利益集团总裁，而社区只是棋盘上的一个点。

三、视觉形象设计

动画中出现的角色可以分为三类：偶像、粉丝群体、营销号为代表的资本。动画中设计的偶像角色有两个：BLUE 和 PINK。

偶像 BLUE 的设定是新生代当红顶流，出道两年没有代表作品，凭借抗打的颜值和不善言辞的慢热富二代人设圈粉无数，频繁霸占热搜榜榜一，现于某世界知名音乐学院深造。BLUE 对应的人物设定是流量当下的娱乐圈中最常见的爱豆形象。

PINK 的设定是 95 后科班出身实力演员，作为童星家喻户晓，以综合分第一名的成绩考入西京电影学院，影视作品无数。PINK 在大学期间潜心深造，毕业后凭借耽改作品再度火遍全网。

粉丝群体也分为 BLUE 和 PINK 两方，在动画中通过蓝色、粉色进行区分。粉丝的形象设计上加上了灯牌、荧光棒、鲜花、相机等元素，更贴合现实生活中粉丝的形象。

营销号的角色设计是为了代表资本对娱乐圈的操控，在每一次热搜的背后都有营销号的参与，其实质是资本在运作。营销号的外形设计采用了墨镜、面罩、头巾、大金链子、"￥"符号等，代表该角色是金钱、利益的代言人。

动画场景根据偶像的设定进行设计。场景中一共有两个社区：以 BLUE 为主体与粉丝形成的 A 社区、以 PINK 为主体与粉丝形成的 B 社区。A 社区的场景主要是音乐大楼、LED 显示屏、唱片店、音乐舞台、乐器店，表达出 A 社区的偶像是以音乐为主要发展方向的流量明星。A 社区在场景的细节设计上都采用了代表音乐的元素：音符、吉他的图案、黑白琴键等。整个 A 社区的颜色都采用蓝色，与偶像、粉丝形象的蓝色一致，与对立方的粉色区分开。B 社区的场景主要是电影学院、剧场、电影院、奥斯卡小金人雕塑、电视台总部大楼建筑，表达出 B 社区的偶像是以影视为发展方向的实力演员。在 B 社区的场景中采用了电影海报、代表电影院的爆米花图案、胶片图案、放映机元素等，在场景的设计上贴近 B 社区偶像的形象设定。整个 B 社区在颜色上采用粉色，与 B 社区偶像、粉丝形象颜色一致。

在两个社区之间设计了一个实体的榜单，采用了紫色，代表在两个社区之间共同的地带。榜单的下方是投币的机器，双方的粉丝可以通过投币为自己的偶像投票，争夺年度冠军。这个榜单代表的就是微博热搜榜，在榜单上会出现当下热门的事件词条。

本作品中粉丝之间的对话、交流、争斗都采用符号化设计，粉丝之间的对话采用表情包的形式进行。表情包的素材来自微博聊天中的表情包，也是饭圈中经常使用到的图案。如问号表情包表示粉丝的疑惑，发火表情包表示粉丝的愤怒。双方粉丝在进行争吵时，对话框中出现愤怒、假字、炸弹等的表情包来表达双方的争吵。

粉丝在造谣对方社区时采用喷漆图案，如 B 社区粉丝向 A 社区建筑喷射校园霸凌的图案，表示 A 社区偶像在出道前校园霸凌的事实。A 社区通过清洁这些图案、重新贴上自家偶像做公益的图案进行洗白。通过图案化的表达来可视化饭圈文化中经常出现的造谣、辟谣、反黑等行为。

第七单元
原乡流衍

在城市化进程中，社会的流动性急剧加速，个体在城市空间中的轨迹不断延伸。"原乡"更多地成为我们出生并赋予最初成长记忆的地方，"原乡"经验几乎构成了每个人心理、情感的基础模型，"原乡"是一种地理空间、家庭关系、日常器物与心理空间的交叠构成的"心理情境"。

人类学家项飚说："以自我作为方法。"在社区美育行动中，同学们以自己的"原乡经验"作为方法，与不同的社区空间展开对话，在生活环境中获得视觉、知觉上的激发，产生经验共鸣，重新建立与生活空间的内在联系。

在社区美育行动中，同学们讨论"原乡经验"如何将公共空间与个体情感记忆进行衔接，并用以"疗愈"在现代城乡发展中社区与人的生活情感问题。这也是新时代背景下，艺术如何通过教育向社会现场延伸的路径探索。

——杨方伟

浮岛

———

杨方伟 《浮岛》 尺寸可变 装置 2021 年

社区赋能与原乡记忆

杨方伟

"原乡流衍"这一单元，延续了去年（2020 年）主题展"共在　共情　共生"中的单元"流衍的原乡"概念，在其基础上进一步演绎和思考，即我们如何理解社区，面对社区如何建立自己的工作方法？

空间既可以是抽象的又可以是具体的，我们把在自己微观空间的一种方法、状态投入生活现场、社区空间里面，用观察、体验、对话的方式和社区空间进行互动。同学们到虎溪街道的村子、街区、湿地公园等地进行调查，与社会学家、人类学家所采用的方法不同，此种调查更注重感性的认知和体验，因为在调查过程中会有意想不到的、新鲜的东西出现。最终选定进行实践的场域是城西的湿地公园，我们在楼群环绕的湿地公园里不断行走、交流，做一些艺术性的田野调查，目的是通过这样的方式，重新建立人与生活空间的内在联系。

面对社区时我们会考虑介入社区的路径，正如苏珊·蕾西（Suzanne Lacy）提到的参与者的主体角色，从一个艺术家私人化的创作到公共的行动者之间，有一个慢慢展开的过程，同学们进入社区既是一个展开的过程，也是他们对自我的构建。

在实践中有这样一个案例：有位同学沉迷游戏，在课程结束的时候，

调研现场：泡泡街

他被通知可能面临重修的结果，此时，这位同学鼓起勇气说出他的困惑——我们现在学的课程究竟有什么意义？他在思考为何而做、为何而学。道理已经听了很多，但入耳未入心，把他带到生活现场，让他在现场找到可以触摸的真实感，或许可以让他找到答案。在这个过程中，这位同学开始慢慢理解，人与人之间不只是看上去的那样，还有很多可以展开、连接关系的维度。另外，印证了教育家杜威（John Dewey，1859—1952）的观念：真正的教育就是让人融入社会，在社会的共同体意识中成为一个完整的社会人。

在同学们介入社区的过程中，一些有代表性的作品产生了，这些作品充满了他们自身的体悟和思考，以自己对原乡的体悟为社区赋能。

《茧》的创作者芦玥是一个很安静的女生，她采用的行为影像方式也是极其静默的。在作品中，她用渔线把自己和一些气球绑在沙发上，并在社区各个地方实施，表现了各种场合中主体感受到的不自在，而这种不自在是在心理上施加的看不见的束缚和压力。她与不同场合产生共鸣，表达出一些禁锢、挣扎或是冥想的状态。工具理性所造成的问题其实不是它本身，而是我们对它本身没有觉知，我们在工作的时候没有意识到外在的束缚和自身的感性之间的脱离，正是此因素导致了创造力的缺失。芦玥通过这样的方式，对周围的行人、空间进行提示：也许有一种看不见的枷锁禁锢了我们。

另一位同学曹汇仪的作品《一行竹》也是一个行为影像，我们在讨论原生概念的过程中讨论了城市化的概念，即城市化是流动的、不确定的状态。这个同学从小和父母迁徙到各个城市，很早被送到国外读书，又回到国内，所以她对原乡的概念是很模糊的，甚至找不到自我的原乡，她的作品影射的就是这样的状态。把原生态的竹子进行砍伐，再进行重构重组，安在了轮子上，在日常生活中拉着竹子在城市的生活空间里面游走，这样的游离状态是她个人经历的影射。其实在城市生活的人很可能对当下的生活已经习以为常，仔细想想我们无时无刻不处在游离的状态，这件作品投射的就是这样的状态和感觉。

另一件作品《飞鸟相与还》是一项社区教育项目，也叫飞鸟快闪行为，进行鸟类知识的科普。《再次相遇》这件作品参加了上海的城市空间艺术季，讨论社区生活时间与空间的问题。因为我们处在不断加速的社会进程中，很多时候冲着效率和目标去生活，往往忽略生活和内心中比较感性的部分。在这个过程中，大家通过街头写作将内心深处的记忆碰撞出来。从原乡概念出发，把个体看成一个微观社会，是一种地理空间、家庭关系、日常器物与心理空间交叠构成的"心理情境"，最后在对话和提问过程中实现个体空间与公共空间的衔接和融通，以此建构自己并为社区赋能。

杨方伟 / 博士、四川美术学院硕士研究生导师

风车船

———

庄雅婧　《风车船》　尺寸可变　综合材料　2021 年

庄雅婧 / 四川美术学院综合艺术专业本科生

　　纽约快闪艺术家刘易斯·米勒（Lewis Miller）常常这样解释他的创意："我想用艺术表现的形式，给人们带来欢愉和快乐"，"满足是双向的。人们在疲惫不堪的城市中看到这样令人兴奋的礼物，他们的快乐也会带给我满足感"。一场艺术活动可以既浪漫又荒诞，因此在作品的立意和构思上，我选择了同这位艺术家相似的内涵。

　　最初的想法看起来并不难，但具体操作起来却有一定的难度。根据项目指导老师定下的主题，我们需要在公园里布置一些自己所能想象到的有趣的东西。对此我想起老师讲授过的快闪行动，我上网搜索了快闪活动的意思，了解到快闪是"快闪影片"或"快闪行动"的简称，是在国际上流行的一种嬉皮行为，可视为一种短暂的行为艺术。简单来说，就是许多人用网络或其他方式，在一个指定的时间、地点，出人意料地做出一系列指定的歌舞或其他行为，然后迅速离开。浏览之后，我认为这种艺术形式标新立异且贴合本次活动的主题，当即决定将"快闪行为"作为作品的辅助活动来开展。

　　紧接着就是构思如何让公园与之产生某种联系，毫无头绪的几刻钟过去了，另类有趣的想法并没有顺利诞生。我认为公园里可做的事实在太多，且或多或少都乏味，极其容易与他人的想法雷同，在某种概率上还可能构成抄袭。幸运的是，我灵光一闪，既然可做的事情如此之多，又如此无聊，倒不如做些公园里不存在也不能做的事。于是我开始行动，通过观察卫星地图和考察现场得知，这个公园里没有河与湖，自然也没有船。那么是否可以设计一种特立独行的船只，用人力代替原有的船桨，用冰来代替原本的船身呢？这个想法让我觉得超出常规，具有看点。

　　船是一种常见的水上交通工具，按照常理来说，船的移动离不开水，为符合突破常理这一构想，我决定用水的另一种形态——冰来制作船只。冰既是由水凝结而成，又是固体形态，可以较长时间地维持船的形状，能给人带来较为强烈的视觉冲击。然而，仅有船只与一件完整的作品还相差甚远，物理形态加上快闪行动才是这件作品的重点。在船底凿三个洞，其中一个洞的大小可供一个成年人行走摆动，安排参与抬船者将船身抬至大腿处，用较快的步伐走完规定的路线，这便是作品的初步构想。

　　冰船材料比较昂贵，制作过程过于复杂，且若制作成冰船，作品的重量对三个人来说难以抬动，所以我决定将冰船改为具有象征意义的、更上一层阶梯的风车船。风车船，

风车船放置于社区公园

顾名思义以木船为底，在船身添加许多能够随风转动的七彩风车。风车既是童年的象征，也具有迁徙的意义。当作品中的一船风车转动时，奔跑起来的船身和随风摆动的风车便让人想起飞驰的时间与走过的道路。

在我看来，完善作品的意义更能增加作品的维度。在这个急剧变化的时代，迁徙变成了很多人的生活常态。帽子和翅膀代表着人们想离开的愿景，将自己的愿望和对飞翔的向往绘制成小鸟与飞翼，体现着对未来美好生活的向往。到此阶段，作品的立意与传达的精神已经构思完毕，接下来便是将作品进一步完善。

作品本身是很重要的一环，与之伴随的快闪行动也是不可或缺的存在。隔天，我们到达距学校 3.3 千米的西城湿地公园进一步考察情况，了解作品放置的环境。虽然最终快闪的地点和原本的计划有所出入，万幸的是，最终呈现的效果差强人意。公园整体由两个半圆状的湿地和弯曲状的木板通道构成，通道大小适宜，应该很适合放置作品。

选定了地点后便是布设我们的作品。起初，我们的快闪行动开展得并不顺利。由于一些客观原因，原本计划下午三点半到达公园被迫改成了五点半，加上展品的运输较为麻烦，我们到达社区的时候已是傍晚，太阳已落山。虽说这个时间碰得上学生放学，参观人数的问题不用担心，但他们应该不会过多停留在活动地点，大多数会被催着回家吃饭或者是更希望自由活动。

从下午五点四十坐到六点半，只有一位小朋友愿意留下来作画，眼看天色已晚，我们决定先饱餐一顿。让人惊喜的是，在我们决定离开前，有一群热情活泼的小朋友表示愿意参加我们的工作坊活动，今天的计划也由此变得充实。他们非常积极地参与了本次活动，用略显稚嫩却富有创造力的笔法和有趣的话语让整个活动饱满了起来，我们留下了珍贵的活动照片。

夜幕降临，已经不好拍摄了，十分遗憾没有很好地给快闪行动收个尾，但欣喜的是收获了一群小朋友创作的有趣的画，这是作品中重要的最后一环。经过观察和分析，2—4岁的小朋友比较喜欢画线条，或者说是用直线及曲线去表达他们想画的具象物品的轮廓。而 6—9 岁的小朋友更偏向画具象的物品，比如时尚的女生、有形的翅膀和小鸟等。其他年龄段的，比如 11 岁以上的孩子，没有兴趣停留参加工作坊的活动。这些总结可以考虑写进最后的作品分析中。

作品最终的呈现形式是在展厅展出：一只参与了快闪行动的风车小船，快闪行动下拍摄的珍贵照片，还有记录大家话语和图画的卡纸，以及一些用来点缀的粘有翅膀的帽子，它们共同构成了《风车船》这一作品。每一个元素都息息相关，不分前后，缺一不可，它们都完美地体现了作品的立意——迁徙与未来。我们不知道过去和将来的迁徙是否值得，但我们仍然可以放眼当下，希冀未来。

　　与刘易斯·米勒的作品有所不同的是，我的作品可能没有给公园里的行人带去十分明显的欢快愉悦。但是制作中闹笑的插曲、小朋友的欢声笑语与最后完成作品的满足渲染了整件作品。从最初的浪漫又荒诞的冰船到最后的风车船，其中的过程有些许辛酸和劳累，但总体而言，还是充满了快乐。

茧

芦玥 《茧》 尺寸可变 行为影像 2021 年

芦玥 / 四川美术学院综合艺术专业本科生

与茧共生：一场旷日持久的自我绑架

——《茧》创作手记

芦玥

　　我的第一件行为影像作品《茧》，记录的是我用渔线将自己和一些气球绑在沙发上，以此表达人在各种场合感受到的一种不自在，而这种不自在是自我心理施加的。我与不同空间相遇，与之产生共鸣，表达出关于禁锢、挣扎或者是冥想的一种状态，通过完成这次作品，我对艺术有了很多全新的看法和感受。

　　行为艺术是艺术家通过一系列行为，传达出自身的艺术理念和思考，使之成为艺术。行为既可以有剧本也可以无剧本；既可以随机，也可以精心策划；既可以自发产生，也可以详细计划；可以有观众参与，也可以没有观众；行为可以现场直播或通过媒体报道；表演者可以在场，也可以不在现场；行为艺术可以发生在任何地方、任何类型的场所或环境中。因为摆脱了传统艺术媒介的束缚，行为艺术往往能给观者带来其他艺术形式无法提供的情感体验和心灵震撼。仲夏说："行为艺术背后都是有精神诉求的。人类精神的进步，因为有他们或大胆或疯狂或热情的举动而更有张力。"

　　我最近都是看天做作品，最近在做一个关于废墟的项目，我觉得废墟可能是很短暂的，它额废完之后将被重新利用。

在废墟现场触发我对记忆、空间、建筑，情感的流变，精神的废墟，消耗、自然等一系列的思考。

——童文敏

我很喜欢童文敏的作品《海浪》，她赤裸着上身趴在浅滩上，随着海浪的流动拍打，她被摆弄成各种样子，不做任何反驳，让我感觉有一种诗意在里面。她总是喜欢用自己的身体和大自然产生一些有规律且简单的互动，表现现代生活所带来的感触。

刚开始做《茧》这件作品方案的时候，我打算制作出一件装置作品。我用透明渔线勒住透明沙发，形成一种挤压的状态，在沙发的表面上用马克笔誊抄我的日记，包含我的日常、压力、心理状态和自我束缚等元素。后面转念一想，不如直接把日记的元素换成我自己，更改成一个行为影像，这也是我没有尝试过的方法，并且我认为比装置更有张力和可变性，然后我又考虑加上了有相同元素的气球（也是充气，被渔线勒会有挤压的效果），最后完善方案，敲定了一些不同环境、光线、时段的地点，设计了我与沙发不同的组合方式，以及我与沙发、气球紧紧绑在一起的不同形态。

当然，在写方案的时候，没有预想实施的过程中会出现的问题，也正因为后期出现的问题而改变了我做这件作品的初衷。在我把自己和沙发绑一起的时候需要缠绕很多圈，取下来的时候十分不便，渔线又细又长，缠成一团乱麻是必然的事，加上渔线的材质特别，基本上是不可能解开的，同时我们有很多要拍摄的地方，每个地点又要变换很多捆绑的方式，解和缠便成了一件麻烦事，所以刚开始我给这个作品取名为《缠》。第一次是晚上在天台拍摄，因为对设备操作不熟练，也不熟悉道具，所有事物都需要现场摸索，所以在天台拍摄的照片没有使用，不过也为后面实施方案提供了经验。

这之后，我换了最粗型号的渔线，减短渔线的长度以防缠在一起，将气球直接与沙发绑好，不用每换一个地方就重复绑，而我也不用与沙发绑太多圈，因为效果是一样的，能够暗示出意义就行了，如此一来，行动就容易了很多！我在不同的地点也得到了不同的感受：草丛里有很多蚊子，我们被咬了很多包，我无心在那里坐着感受，草草拍几张就跑了；操场带给我一种空旷的感觉，我不仅愿意跟沙发有更多接触，也愿意跟地面接触，所以拍摄出了一张我趴在地面上、沙发压在我身上的照片。晚上和白天创作的感觉又有所不同，拍摄的最后一天晚上下了小雨，这反而让我心里更加宁静，想主动地去感受周围的环境和困在沙发上的感觉，所以这时候我给作品取名叫《我被我自己绑架》。

下雨的那一晚拍摄的成果我最为满意，去了很多地方：校外的天桥，脚下就是车水马龙；夜晚的操场，我简直就想在这里睡一觉；还有不在计划之中的学校门口，背景是刺眼的绿色 LED 提示语，产生的感觉又有不同。以至于到后期，我渐渐有一种被作品带着走的感觉，这种感觉非常奇妙，这不就是在体验作品吗？之后，老师建议我可以去人多一点的地方感受，不在意别人的眼光，于是我计划在虎溪社区开展，并录一个视频，把我的静态和路人的动态做一个对比。我觉得这件作品有很多延展性，期待以后可以把作品进行延伸。

通过这次行为影像作品的创作，我对艺术有了更多面的看法，可以说行为艺术这种媒介比雕塑、油画等更加纯粹、直接地表达了自我观念，更剔除了类似美感或商业化的元素。以前，画画是出于个人兴趣，画画时我能感受到安静和舒服。大学期间，我了解到了艺术的作用，这让我觉得艺术是人类世界不可缺少的一部分，是人类与动物区别开来的标志之一。艺术与哲学息息相关，了解哲学的过程能让我对艺术有新的见解，同时也能促进我在

社区小朋友体验作品

艺术创作过程中思考哲学。

　　我很享受艺术创作的过程，它迫使我丢掉浮躁，其功能类似禅坐冥想。而行为影像更是能够去掉手工操作的部分，带来身体上的放松。对于作品创作，我认为不应刻意赋予太深层次的内涵，让自己舒服、快乐才是第一位的，至于作品的意义则取决于当时的心境。当我做《茧》的时候，我的初心和过程、结果并不完全一样，可以说我改变了一部分初心，但是我并不认为改变初心是一件坏事，做作品的过程中会发生不可控的事情，或者是别人的意见改变了自己的心态和想法，使作品有更多面的意义。很多人对我作品的看法不一样，他们的看法也对我作品的诠释有很大帮助，观众能否准确体会到我想表达的观念并不重要，每个人对作品的看法都会有所差异，我认为这是有趣的一件事。当代，每个人都有创作的权利，每个人都有发表观点的权利，人人都可以是艺术家。当你把自己放小一些，不需要太多位置，就可以看到更广阔的地方，得到更多的自由。

一行竹

曹汇仪　《一行竹》　尺寸可变　行为、影像、装置　2021 年

曹汇仪 / 四川美术学院综合艺术专业本科生

　　作品《一行竹》里的"行"既表示计量单位，也表示行走。展出结束后，这件作品只剩一段空旷的实地录音的影像。但是对于植物将要丧失或已经丧失的领地，这份控制权永远不可能牢牢地控制在任何一方的手中。

　　塞尚说过："艺术是一种和自然平行的和谐体。"也就是说：艺术家既要观察提炼自然本质，又要组织构架艺术形式。在塞尚的理念中，艺术是拥有独立审美特质的自我完满的存在实体。我喜欢取材自然，回归自然，感受水和植物带给我的美的感受和能量，以此汲取创作的灵感。我偏向关注自我身份认知、人与自然的关系，我的创作实践多涉及人类学、生态学等范畴，尝试从个人视角结合视觉和听觉语言进行创作。装置艺术、即兴行为、实地录音（phonography）都是我想去深入探究的创作方式。

　　艺术与自然并列地走着两条不同的路。"艺术家以自然为基点，通过感觉、知觉与情感综合把握自然的本质，并借助理性形成一种有独立绘画性的真实的第二自然，它与客观自然互为等价物。"因而，艺术与自然之间的关系是平等的，艺术平行于自然。事实上，优秀的艺术家通常都对自然充满了珍爱、尊重与敬畏。

有一天，我在第二层楼道的窗户向外望去时，发现楼外的一大片竹林正在被修剪，外出回来后，那一片竹子就彻底消失了。我不知道我能否完整描述出这片竹林原本生长在这里的作用，但居住在这栋楼里善于观察且心细的人们都很在意它们，因为每当下午二三点，太阳光穿过竹叶间的缝隙，在宿舍楼的门口、楼梯间和墙壁上便留下斑驳的光影，水泥的墙，陶瓷的地面，看上去再也不是死板和没有温度的东西。

于是我想，植物因为得到了人类使用的意义所以暂时拥有了功能和价值，但植物赋予区域的生命力和意义却能使人感知到被植物占有的空间更加纯粹和自然。直到现在，每当我看到那块空空的地，总觉得那里应该是要有竹子在的。时间的流逝无法避免，过去的事物无法再现，如同宿舍楼里有趣的光影再也回不来了。但我希望将它记录下来，让光影在我记忆里不至于被淡忘，让其他人知道这里曾经有一群竹子艺术家，这发生的一切都是以植物和人对空间的争夺为起点。

梭罗说："心灵与自然结合，才智才能开花结果，想象力也由此而生。"我到学校和附近的山上寻找合适的竹子，带着植物唤醒城市的思考，探索植物与人和城市的关系，并且很幸运地有过几次印象深刻的实地调研。我一共四次上山去采集竹子，并把采集过程作为行为影像的一部分用相机记录了下来。

第一次，我只带回来一些细的竹子，当我进入那些竹林想要走近和获得它们时，才知道这些竹子的体积竟然这么大，还这么重。每一根自由生长的竹子都长满毛刺，就好似我们接触那么多人，却也很少走近他们。它们自成一派，展现着自己的生存之道。在这件作品的初步阶段，我仅仅是将细竹子锯成段，一个一个地安插在轮子底座的平衡装置上，即竹节与竹节之间没有使用黏合的媒介，完全是依靠平衡搭建的方式组合在一起。我先在收集来的竹子中挑选出我能要的，将它们锯成大小合适的竹节，再尝试有结构地进行拼接，直至呈现出一根全新的可移动的竹子。我希望我自己或者观者，在搭建的过程中与物体本身产生互动，尽力设想通过作品展示一种微妙的平衡：柔与力，实与虚，光与影，动与静，就像原本竹子生长在宿舍楼外带来的韵味。

作品在不断尝试下有序地推进，再到后期能够参与中国社区美育行动计划展，于是有了一个展开行动的契机，让作品开始与社区建立更深层次的联系。遵循"拿出又放回再拿出"的原则，为竹子在宿舍楼外的失权作"宣言"，呈现出某场域的控制权在人

《一行竹》视频截帧

和自然两方不断易主的过程。在项目执行过程中，竹子和人的拉锯战正在进行，我将竹子换成与以前宿舍楼外的竹子差不多粗细的，不再使用细竹节搭建的方法。这些竹子同样是采集自后山，我将每根竹子一分为二，意为曾经失去的一部分，用了透明的亚克力去连接两段竹子，模仿宿舍楼外光的投射。在自然与人为交汇处凸显更好的视觉效果，模糊了自然发生和人为发生之间的区别。当它展出时，我希望观众能思考竹子的精神究竟是什么。新鲜的竹子随时间干枯，新与旧的更替似乎对应着植物的生存之道。尽管它们还具有竹子的外观，但添加轮子和金属、亚克力等工业产品后，与人类活动产生的物品的再利用和再生过程相伴而生。

　　毕竟人类尚可以迈出脚步去到下一片领地，植物看似循环往复地生长，却在一生中仅有一片领土，"植物丧失控制权"是随时的，因此我需要寻找另一种手段为已逝的竹子树碑。这意味着我需要有一个身体行为的表达，于是我给我的竹子系了一根绳子，我们一起行走，一直从学校走到了虎溪社区的中央公园。整个行走过程被记录下来并制作成行为影像，而这个行为影像最终作为这件作品的主要部分来展出。在这个行为过程中，我和竹子形成了新的主体和客体关系。角色的相互转换，让我自己也获得一种通往竹子的知识与感知。做行为的那天，重庆正下着雨，我和竹子还有两位摄影的伙伴都被淋湿，天气湿冷，我们不得不牵着竹子去餐厅吃饭，又去便利店躲雨买了水，冒着雨在社区的游乐场转转盘、坐跷跷板。这些经过都被录入了影像之中，成为这件作品无限贴近社区的证明，也是竹子自己无声的宣言。这是一次以竹子为观察对象，从不同经验和知识的角度出发的踏勘、调研、思考和创作，切入居民社区更新中的社会性和公共面向，并且尝试与当地居民和自然建立联系，同时提醒自己多注重对日常生活的反思和超越。

最后，祝愿我们都能生活得悠然自得，能感受到自己是自然的一部分。

飞鸟相与还

钟欣桐　《飞鸟相与还》　尺寸可变　木头、塑料、水泥、纸张　2021 年

钟欣桐 / 四川美术学院综合艺术专业本科生

飞鸟与人类共生的家
——《飞鸟相与还》创作手记

钟欣桐

本作品的构思建立在对虎兴社区多次考察后获取的信息基础之上，试图以鸟类筑巢的行为来探讨未来城市发展与生态变化间可能存在的关系，选取了八种虎兴社区常见的鸟类为例，对社区居民进行科普，意在希望居民能像看待邻居般看待周围的鸟类。

初次前往虎兴社区附近考察的地点是一片毗邻居民生活区的开阔绿地，周边有学校，但几乎没有商户，整体较为空旷，设有宽阔的步道，步道周围和中央空地的绿化多为草坪和低矮灌木，绿地边缘为乔木，步道附近偶有长椅、通知栏等便民设施。这片绿地适于人们开展散步、遛狗、放风筝等活动。

第二次我们前往了虎兴社区的湿地公园。湿地公园内包含了更多的居民娱乐活动设施，有儿童娱乐中心、健身器材场、篮球场等，步道狭窄但植被覆盖面积大，湿地公园整体围绕一片湖泊而建，湖中央有一座湖心岛，有一条小路连接小岛和周边地带，而湿地的另一侧为商业区，人流量大，也更为繁华。

鸟类作为一种常见的动物，在各方面都与人类发生着联系。常言道："远亲不如近邻。"相比那些珍贵华丽、只能在媒体上见到的鸟类，我更倾向以在社区里就能发现的常见鸟类为对象。我希望社区的居民能对与自己比邻而居的鸟类多一分了解，认识周边的、长着翅膀的朋友。

在对虎兴社区后续的考察过程中，我陆续发现了一些常见鸟类的踪迹，例如白头鹎、乌鸫、白鹡鸰等，也在一些树杈上发现了隐蔽的鸟巢。鸟类筑巢的本能仿佛写进基因里，即使是在我家里从小养大、几乎没有和同类相处过的珍珠鸟，筑巢一技也无师自通。鸟类筑巢的本能是如此的根深蒂固，但当生存的环境无可避免地被改变时，这本能又展现出了柔软的应变能力。例如珠颈斑鸠在筑巢时，时常借用人造物，有时甚至在某户人家的窗台上做窝。鸟类在筑巢材料上的选择从侧面反映了不断发展的城市化进程对自然的塑造及改变。在高速发展的当代，关于未来城市的想象层出不穷，人们不断地更新城市的样貌，在这样的过程中，与我们同为城中居民的鸟类会如何应对环境的改变？鸟类又会如何使用周边环境中的材料来构建自己的新巢穴呢？

产生这些疑问之后，我决定从筑巢行为入手，先构建一个符号，再将与鸟类相关的内容加上。在材料选择上，我希望使用原木和线框结构模型来构建想象中未来城市里的人造鸟巢景观。在学校的柴垛中，我找到了一根合适的原木，它被人类从自然中削去，其意义已由植物变为了废料。线框是一种轻型塑料材料，在设计建筑模型的初期用于搭建框架，以便查看线条和结构。再以线框材料来替换鸟巢中的树枝，改变鸟巢搭建的方式和形状，使鸟巢脱离常规的印象，变得更加简洁并带有一点幻想中未来建筑风格的色彩。

由于砍伐得较为随意，原木无法直接放置，需要在周围搭建辅助结构来支撑。我收集了一些更细的枝干，试图用它们来支撑原木。但由于枝干腐朽无法承受原木的重量，我使用了将水泥浇筑在原木底部的方法，如此一来，水泥墩很好地保证了原木的直立，并且更加契合钢筋水泥中生命的概念。

我一边搭建"鸟巢"，一边考虑着如何让社区居民认识他们的邻居。为了更好地达到科普的效果，我准备了三种不同形式的卡片。第一种是A4大小的鸟形卡片，正面为鸟类图像，背面印有与该种鸟类相关的趣味知识，并采用较为轻松的语言风格；第二种为鸟形白卡，只有轮廓，是为了让居民可以在上面创造自己想象中的鸟类；第三种是名片大小的方形小卡，印有不同鸟类的插图，将作为参与活动的礼品，可以让居民留作纪念，也可以将鸟类的形象在居民的家庭生活中留存更久。

在完成了前期的准备工作后，终于到了让作品与居民产生联系的时刻，我围绕"鸟巢"

社区居民参与活动

这个综合材料装置，在周边摆开科普卡片，让图像上的鸟围绕着巢穴。我给这一系列作品取名为"飞鸟相与还"，出自陶渊明的《饮酒（其五）》，意为描述飞鸟在傍晚时分结伴归巢的场景。在儒家的天人合一思想中，宇宙人生或自然界与人类社会万事万物的发展变化，都经历着相互联系、和谐、平衡的有序运动。鸟类可以比翼而飞，人类能够结伴同行，人类也能与鸟类、与自然之间产生联系，架起沟通的桥梁。

木色疏密

梁宇轩 《木色疏密》 尺寸可变　综合材料　2021 年

梁宇轩 / 四川美术学院综合艺术专业本科生

缠绕

——

《木色疏密》创作手记

梁宇轩

　　在本次项目实践过程中，我充分接受了中外诸多艺术家的思想熏陶，同时让我对自身调研的项目有了初步明确的方向。

　　最初，我尝试从街头艺术的角度进行调研，想在公共场所进行视觉艺术实践。我对涂鸦这种艺术表现形式进行了很多研究，涂鸦常见的形式和媒介包括喷漆涂鸦、模板涂鸦、贴纸艺术和海报艺术等。涂鸦艺术起源于纽约的布朗克斯区，一开始是类似厕所文学的涂涂画画，或者是被黑帮用于划分地盘的标识。涂鸦的主要介质为墙，但到了20世纪后期，涂鸦所创作的介质就不只是墙了，其创作的形式和内容更加多样化、多元化，并且一度成为前卫设计师的专利。涂鸦主要受到嘻哈文化、波普艺术等元素影响。虽然我在涂鸦艺术这方面做了许多调研，但在经过认真的考虑与尝试后，还是选择了另一种更具有价值的表现形式，以一种类似装置艺术，同时又像活动雕塑的形式进行呈现。

　　在空间的选取上，我想到可以借助社区这一环境进行布置与展现，同时还可以将我的作品与社区艺术进行合并。在实践过程中，老师给我们分享了很多社区艺术项目，在对社区艺术有所了解之后，我决定前往虎兴社区进行实践。

泡泡街街景

　　社区艺术的概念于 20 世纪六七十年代西方反文化运动和社会革新运动的背景下兴起。彼时，在西方大规模城市更新计划的背景下所制定的城市规划，并没有把文化和社会空间作为优先考虑的对象。城市规划者和地方当局更青睐建造高层建筑，而高层建筑物的垂直特点不利于建立和睦的邻里关系，导致原有社区内的传统关系发生了深刻的变化。正是在这种情况下，20 世纪 60 年代后期，西方开始出现首批艺术和文化倡议，并在地方一级采用了集体行动的逻辑，后来才逐渐以"社区艺术"的名字命名。1967 年，罗伯特·加德在威斯康星大学发起了"小型社区艺术"计划，该计划在美国首次实施，它将社区艺术与商业、自然资源保护、经济发展、跨文化交流、卫生健康、文化教育以及公民生活等方面联系起来，从而使社区中的每个人都生活在一种相互依赖的关系中。

　　我与几位同学前往泡泡街调研。该社区风景优美，环境宜人，是开展社区艺术实践或进行艺术宣传活动的理想地点。经过协商之后，我们认为在制作作品之前，应该与当地的人进行互动，征求他们的意见，同时了解社区的文化和需求，这对创作作品大有裨益。我们走访了当地的商家、居民，在经过他们的同意后，拍摄了大量的具有鲜明生活色彩的照片，这些照片和社区环境具有非常大的关联，它们将成为我作品的一部分。同时，我们也了解到当地居民对我们活动的看法，并达成了一些共识。社区艺术在追求艺术性的同时，还要为当地居民提供一些感兴趣的内容，让他们也能享受到艺术带来的乐趣。需要注意的是，创作要考虑到对当地居民的影响，不能妨碍他人的正常生活与经商。

　　在进行制作之前，我们了解了装置艺术的基本原理。装置艺术是艺术家根据展览地点的室内外空间特地设计和创作的艺术整体，要求具备相应的独立空间，在视觉、听觉等方面不受其他作品的影响和干扰。装置艺术是人们生活经验的延伸，观众的介入和参与是其不可分割的一部分。装置艺术创造的环境，是用来包容观众、促使甚至迫使观众在空间内由被动观赏转换成主动感受的，这种体验要求观众除了积极思考和肢体介入，还要动用所有的感官。装置艺术具有刺激性，有时为了刺激观众，或是为了扰乱观众的惯性思维，那些刺激感官的因素往往经过夸张、强化或异化。

在进行了诸多方面的前期准备之后，我开始了作品的正式制作。我使用大量的桐木条与铁丝制作了一个基本框架，并使用木色的丝线进行联系，力图打造一件具有木本植物质感的装置作品。同时，我选取了"缠绕"这个概念，作品名为"木色疏密"。"缠绕"就是该作品的主题，木质材料的交错穿插，意味着生长、分裂，如同植物或者真菌一样。木色的丝线代表联系与发展，木与线之间的关系就像人与人之间的关系，复杂、纷乱。在我将基本的框架制作完成之后，我与其他同学在老师的带领下前往虎兴社区，同我们的作品一起进行了快闪活动，与当地居民尤其是青少年进行了各种有趣味的互动，加深了我对社区艺术的理解。

布展时，我选取了一个三面墙的空间放置我的作品，为了加深作品与社区之间的联系，我使用了大量的照片，将它们张贴在墙上，用丝线与我的作品加以联系。这件作品的主旨在于人与人之间的联系，而我用木条与丝线构成了"联系"这个概念，与一同展出的其他作品也进行了互动。总的来说，在我们大家的努力下，展览非常成功，我的内心也获得了极大的成就感。

"100 千米"《再次相遇》项目

第四届上海城市空间艺术季细胞计划单元之 "100 千米"《再次相遇》现场　（王独伊摄）

城市浪奔　社区不冷

——《再次相遇》创作手记

张晋

　　自 2018 年开始，很多机构和个体开始加入在地性的实践或者话语讨论。从社会现实语境的层面来看，这是当代艺术的社会转向，艺术家和非营利机构紧密合作，尝试去连接社群，从而重新塑造或者调整公共空间。瑞士伯尔尼美术馆馆长哈罗德·泽曼（Harald Szeemann）于 1969 年策划了一场经典的展览"活在你的头脑中：当态度变成形式"（Live in Your Head：When Attitudes Become Form），20 世纪 60 年代的欧美正值艺术反形式化、反商业化、去物质化的高潮，很多新前卫艺术家参加了这个展览。当下中国的在地艺术可能已经变成一种新的"形式"，在极度复杂的社会语境之中，去生产自身可能的公共空间及设定疆界，该"形式"不是现代艺术里的形式主义或者审美自律，而依然是续写从达达主义以降的新前卫的体制反思，以及生活即艺术的老概念。几年前，我把艺术领域新涌现的这一股新潮流叫作"当在地变成形式"。

　　像展览的副标题"作品—概念—过程—情境—信息"（Works-Concepts-Processes-Situations-Information）暗示的那样，哈罗德·泽曼非常看中艺术家创作的情境和过程，而材料和媒介的选择实为艺术家态度 / 姿态的心理延伸。态度（attitude）在西文语境的原意是"身体准备好以特有的方式回应对象、概念或情境的刺激"，如果从这个角度来看"100 千米"在第四届上海城市空间艺术季（SUSAS 2021）上策划的《再次相遇》，其回应当下中国现实的方式暗合了哈罗德·泽曼提出的"态度"，当态度变成形式就可能平滑地被置换成"当在地变成形式"。但是同时，我们需要警惕的是，在地性的范畴最重要的是公共性的建构，它不应该是转向成艺术家的自我塑造，而是在个体创作和社会能量两者之间产生某种程度的衔接。

"100 千米"是 2017 年从西南开始的由艺术家自发组织的艺术项目，过去在不同的非美术馆空间里展开了大量的当代艺术实践，其目的在于鼓励和支持青年艺术家试错、思想或行动实验。将不同领域的艺术家聚合在一起形成一个临时的实验共同体，促进和反思艺术家个体的生产。2021 年，因受艺术季联合策展人林书传的邀请，能够有机会参与 SUSAS 的"细胞计划"单元，成都、上海两地新冠肺炎疫情的反反复复让所有参与进来的艺术家都提心吊胆，而在地露天展览的逻辑完全不同于美术馆封闭空间的体制逻辑，作品于公共空间灵活流动的优势在一些时候不得不让位于方案审批和多方协商，幸运的是，主办方同社区沟通的强大的能力帮助艺术家省去了很多不必要的重复性工作。"100 千米"艺术项目这次带领的七位艺术家，一位来自上海、其余六位来自成都，从微观层面深入上海长宁区新华社区，将自身的感知以公共艺术的样态叠加在日常不起眼的那些空间之中。艺术家首先是一个希望不断同世界建立关系的个体的人，不断地同外物、他人或社区相遇，认识世界的同时也认知自身，个体本身即社区凝缩的一个点，个体的身体一旦移动，周遭的社群必然有所反应，这是一个高度动态变化的过程。艺术家通过 7—15 天的驻地创作，希望捕捉社区里新的、未知的经验，这些未知将是艺术家开展工作的起点。

感知不是从对象中加上什么东西，而是从对象中减去什么东西，减去对我们没有用的一切，哲学家吉尔·德勒兹如是总结。因此，放置在公共空间中的艺术作品要么大张旗鼓，第一眼就抓住路人的眼睛，让他们快速感知到些什么，甚至带有一定的侵略性。但我们不是很愿意这么做，而是希望把观众的体验感放在首位，当他 / 她走进作品所在的空间，同作品偶遇，慢慢地减去一些较不重要的感知，开始对空间进行阅读或者观看，一些自我的个人经历或者记忆被引导出来，开始形成自己对城市的新感知，这是我们希望看到的部分。七位艺术家均以《再次相遇》为创作的潜在问题意识，路过的观看者可以遇到些什么？所遇到的事物跟他们的生命经验有关吗？作品是景观性的引人注目，还是娓娓道来式的让观

罗珂 《合江亭》
朗读建筑渲染效果图　2021 年

杨方伟 《在时间里相遇》工作坊现场（上海新华社区）　2021 年

众做出反应？我不知道最终完成的四件作品是否可以回答以上这些问题，但可贵的是，我们从这个维度去展开各自的工作，在熟悉或陌生的环境中跟一个个具体的人打交道，记录下一个又一个具体的人的回忆和愿望。时隔一年之后再回头看我们《再次相遇》的工作，不免令人感慨。

建筑师罗珂同我的想法不谋而合，他希望把成都的古建筑合江亭（两水汇流之处，古人在此为友人送别）的概念移植到上海新华路街头，尽可能减少不必要的装饰性视觉。艺术家杨方伟从自己的工作逻辑出发，以游戏抽签的方式邀请人们在凉亭里讲述自己的故事，最终完成一件多方合作的公共艺术作品，它既不是艺术家自以为是的个人精神体操，也不是为了讨好社区观众而刻意设置游戏规则，一切都顺其自然。两人邀请社区居民一起合作的装置叫"在时间里相遇"，作品的内容在两个月的时间里定期更换，像是他们关注的时间命题那样不停地流转或分岔，去讲述人们相遇和汇合的故事。杨方伟从日常物件和信物里寻找关于时间的载体，通过对材料的处理将时间的痕迹带到大众眼前，让人们可以直观地感知到个体时间的多样性。建筑师罗珂认为，自古以来成都人就赋予了相遇更美好的寓意，就如同两条河流的交汇，人的相遇注定要厮守在时间和空间的无限绵延之中。合江亭正是带着这样的诗意，将一个平淡无奇的抽象的空间变成了一个有意义的"地点"。他将这样的诗意从长江源头附近的成都带到长江出海口的上海，完成了两座城市两种地方文化跨越空间的相遇。

杨方伟在接受媒体采访时提到，他采用比较即兴的方式和人互动，要在作品里设置互动性其实是很有挑战性的，而公共艺术的互动有一个度的把控，太开放会显得苍白，过于严肃会失去参与度。因此他认为艺术的部分一定要尽量真实，艺术不要"贫血"，就好像一口苹果咬下去，也许酸，也许甜，但味道一定要足。在"在时间里相遇"工作坊开展的过程里，如果别人感受到你的真实，他／她们真实的状态就会自然展现，一旦内心敞开，很多遗失已久、意想不到的记忆碎片就会浮现出来，参与者常常在这一瞬间里和过去的自己"相遇"，他们脸上会有那种久违的释然。

普耘和李众糠关注的焦点是从非均质的时间转移到个体的日常作息时间，提取对居民来说习以为常的社区生活中的声音，用田野录音、玩具小人呈现视觉和听觉。驻足于新华路的街头，四周的建筑提醒着人们它不平凡的历史，来自世界各地的人们在这里相遇，围绕"合江亭"安置各式各样的白色玩具小人恰如来来往往在这里相遇的我们，隐藏在板凳下面的交互装置在人们坐下休息时轻声地播放来自社区的声音。在引发一丝趣味的同时，唤起人们对社区的感知，希望人们构建起对社区的美好想象。当人们驻足休憩时听到这些有时独鸣有时共奏的声音，将感受到社区整体的力量。

行为艺术家王彦鑫关注如何唤起在时代变迁中已模糊的个体记忆，以诗意的方式展现他

罗珂、杨方伟 《在时间里相遇》 装置 尺寸可变 2021 年

罗珂、普耘、李众糠 《合江亭交响曲》
装置 尺寸可变 2021 年

王彦鑫 《车轮》 行为 2021 年

对一代人记忆的理解。我观察到不少行为艺术家更热衷于个人史的建构，利用身体的极限去缝合个人同世界之间的粗粝关系。如果艺术家愿意将肉身从自我叙述中暂时抽离出来，走到街头迎接大众的目光会发生什么？这也是我很好奇的。在实施行为的当天，王彦鑫赤裸上身并将自己涂成金黄色，弓着身体费力地推动两个废弃的车轮，他身下的车轴随机播放着老上海的一些流行歌，比如《天涯歌女》《夜上海》等，轻盈的羽毛在他身后飞舞，对见惯了大世面的上海人来说，这个不算出格的举动依然引起了围观。一位不明情况的市民甚至报警，可能该市民没有感知到舞动的轻盈的羽毛，只看到了生锈的车轮的沉重。作品的真正力量是一咖啡馆老板罗格（Roger）后来跟我讲的，他说艺术家从成都来到上海，给社区的老百姓展示了一种罕见的力量之美，当艺术家在两个小时的时间里把精力耗尽，老上海的记忆、老新华社区的记忆都展现出来了，这是成都来的艺术家送给社区的一件礼物。

　　对艺术家薛雨璇和邹紫薇来说，她们非常喜欢上海的新华路，很多朋友生活在这里。作品标题中的"乌苏"在上海话是邋遢、没有精神的意思，她们准备在一米集市的岗亭内外呈现对上海时尚发型的微型研究，聚焦于两代人不同的造型以及造型背后不同的时代理念，希望引导参与者在岗亭中激发出新的对话和再想象的空间。一代人有一代人的风尚，城市浪奔，时尚浪涌，发型作为非常个人化的表现，无论夸张的爆炸卷，还是蓬松的蛋糕头，都彰显着上海人对"美"的追求，在各异的造型中流露出这座城市血脉中的时尚基因。一个简单的发型背后可能就蕴含着一次勇敢的决定，也是一段历史变迁的见证。实际上，两位年轻艺术家在大城市中生活，存在着对城市的想象与真正现实之间的冲突。这些新生代上海人和老一辈上海居民之间的关系是隔离的又是融合的。不到 10 平方米的

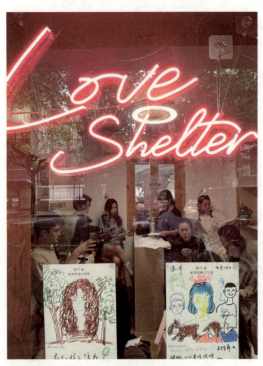

薛雨璇、邹紫薇 《要精神，不要乌苏！》作品展览现场（上海一米集市岗亭） 2021 年

岗亭空间里杂糅着年轻人对时间和空间的想象，她们希望在岗亭中的互动和展示可以变成问题本身，这也是一个被强迫审视的过程。通过"发型"这个微观的点，呈现了年轻人对大城市生活的期待、离乡的孤独和对融入社区的渴望。邹紫薇在创作手记中写道："无目标的漫谈构成交流的一部分，散射在大脑里的零碎话语补充着我对他人的想象，和雨璇一起调研后发现与他人建立互信是交谈最好的前提。不经意地玩笑，打发时间时无逻辑地聊天，在思维的觉知里重新组合。在这一瞬间，我和他人的距离变近，观察就从模式化的了解变成了个体之间的日常关照。"

展览期间，照看岗亭作品的一位志愿者唐子暄在日记里写道："上海入秋的第一天，不冷。"我们希望将自身感知到的事和物以艺术的方式转译到一些空间当中，也非常希望城市里的每一个社区能够将这样的"不冷"传递下去。客观而论，在艺术作品和社区之间具有一种相互连接、相互反射的关系，一方面是由社区、阶层、酒馆、人物、关系等构成的城市，另一方面，人们在这里相遇、相会和分手，这将邀请人们共同去发现社区或日常空间里更多隐藏着的美好事物。

张晋 / 博士、四川音乐学院实验艺术学院讲师

第八单元
无形之里

　　好的作品如同一座冰山，读者往往只看到露出水面 1/8 的部分，而"忽视"了水下那 7/8 的部分，这是著名作家海明威提出的文学"冰山原则"。这个理论，让我们联想到"熟悉"与"陌生"的关系。这次调研的对象，是由大学生与常住民、打卡游客等多个群体组成的熙美社区。

　　对一个熟悉的社区该怎么开展调研？熟悉中寻找陌生，有形中寻找无形，这大概是我们这次调研的初衷。在大部分人眼中，熙街是熟悉的、热闹的、年轻的、文艺的、爱情的……但无形的陌生感却往往被无视、被忽略。我们经过调研，感受到了熙街熟悉的外表下那种无形的陌生感，试图通过声音、光影、互动装置、视觉切片等方式，让大家能够从另一个维度来审视熟悉的区域，映射出熙街不一样的情感。

　　无形是有形的根基，有形是无形的显露，在熟悉的场域中陌生感不太容易显露，快节奏的生活使得大众更愿意停留在有形的舒适区，而忽视了无形的重要性。在本单元中，我们运用实地调研的数据与视觉艺术相结合，构建了一个临时的无形之里，试图探讨熟悉表面下陌生无形的意义，试图让更多观者体会到冰山在水面下那另外 7/8 的部分。

——刘也

切片

———

刘也　《切片》　200cm×200cm　羊毛毡　2021 年

从有到无
——大学城熙美社区美育探索

刘也

当代社会谈到"美育"往往停留在大概念上，在国家大力提倡全民美育的背景下，对美育一词的概念细化则变得尤为重要。蔡元培在1925年发表的《美育实施的方法》一文中明确指出：按照当时的教育状况，美育可以划分为家庭教育、学校教育和社会教育三个方面。而之所以要在家庭和学校美育之外提出社会美育，是因为"学生不是常在学校的，又有许多已离学校的人，不能不给他们一种美育的机关"。这一概念延续至今，成为我们对美育概念细化分类的基础。

"社区美育"作为社会美育的重要组成部分，是在社会特定场域中对社群开展感性教育和审美教育的途径之一。社区美育以视觉等方式，充分利用该地区的学校、社会、机构等资源协同开展，为社区居民提供更多的学习机会，提高居民审美认知，增进和外界的沟通与交流，提高居民的社区认同。

随着时代的发展，在学校美育、家庭美育之外，社会美育所涵盖的领域最为广阔，社区美育便是其中非常重要的组成部分。在社区美育实践过程中，场域界限被打破，美育在学校、家庭、社区等多个场景中协同展开，从而实现美育的全面连接。

　　至 2021 年，"中国社区美育行动计划"已经进行了三个年头。过去的两年里，我们与多所院校一起，在重庆、成都、广州等不同地域的社区进行合作，用行动展开对新时代社区美育的深度思考。

　　这次社区美育行动计划分为十个板块，来自不同美术院校和综合大学，共创团队对虎溪街道的不同社区进行深入调研，发现社区的各种可能性，链接社区多元力量，以多元视觉方式和文献等手段，展现虎溪社区的别样风貌。

　　在此仅以我这次负责的虎溪熙美社区熙街板块为例，阐述社区美育实践的种种问题与策略。在确定区域之后，我们对熙街的基本情况进行了调研。熙街商业街位于重庆大学城腹心地段，建筑用地 202 亩，有 43 万平方米的商业综合体，涵盖大型购物中心、欧洲风情步行街和商务 SOHO 等多类业态。在开展调研过程中我们面临一个特殊问题：对熟悉的社区该如何进行调研？熙街在重庆大学城的地理位置非常特殊，周边被各个大学包围，且附近还有很多公园和社区，如此特殊的地理位置一定使其成为社区服务的焦点，我们对它也非常熟悉。如"熙街地图"和"熙街街景"所示，熙街是一个人口密度高、人员成分复杂的区域，也是周边人群日常娱乐、购物、商务、恋爱的场所，或者说是闲逛之所，时时流连其中。在这一意义上，我们是熙街的使用者。我们通过对任务、事件、物件、文化、地域、情感、质感等多个维度对其进行调研和分析，试图在这熟悉的场域中寻找到作为"观察者"的陌生感。

　　在调研完成后，我们团队确定了主题——"无形之里"，在此定义的"无形"并不是没有形象的，而可能是没有注意、被忽视、麻木、惰性、习惯等。通过我们对社区的调查，我想到作家海明威提出的著名的文学"冰山原则"，人们往往只能看到冰山露出水面的 1/8 部分，还有水下那 7/8 是被我们忽略的。通过这个切入点，我想到了怎么探讨有形和无形、熟悉跟陌生之间的关系。"有形"是熟悉的经验、日常的视觉、被默认的习惯，"无形"是陌生的经验、忽视的视觉、打破的习惯，这是我们这次"无形之里"单元的切入点。

　　我为这个单元创作了作品《切片》，这件作品创作的灵感来自某一天我在熙街散步的时候，突然发现街上都是行色匆匆的路人，他们为着自己的事业奔波在熙街的各个角落。这些匆忙的路人脚下踩踏的地面被理所当然地忽略了，没有人观察过地面是什么样子的，或者说，就算注意了也只是闪存的记忆。熙街地面的形态，让我想到了"切片"这个词。它是熙街印象的一个缩影，就像我们在观察一个生物体的细胞切片一样，我们在对切片的

熙街分区示意图

熙街街景

观察中，看到了更大的世界。于是，我便开始制作熙街地面的局部切片。在创作过程中，我选择了羊毛毡作为基础材料，用自己的双手一针一线去建构这个切片，就如同生物学家对细胞进行组合形成某种全新的有机体一般。最终，我完成了以熙街地面图案为载体的羊毛毡地毯作品——《切片》。地板材质的替换，使得原本的功能性被打破，只作为一个视觉符号存在。因为使用功能的丧失，使得观者只能通过观看的方式记录下这个看似抽象的图案，而此刻的他们也从另一个维度与熙街相连。

　　每一个社区都是立体而丰富的。参与这个单元的学生陈涛，以奶茶为切入点，调查了熙街街头不同的奶茶店。他对消费人群结构进行了分析，其中大部分的消费者是年轻群体，而年轻群体中女生的数量尤为巨大。但一杯奶茶的量究竟有多少，似乎往往被人忽略。数据是抽象的，每个人心中对分量的理解是模糊的，如何运用视觉的方式表现量成为他创作的路径。《倾倒之蜜》是运用视觉语言的形式去展现一杯奶茶的量的作品，陈涛以软性滴胶为材料，模拟了一杯奶茶倾倒在纸上的动作，形成一个抽象的图案，完成了对一杯奶茶的具体量的可视化呈现。

　　刘畅的作品《短距离"迁徙"》以熙街的来往人群作为切入点，以熙街为圆心，随街采访路人，并把熙街的局部景色处理成邮票形式。通过对路人居住位置的询问，计算出熙街与被采访人住所之间的距离，并用邮票的多少来代表距离的远近。在网络并不发达的时代，信件是人们保持联络和沟通的重要手段，而邮票的多少则代表着寄信人与收信人距离的远近。刘畅试图利用熙街的图像信息与邮票和距离之间的关联，探寻无形中熙街隐含的迁徙特性。

　　王炫创作了光影作品《融·荣》。她在为这件作品进行调研时发现，我们对熙街虽然熟悉，但却很少有人关注到这个步行街是有专属 LOGO 的，同时她还注意到在步行街上行色匆匆的路人对各家店铺分发的宣传册其实并不十分在意，有时甚至随手扔掉。这样的场景也许我们每天都会遇到，但两件被忽视的事件发生在一个熟悉的场域就变得有趣了。王炫敏锐地注意到了这一点，于是她开始尝试把两者结合起来，用视觉化的光影再现熙街的LOGO。她用收集的熙街各个店铺的宣传册，通过折叠和借位，悬挂在透明亚克力的框中，运用红色光源照射这些折叠的宣传册，在白墙上呈现出一个光与影交错的熙街 LOGO。当我看到这光影映射的 LOGO 时，才意识到熙街不完全是我们记忆中的样子，它也有"名字"。在熟悉的场域，一旦作为一个使用者，我们便失去了部分感官的感觉能力。

　　视觉记忆是我们最依赖的判断方式，通常我们对一个地方的了解大抵是通过视觉完成的，我们的大脑会优先处理眼睛看到的视觉信息并加以储存，这使我们对视觉经验产生了强烈的依赖。但我们的感官并不只有视觉，开启听觉系统，也许能使我们重新认识一个熟悉的场域。这便是喻娇、罗玮宁、郭咏琪、杨若兮的《流·萤》想要探寻的初衷。作品通过一个简单的装置，将录制的熙街各处的音频震动鼓膜，鼓膜上一小片反光玻璃将激光笔的光线反射到墙面。当鼓膜随着音频不同程度的震动时，墙面的激光笔线段便会翩翩起舞，呈现出不同振幅的状态。熟悉的熙街的声音通过听觉系统为我们构建了一个新维度的场域空间，此时我们感受到的熙街不再是视觉化的符号，而是充满想象力的抽象空间。鼓膜上镜片的反射让我们通过听觉的方式再现了熙街的空间感。

作品《圆首方足》也是由一个小组创作完成，他们在对熙街进行调研的过程中，发现白天与夜晚的熙街呈现出截然不同的面貌。白天学生上课，上班族忙碌工作，熙街人流量稀少。到了夜晚熙街则热闹非凡，最为常见的是各种各样的套圈游戏，深受路人欢迎。于是，他们小组便以套圈为切入点，对各色路人进行调研，并让他们在准备的小卡片上写下自己最想说的语句。收集起来的小卡片被放在他们购买的玩具娃娃身上。他们把生活经验与艺术作品相结合，创作了以套圈行为为载体的互动装置作品。每一个玩具娃娃及小卡片都可以被观者套取之后带走，在游玩之余还分享了另一个陌生人的故事。通过交换行为，熙街不同身份的路人被无形地连接在一起。

上述每件作品都是从不同维度对"无形"这一概念的感官呈现，也是对我们熟悉的熙街的重新认识。习惯是有依赖性的，是会上瘾的，它就像一团美好的气体，迷惑了我们的感官，让我们忘却了气体以外的世界。

"有形"和"无形"并不是绝对对立的关系，但当我们作为使用者时，习惯、规定和惰性会让我们迷失。这次的社区美育行动计划项目，让我们有机会打破习惯重新审视熟悉的社区，通过观察角度的改变，从人文、风俗、地域、情感等角度让熟悉的社区产生陌生感，艺术介入开始形成视觉化、作品化的东西，最后再把这个东西放在街道的文化服务中心展示，形成了一个新型维度的社区，这个社区对我们来说是未知和陌生的。但随着时间的推移，这个无形的社区又会再次变得熟悉，我们会因为习惯而麻木……

社区美育行动计划到底是什么？我认为，行动是关键，只有动起来，我们才能打破有形的舒适区，获得更多无形的经验。第三届中国社区美育行动计划已经落下帷幕，但我们的行动并未停止，我们将迎来第四届、第五届、第六届……

刘也 / 博士、四川美术学院硕士研究生导师

倾倒之蜜

陈涛　《倾倒之蜜》　80cm×50cm　特软滴胶　2021 年

陈涛 / 四川美术学院综合艺术专业本科生

表达一种关于奶茶的情绪

——《倾倒之蜜》创作报告

陈涛

对于生活在虎溪街道的我们来说，这里的每一寸土地都有特殊的意义。从 2019 年来到四川美术学院大学城校区，三年了，我见证了虎溪翻天覆地的变化。在这次社区美育行动计划进行中，我关注到大量年轻人有喝奶茶的喜好，为此做出了《倾倒之蜜》这件作品。

虎溪熙街位于重庆大学城腹心地段，周围有 14 所大学与多个社区，其南面正对重庆大学北大门、富力商业街，东面正对富力项目沿杰青路的商业街、生态青年广场公园，北面正对重庆师范大学南大门，西面正对四川美术学院和罗中立美术馆。熙街产业立体丰富，成为活力虎溪的商业名片，是重庆市民休闲度假的重要场所。

熙街人流量很大，以学生居多，也有来大学城游玩的其他人群，年游客量达 50 万人次以上。在这庞大的人流支持下，虎溪街道出现了当代的新潮玩——奶茶。据我调查，大学城附近相关的奶茶品牌就有四十余家，熟知的有星巴克、喜茶、COCO、古茗、一点点、蜜雪冰城、茶百道等。一般而言，对于奶茶这种价格不高的快消品，大学生的购买欲望比较强，而且大学生课外时间相对多一些。如果一家奶茶店的配方原料足、口感好、体验佳，在学生群体中会有很好的传播效应，无论是通过口耳相传还是移动客户端，都可以迅速获得很好的口碑，经营好的话销量就会成倍增加。相对其他一些高端餐饮消费而言，奶茶有着得天独厚的价格优势。另外，外卖行业的兴起也方便了不经常出来逛街的在校学生，所以大学城奶茶店通过外卖平台点单的数量非常可观，这样也在无形中扩大了奶茶店的销售覆盖半径。

在熙街的游玩人群中，我找来了几位路过的学生进行了采访。一位同学说："我们小时候不开心就吃糖，现在长大了不开心当然是选择喝奶茶啦，有时候开心了也来一杯奶茶，会感觉到更加开心！比如，结束了满课的一天，到了周末，把论文写完了，这时候喝一口奶茶，瞬间提升幸福指数。生活太苦，奶茶很甜。"另一位考研的同学说："奶茶是我学习的动力，在考研时期，是什么支撑着我每天准时去自习室？是奶茶。没有准时开门的奶茶店，就不会准时买奶茶，没有准时买奶茶，就不会准时出现在自习室。当然也没有天天买啦，毕竟没有那么有钱，一周七天也就买了三四杯吧。所以不要问为什么别人考研都日渐消瘦，而我日渐长胖，心照不宣就好了。"还有一位快毕业的女生说："奶茶真的是满满的回忆啊！快毕业了，喝奶茶的次数也越来越多了，不是因为越来越有钱了，而是因为越来越不舍了。等离开大学，肯定会无比怀念大学奶茶的味道，出了校园，可能就不是一样的感觉了吧。再也没有喝奶茶写作业的幸福感，再也没有买奶茶去复习的满满动力感，再也没有边喝奶茶边和舍友聊天的快乐感。因此，要多喝几杯，把关于奶茶的大学回忆全部深深存在脑海里。"

通过采访发现，人们认为奶茶是能给人带来幸福感的东西，是快乐的源泉，它不贵，人人都能消费得起，它很普通，甚至躺在床上叫个外卖也能迅速收到。经过调研，熙街各奶茶商家的日销量如下：校内蜜雪冰城堂食43杯、外卖20杯，校外一点点堂食174杯、外卖24杯，校外古茗堂食102杯、外卖38杯，校外茶百道堂食234杯、外卖52杯，校外益禾堂堂食78杯、外卖12杯。

喝奶茶给人带来喜悦和幸福感，但如果奶茶杯不小心滑落，奶茶倾倒的那一刻，仿佛世界都是静止的，慌张、失落、遗憾、吃惊、痛惜，种种情感一时全涌上心头。这就是我将作品取名为《倾倒之蜜》的原因。

短距离"迁徙"

刘畅 《短距离"迁徙"》 尺寸可变 电子图像 2021 年

刘畅 / 四川美术学院综合艺术专业本科生

从『城市生活』到『短距离迁徙』
——《短距离迁徙》创作手记

刘畅

　　在这迅速发展的几十年间，我们随着迁移，不断地变更着生活的环境以及方式。移动中的人们习惯依靠一山或一水生活，或是为了保留与故乡间的羁绊，或是为了保留生存所需物的来源。但在时间以及空间的变化中，二者的关系逐渐淡薄。"故乡"一词，是在地理学上关于民族、变迁甚至是兴衰并且富含一定文化意义的概念。现实中故乡也包含了人际关系、地点等对人形象特征具有坐标式描述的内容。除此之外，故乡其实可以仅是个体或者群体视为家的地方。地点更换伴随着人口迁徙的过程，是带有集体记忆的分散式移动。这是一种关于人类族群或个体改变居住地的现象。集体记忆或是集体回忆，这一概念最初由法国社会学家霍布瓦克（Maurice Halbwachs）在1925年首次完整提出，集体记忆是在一个群体里或现代社会中人们所共享、传承以及一起建构的事或物。后来借由《社会如何记忆》一书，保罗·康纳顿（Paul Connerton）把这个概念再次延伸，他认为人类的身体就是记忆的保留和繁衍这种集体过程所进行的地方。

　　故乡是祖辈迁徙开始和经过以及停留的地方。在记忆中，迁徙是一个带有民族群体性质的词，长距离、游牧文化等特定词穿梭其中。

这让我想到阅读过的博尔赫斯（Jorge Luis Borges）的《骑手的故事》。书里谈到了关于战争与城市的关系，游牧民族在迁移的过程中以通过定居替代掠夺的方式拥有了故乡，文明得到了拯救。故乡文化的失落与重启伴随着身份认知的瓦解和建立，部分现代人已不再把籍贯作为故乡唯一的存在，而是将迁徙后的生活地与之结合，形成新的完整的故乡。

迁徙（或是在此处称为迁移）以及扩散，在生态学中常对其有着数量上的区分，就像是聚居与独居在数量上不同——迁徙以一个家族或是具有同一利益核心的群体为数量单位进行地理位置上的移动；而就独居动物而言，迁徙与扩散都仿佛是一种更加接近于跟随自我的选择。

其实在充满"迁徙"的生活中，我们需要面对不同的人，有的是擦肩而过，有的则会是促膝长谈。面对不同年龄阶段的人——他们往往会自带关于迁移的故事，为了获得的同时也放弃了很多，在这样的旅行中讲述着。现今，中国式家庭的相处模式，相较于20世

熙街调研

纪末期已经有了明显的变化。以前的家庭，无论是因为何种原因的分离都会用文字或是照片的形式留存物件。而在子女或者亲属进行"扩散"——也就是迁居之后，这些物件慢慢也会成为有关当事者的象征。部分个体产生这种扩散行为，而在调研中我似乎感受到了我从家庭生活的参与者到旁观者的身份转变，让我在其中感受到自己更多的是起着记忆外置载体的作用。我作为家族外的一环，单方面地接收与储存着父母辈的记忆，就像电脑以时间机器存储在移动硬盘中的方式，仅是进行着单调和重复的复制，由个人的视角在过去的记忆中，不断重复地参与着特殊事件。这样反复的过程与家庭、社会的关系交织，尽管会让下一代意识到她/他在"回忆录"中参与度的逐渐下降，但从当事人的角度，不论是生活时间上的重叠性还是反复性，都促使经历者的回忆以及空间改变的悬置化，他们的经历也在不断地被"架空""转移"。

"在社会中享有自由的个体始终带着寻找合适定居点的任务，但这样做的弊端是难免会使人不能在新秩序中找到自己的位置。依附和互动模式的转变——即液化——已经开始。"（节选自《流动的现代性》）我的老家在江边，这也许从某些方面促使我来到了也是建立在江畔的重庆。水体之中、水系之畔，无论是否身处其中，生活以及社会变化仿佛都带有流动的特性。而液化作为具有可塑性的模式，带着有关液体的特性——会长期地变化它的状态，塑造往往比保持形状更加容易。"万物皆流、无物常驻"似乎更为现代人所接受，与生活相关的一切随着社会、时间流动。这种流动，在记忆中常是阶段性与螺旋式的。

对于这次创作，作品基于前半部分的思考同时包含着个人对这一主题、这片社群的看法。我认为在作品中更多表现的是在社区中感受到的人与生活间的流动性关系，通过视觉形式变现在实际空间中。现代人因为接受过训练，更加善于快速地切换生存模式，以应对不同的环境与生活节奏。这也给我以适合的身份去介入其中。在实地调研中，我作为一个观察环境的侧写者，通过对社区生活的观察、体验，以及对不同身份人群生活轨迹的调研，以不同的视角、身份，体会着周围环境中的变化。

本次创作调研的片区——虎溪街道，从这块区域的历史发展而言，在整个时间进程中，熙美社区是虎溪街道年轻化的代表。围绕这里的关键词——升学，带来的不仅是人流，更是一些关于新一代的观点。这里存在着大量的学生群体，无论籍贯是否来自重庆，大家都面对着新的生活区域与旧的生活习惯之间的冲突，选择在这一片区聚集的商业建筑中缓解平时生活的压力。选择的多样性以及环境的多变性，使这些在社区生活的人们和其生活内容组成了庞大的事件网络，其中每一要素都会随时产生改变。我想通过图像描述一个夹于现实世界和数字对象之间的隔层，从视觉中以帧形式移动时无论通过折叠、撕裂还是重叠的方式，都会让看似在同一空间中的图像产生不同视角关于前后顺序的差异。

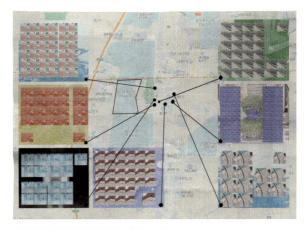

熙美社区调研邮票所属地标识图　29.7cm×42cm

　　这是一种存在于实景地图中，有关空间的体验。它改变了观察世界的角度、方式，拉伸了与现实的距离，将时间推移的每一帧单独拉出，排列组合成为一组组展现着不同关系的结合体。社区中总是会存在着景观物，或宏观或细节地保留着关于熙街的特点和常设状态。我将象征图形提取，由旧的状态中剥离出来，放置于新的载体中，如同社区文化一样，在局部更新的过程中，总的架构保持着恒定。

　　"短距离'迁徙'"，从名字来说，一分为两段，前半段代表交通距离的长度，后半段则是感受，因此也表示这件作品的每一个因素都包含两层或更多的象征性符号。在早期快递寄件中，会以邮票作为距离换算的纸质等价物，以张数和金额作为快递距离长短的代表。因此在作品中将一些图像的轮廓处理成类似邮票的锯齿状，保留了以邮票的数量对物理空间的长度进行计数的形式特征。前期我对整件作品在展出形式上设想了不同展陈空间以及观众类型，进行了两种不同主题的设置。对这一恒定主题的不同表达，试图以形式与对应的观众产生视觉上和精神上的联通。如同"哲学原就是怀着一种乡愁的冲动到处去寻找精神家园"一般，观众观看着作品，在不断行走的过程中，社交圈层的不同和生活节奏的不同会使不同人产生大相径庭的精神形象。而我作为旁观者，不同的景观通过不断介入、思考、引起注意，同样促进了我对社会现象的思考和回答，同时也以这样一种视觉作品的形式，试图回应有关迁移的种种问题。

街

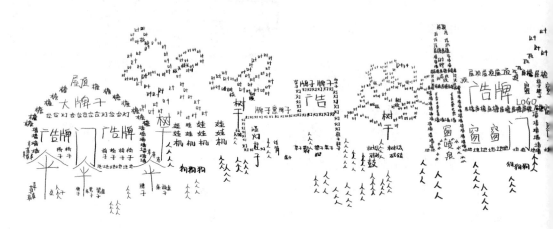

罗玮宁、郭咏琪、杨若兮、喻娇 《街》尺寸可变 综合材料 2021 年

罗玮宁、郭咏琪、杨若兮、喻娇 / 四川美术学院综合艺术专业本科生

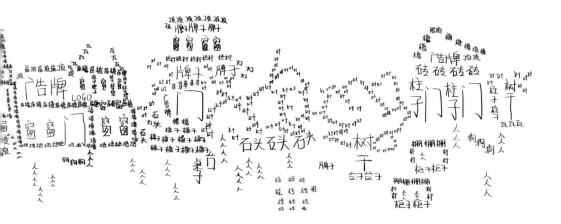

在「街」里探索社区与居民之间的联系

——《街》创作手记

罗玮宁、郭咏琪、杨若兮、喻娇

　　一座城市的发展，是指城市在一定地域内的地位与作用及其吸引力、辐射力变化增长，满足城市人口不断增长的多层次需要的过程。人在城市发展进程中，既是动因又是动力，更是目的，人在社区中也是如此。

　　熙街地处大学城腹心地段，是重庆大学城代表文艺、浪漫、时尚青春的经济中心地标。常言道：万丈高楼平地起。熙街在短短十年左右的时间里，从狭窄脏乱的小道商圈，变成如今时尚、文艺气息浓厚的生活商业街，它的周围被 14 所大学与多个社区环绕，四周紧邻三大学府、生态青年广场公园、罗中立美术馆、城市主干道及轨道交通站点。熙街蕴含浓郁的休闲体验文化，是大学城市民休闲度假的主要场所之一。如今的熙街涌入了更多的外地人，许多游客也慕名而来，街上来往着各式各样的人，让熙街处于热闹繁华之中。如此惊人的发展速度，既有城市规划的推动，也同样离不开每一个人的参与。

　　据我们长时间的观察，发现熙街年轻人占绝大多数。为什么熙街让人如此难忘？我们也去细察了其中的特别之处，留意了熙街的各个角落。我们接着思考：是什么组成了熙街？那就是——"熙街十年"

的舞台、钟楼、喷泉、各种品牌的奶
茶店、不同风格的火锅店、各种极具
川渝特色的美食店，甚至猫猫狗狗、
树木花草、形形色色的人。如何探究
人与熙街的密切联系，这需要我们亲
身去体验、去感受，我们一次又一次
地穿梭在熙街中，每一次都尝试用不
同的角度去观察熙街。

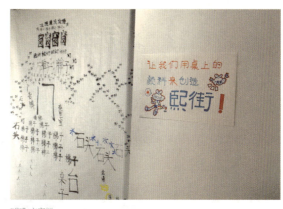

"街"文字画

收集完街道的素材后，我们开始
讨论方案。这次创作我们参考了徐冰文字山水的创作方式，以文字作为艺术语言在画布
上重构"熙街"。以"街"为主题，然后用文字构建概念上的熙街。起初，我们考察了
布展环境，准备在瑜伽室运用荧光颜料与周围的作品相呼应，营造氛围。但是实验了多
种荧光材料后，发现这种颜料不够持久，每日都需要人工补光，于是我们放弃了这一方
案的实施。后面因为场地的更换，作品展出位置发生了变化，我们预想在墙上绘画的形
式来构建熙街，但这样的表达似乎略显单薄，我们想再找寻一些更深层次的意义。之后，
我们反复在街道上游走，思索着这些问题：这条街道能再带给我们什么样的新体验？我
们又能否为熙街带来些什么？

熙街上形形色色的行人或许为这条街道带来了不一样的意味，让人参与进这条街道成
了我们的新思路。正是因为不同的人，才给街道带来了不一样的意味。熙街周围的大学很
多，消费人群与居住人群都十分年轻，这让整条街道都变得年轻起来，有种向阳而生的新
生感，这些都是居住在熙街的居民为熙街带来的。我们想在作品之中加入这种联系，由此，
《街》这件作品就加入了与观众的互动环节。在我们用文字画构建了"熙街"后，再让看
展的人用画笔"加入熙街"，这样也是在作品中对这种联系的还原。在材料上，我们选用
了长白布来作为底，然后使用毛笔沾墨在长布上进行创作，让画面具有轻松感。布展完成
后，我们在作品旁边放置了丙烯颜料与画笔颜料盘来供参观者"走进熙街"，参观者可以
通过图像或者文字的方式在布面上进行创作，这也是作品中最为重要的环节。

开展的第一天吸引了小朋友的到来，他们为《街》留下了自己的足迹，后面陆陆续续
慕名来看展的人都画下、写下了自己的心愿，让我们尤为触动。正是因为这种联系，才让

小朋友在"街"上进行再创作

熙街有了属于自己独立的意义，虽然这是新构造出来的联系，但也象征着熙街的日新月异。

　　这次社区调研的主题围绕"童年的美育"，也为看展的小朋友种下了艺术的种子。总体上，我们的研究围绕着街与人的关系，用组成要素再现熙街部分区域的风貌。作品中我们把熙街最经典的景观用文字的形式将其元素概括化，此时，"人"亦如一砖一瓦、一花一草，以最简单的视觉表达去呈现共同砌筑的熙街社区的纯粹感，人们为社区添砖加瓦，人也是这个生机勃勃的社区的重要组成部分。展览中，观者以汉字元素视角身临其境，更能从规律排列的、差别无多的汉字中发现"人"的身影。另外，作品也增加了与观者的互动，这面"文字熙街墙"为人们提供了表达空间。"你想在熙街留下什么呢？你想为熙街创造什么呢？请在这里写下来、画下来吧！"其实，如雁过留声，虽然有时候大家的贡献并不那么明显，但我们在这里生活的每一天，都不断地充实、丰富着熙街。

融·荣

王炫　《融·荣》　尺寸可变　综合材料　2020 年

王炫 / 四川美术学院综合艺术专业本科生

社区的述说
——《融·荣》创作手记

王炫

犹如金字塔由无数巨石建成，一座城市是由无数社区组成的，社区即城市的血肉。我们如今探讨社区，必然是因为它的重要性，它已然成为现代生活中不容忽视的一个因子。而我又在想社区从何而来？社区的"血肉"又是什么？我不认为社区的产生只是建筑冰冷地堆高，也不认为它的发展如植物生长般悄无声息，当我走在熙街的街道上时，这种感觉更为坚定了。

最开始加入这个社区美育项目，我并没有什么经验，第一次前往熙街调研，也是我第一次不是以游客的身份来观察熙街。此前的我并没有这样仔细地观察过它，但我总是在这里来来去去。熙街给我的印象，就是一个年轻而富有活力的地方，各种饭馆、饰品店、娱乐场所聚集于此，街上大多是周边学校过来的年轻人，穿着靓丽，步伐轻松而欢快。这里不同于一些别的商场，人们来这里好像不仅仅是为了买什么东西，他们可以没有任何目的，而只是过来闲逛。可当我听说这里的历史只有十多年时，我不禁惊讶，在这短短的时间里，熙街却已这般热闹。身临其境时，我听到商店门口的喇叭声、街上行人聊天嬉笑声，看到灯火阑珊、人头攒动，还闻到烤串、猪蹄、香水等的香味……这是真实的熙街，一旦抽离了这当中的人与物，或是它抽离了这周围的地理环境，它都不是熙街，它只是个空壳。

熙街位于重庆大学城腹心地段，北邻重庆师范大学，西接四川美术学院，南望重庆大学，东靠青年广场。如此优越的地理位置，使得熙街欣欣向荣，也因与各个大学相邻，使得它年轻而富有朝气。这里的人来自五湖四海，所以新疆菜、广东菜、印度餐厅……应有尽有，任何一个地方都不会像熙街这样多元、年轻，业已形成了完整的体系，而这一切都是由它的场域与人决定的，场域和人决定了它的独特所在。

人与地的边界在哪里？人与地的联系是什么？地如何孕育着人，而人又是怎样影响着地呢？我想探讨"人"与"地"的关系，亦想知道熙街从何而来，又要走向何方。

在人文地理学意义上，"人"指的是在一定生产方式下和一定地域空间上从事各种生产活动或社会活动的人，而"地"是指与人类活动有密切关系的、无机与有机自然界诸要素有规律结合的、存在着地域差异以及在人的作用下已经改变了的地理环境。而人地关系，是指人类与自然环境之间互感互动的关系，既包括了自然条件对人类生活的影响与作用，也表达了人类对自然现象的认识与把握，以及人类活动对自然环境的顺应与抗衡。与一些自然场域不同，社区是人的产物，由此可见，人创造了社区，社区也成就了人。重庆的环境让熙街民康物阜，其毗邻多所学府的地理位置使得它文化气息浓厚，与美院相接的因素让这里还添上了一层艺术氛围，各地聚集于此的人使它包容而多样。犹如道家学说里所讲的"木生火"，大学城里的年轻人好比是蓬勃生长的"木"，因为有了这些"木"，所以造就了熙街这团热烈灿烂的"火"。我想这些东西大概是我想要表达的。

我花了大概三周时间完成了作品。当把它放到展厅的那一刻，整个人顿时感到轻松了许多，说是三周完成，但实际从计划到布展，前前后后共耗时了两个多月。作品名为《融·荣》，"融"为融合，"荣"为欣欣向荣。我收集了大量的熙街中的宣传单、包装、吊牌等，将它们连接在一起，最终投影出熙街的标志。各个元素之间以透明的细线相连接，寓意着这里的人与人之间、店与店之间好似不甚清晰但又无法截断的联系。整件作品以红色为主调，红色象征"火"，象征熙街的年轻、热情与欣欣向荣。

有一件事我印象很深，是我在熙街一家糖果店收集吊牌，店老板是个重庆本地的大姨，我说阿姨您可以给我一些你们店的广告吗，我想做一件作品，大姨从柜子里翻出一些促销的牌子，像打牌时出炸一样把广告牌拍在桌上，很有重庆人的江湖气。大姨说这是前次做活动剩下的，还和我说：做艺术好啊，我支持你，你要加油啊！熙街本就是热闹非凡的商业街，再加上重庆人的豪迈气质，这个地方仿佛更加热烈和蓬勃了。熙街调研的经历让我十分开心，作品之中的一个个广告牌，都好像代表着和我对话的人，那些人，有叔叔阿姨，甚至还有收废纸的老人，作品里存放着大家共同的声音。

　　我切实地感受到了人与地的连接和共生，这种感受不像学者的研究那样抽象，我感受到了有血有肉的、带着人间烟火气息的人、地、物。人赋予了空间情感属性，社区之所以为社区，少不了人与地的双向互动，我们之所以对一个地方产生独特的印象，是因为人在长期的活动中改造了空间，注入了情感。我仿佛在一砖一瓦之中看到了熙街的过去，感受到了它一步步变成现在的样子，正是这里的一家家店、一群群人组成了完整的熙街。

　　社区用自己的方式述说着它的过往，社区里的人们也在生活之中倾诉着情绪。三言两语说不尽一个地方的故事，面对一个社区，一件作品能够表达的东西太少，我想我只能够叙述其中的一些，更多的东西应由人们亲自去体会。

流 · 萤

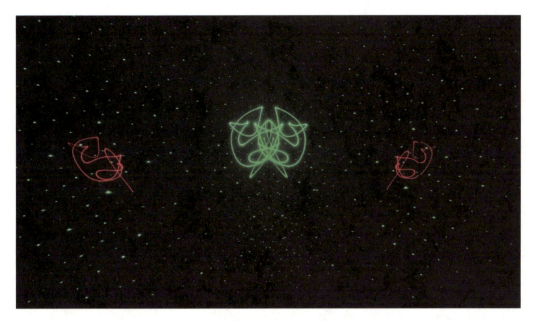

罗玮宁、郭咏琪、杨若兮、喻娇 《流·萤》 尺寸可变　综合材料　2021 年

罗玮宁、郭咏琪、杨若兮、喻娇 / 四川美术学院综合艺术专业本科生

熙街的『声』与『形』
——《流·萤》创作手记

罗玮宁、郭咏琪、杨若兮、喻娇

熙街是一个新兴的街区，随着周边地区的发展，人流量越来越大，也越来越繁华。究竟要用什么形式的作品才能表达出我们心中熙街的特点呢？一个偶然的机会，我们在网上查阅到了有关声音与光结合的科学实验资料，其中一个声音的显像实验——李萨如图形实验（Lissajous-Figure）引起了我们的注意。这个实验实在是奇妙，我们由此想到可以使用音响与频率发生器将熙街中的声音转化为具象化的图形，这样就将声音与熙街联系了起来。

印象中的熙街，人流熙熙攘攘，对长时间处在安静校园里的我们带来了听觉上的冲击。熙街每天都好热闹，且每天的热闹都不重样。想必平日里大家已经对熙街的景色再熟悉不过了，如果我们能够将熙街的景色变成声音，将熙街的声音记录下来，再将其转化为图像，带来视觉上的冲击，营造一个全新的熙街形象，如此将视听结合起来，或许是个不错的切入点。

我们准备好需要的材料，买了气球、激光笔、皮筋和桶。再将这几样东西组合起来，让声源通过桶传到绷紧的气球表面随之产生震动，然后在气球上贴一面小镜子来反射激光，这样就能够通过声音带来的

虎溪街道文化服务中心布展现场

震动，引起光线反射在墙面上，从而产生变化。我们一开始设想的是把激光打到这面镜子上，让激光反射到远处的一堵白墙上面，再用手机的频率发生器 App 去调整两个叠加的波的频率，最后得到李萨如图形，而不断调整变化就可以得到很多不同的、有意思的图案。不过由于技术的不足和设备的缺陷，我们的行动可谓是"摸着石头过河"，有时候是因为激光的角度不对，有时候是因为器材的强度不够……后来经过好几次讨论，改进了方案，跑遍了周边地区，将材料升级后，才终于解决了设备组装等问题。

接下来就是每天去熙街寻找我们想要的声音了，这期间我们遇见了流浪歌手的演唱宣传活动，人民代表大会的选民宣传，以及一些以闭店为由进行的低价大甩卖广播等。期间有一家饭店的宣传片用重庆话唱 rap，我们小组里的重庆本地人认为很有意思，外地学生更是觉得眼前一亮。于是我们在他们家店门口等待许久，终于录下了这段重庆话 rap。因为要四处奔走录声音，所以难免会有一些人好奇我们的举动，询问我们在做什么，也受到了一些小阻拦，但大家还是坚持每天都收集声音。我们知道这份声音不仅意味着我们的汗水，也意味着熙街的人间烟火气，我们团队希望能够做出让人惊艳的作品，最后经过大家的不懈努力，我们的作品终于完成了。

从这些声音里，我们能感受到晴朗时熙街熙熙攘攘的游客、小吃摊飘来的香气、小喷

铁丝编织的熊

泉的叮叮咚咚、夜市上的叫卖以及雨天街道的寂静。这也是声音所带来的力量，让人陷入联想。作家罗兰在散文《声音的联想》中说："多年来，在都市里奔忙，都市是属于'人'的世界，是属于'机器'的世界。这世界的一切音响——包括音乐会的音乐在内，都毫无美感可言。它们嘈杂、吵闹、拘束、紧张、虚伪、造作……"我们不得不承认，熙街是吵闹的，但也承载着居民对生活的热情与对未来的期望，这么多的声音夹杂在一起，我们不是以行人般悠闲散漫的心态去调研，而是以专注思考的心去聆听那些不被人注意的声音，那些容易被人遗忘的声音。这些声音有时候是有瑕疵的，但正因为它的不完美，才能让听者流露出对熙街的真实情感，从而产生共鸣。当这些声音汇聚在一起时，我们仿佛置身于熙街之中。

将声音转化为图像之后，我们便能更加清晰地看到，在红绿光线交织下的熙街也重新获得了生命力，在黑暗中不断地起舞、跳动着，随着音乐的变化，它时而如川剧变脸般飞速地转换图像，时而微微保持原样平缓地变化着。

为了使其更加"熙街"，我们将目光转向了熙街的明星"大熊"，我们常常看到有人坐立在熙街步行街极具标志性的大型灯光装饰品"大熊"周围与其合照。受到启发，我们将平台盖上布料，用铁丝编织了一只小熊立在上面，并在它后面架上了一个星空灯，星空灯的灯光星星点点照耀在上面，就如同这里的居民生活一般，万家灯火自中间向外慢慢聚散。大熊的灯光如此温暖明亮，不仅点亮了熙街的一角，也点亮了我们的心房。这样，我们心中的熙街就成功地被"搬"进了展览馆。

群居和一

周欣然、刘玉琳、官小靖、吕飞、庞羚珊　《群居与一》　尺寸可变　影像　2021 年

周欣然、刘玉琳、官小靖、吕飞、庞羚珊／四川美术学院综合艺术专业本科生

聊聊家常
——《群居和一》创作手记

周欣然、刘玉琳、官小靖、吕飞、庞羚珊

"群居和一"出自《荀子·荣辱》"皆使人载其事而各得其宜，然后使禄多少厚薄之称，是夫群居和一之道也"，其意味着和谐相处与协调一致。我们选择这个词作为作品名称，是想表现在采访过程中的感受。随着城市的演变，社区的更迭发展，人与人、人与社会之间的关系也在不断变化，我们和环境的关系更多像是熟悉的陌生人。

这次社区美育计划项目，我们选择了重庆沙坪坝区的熙美社区作为调研的核心，从多角度关注社区的人文建设和社会、自然环境之间的联系，并以此为线索，探寻人和社区在社会发展与自然变迁中的微妙关系。

经济建设使社会的发展越来越现代化，社区中人与人之间的关系逐渐冷漠化，这似乎渐渐成为一种常态，但这绝不是加快经济建设的初衷。如何去面对并拒绝这种繁华的冷漠，需要我们以新的眼光、新的角度去观察及改变。

因此，我们不是单纯地去采访人物，也不是单纯地走访熙街，而是想要深入地了解生活在社区中的人对身边最熟悉的社区的所想所感，并渴望从中发掘、探讨人与社区之间的微妙关系。夜色如浓稠的墨，深沉得化不开，这是我对熙街的第一印象，就如同很多现代化的社区和熙熙攘攘忙碌的人群，好似已经被磨灭了原本传统社区中蕴藏的人情味，最终"进化"成大家认为理所当然的状态。

熙美社区被多所大学包围，年轻的面孔在这里来来往往，很大一部分消费群体是周围的大学生，寒暑假时，便留下空空的街道和静静等待着大学生归来的店铺，年复一年。调研期间，我们多次听到商家说留下的原因是"年轻人多"，这是一个年轻有活力的社区，每年源源不断地涌入新人。作为在这里生活了一至数个学年的我们，熙美社区是我们时常去闲逛的，但是我们从未认真地了解过它，往往只是经过它、使用它。于是，我们对熙街各行各业的人员及学生进行了访谈，听他们讲述与熙街的故事，试图真正走近它。

"无形之里"是我们小组的主题，我们将通过调查，力求打破人们眼中那个熟悉、热闹、繁华、活泼的熙街的固有印象，去挖掘隐藏在这些之下的那种无形的陌生感。在越熟悉的环境中，人们感知到的陌生感就会越少，陌生感更不会主动显露。现代社会的高速发展，使得大众更愿意待在已经熟知的环境中，也更愿意认识自己熟知的那一面。人们长期生活在这个环境中，早已从习惯变成了麻木，新鲜变成了无视，忽略掉了无形环境的重要性。我知道，或许未来的熙美社区依然会如此繁华或冷漠地发展下去，但我们依然想用自己的方式去探寻一些东西，让人们在日复一日的生活中，通过另一种方式看见周遭的多面性。

"你会主动和陌生人说话吗？""你知道周围的人都来自哪里吗？""你有了解过他们为何而来吗？""在这个越来越冷漠的社会，你还有勇气去了解别人吗？"……怀揣这些问题，我们开始了在熙街的采访。这里的工作者大都来自本地或者四川，学生则是来自五湖四海。卖糖葫芦的奶奶因为生计在此停留，卖花的大叔因为这里的消费水平高而在这里打拼了二十多年，多数的商贩都因为这里的年轻人多而留下，觉得自己处在这样充满活力的地方也会被感染。在这里待了七八年的盲盒售卖者告诉了我们熙街的变化，原本步行街是通公交的，商铺也没有这么多，没有现在这样繁华热闹的景象。繁华的外表下掩盖了人们的疏离，路边商铺的广告时时提醒销售的重要性，使我们很难找到机会和店员们唠嗑。

作品取名为《群居和一》，是我们多次试图以不同身份在熙街考察调研的结果。面对一个相对熟悉的社区，我们规划了路线，细细地将每一条街道、每一间店铺都重新、认真地审视了一番。熙街上的店铺看似紧密，实则各自经营，互不打扰，形成了好似一片繁荣又没有交集的场面，唯一有交集的，大概只有游走在大街小巷里的小贩。于是，当我们架着摄像机靠近他们时，我们先是从他们眼中看到了警惕与疑惑，然后是冷漠，仿佛他们生来就习惯了这表面的生活一般。我们的主动了解，打破了这种麻木的惯性。"主动"一词便成为我们这件作品的动力，那么"主动"的结果会是什么呢？

视频采访是多媒体发展下的一个产物，当一个人被暴露在这种镜头下，并与采访者进行交流时，那他（她）将不可避免地按照主动方的意图来回答问题，从而迫使他（她）思考他（她）所生活的地方中那些容易被忽略的细节。这种方式我们认为是当下快节奏生活中人们能够接受且能快速引发他们思考人与社区关系的一种办法，依托现代技术来表达我们所想要挖掘的人情味。我们主动打破这种人与人之间冷漠的关系局面，用一种现代的记录方式，聊一些寻常不过的家常话，力图将这个已经模式化的社区翻腾起来，将人与人的关系紧密联系起来。当固有的疏离感被打破，人们就会认真思考我们抛出的家长里短的话题，集中注意力在社区的另一面上，这也可以反映出在高度现代化的社会中人与社区之间被忽视的另一段关系。

熙美社区对城市来说，是相对特别且崭新的存在，我们通过这段 10 分 20 秒的视频来呈现熙街目前的面貌，试图在这个"陌生"的社区里感受人情冷暖，拉近人与人的距离、人与社区的距离，让观者以一种不同的身份进入这样一个年轻、热闹的大学城社区。

周欣然、刘玉琳、官小靖、吕飞、庞羚珊 / 四川美术学院综合艺术专业本科生

圆首方足

周欣然、刘玉琳、官小靖、吕飞、庞羚珊　《圆首方足》　尺寸可变　综合材料　2021 年

周欣然、刘玉琳、官小靖、吕飞、庞羚珊 / 四川美术学院综合艺术专业本科生

游戏连接人人
——《圆首方足》创作手记

周欣然、刘玉琳、官小靖、吕飞、庞羚珊

社会学意义上的"社区"概念，是指聚集在一定地域范围内的社会群体、社会组织根据一套规范和制度结合而成的社会实体，是一个地域性社会生活共同体。构成社区的基本要素有地域、区位、人口、结构、文化、心理六要素，现实生活中的社区更强调地域性。因为现实社区中人与人之间关系的密切性、经常性与地域性往往是联系在一起的，聚居在同一地域的人们，在客观上更容易发生经常性的往来，更可能形成密切的联系，而聚居在不同地域的人们则受客观条件的限制，难以形成联系密切的生活共同体。社区得以形成的原因并不纯粹只是人们的共同居住，而是在于人与人之间能够保持频繁而有效的互动，并形成一定强度的情感联结，即社区归属感。若所属社区对社区居民没有明显归属感的影响，那么该社区的群体特征和地域特征将变得毫无意义，社区实质上已名存实亡。

这次在重庆大学城熙街进行的中国社区美育计划，我们小组主要关注人与社区的关系。重庆大学城熙美社区不同于一般的社区，其中最明显的一点是成员的流动性更高。熙街聚集了来自各个地区、不同生活习惯的高校大学生，以及生活在此的其他居民，熙街的人员和商铺在不断地更替，这样的社区自然而然会出现不同于其他社区的一种临时性质的社会关系。那么在这样一个不断发生变化的群体里，是否会对社区产生归属感呢？

作为短暂生活在重庆大学城的学生群体，熙街作为我们主要活动场所之一，每次走在熙街的路上，我们都对走在旁边的形形色色的人感到好奇，看着一群群和我们相似但又完全不同的人，我们会好奇他们此时在想什么。我们小组对熙街进行调研的初衷，绝不仅仅是为了了解熙街人群的社会关系，而是想建立一种陌生人之间的隐秘联系，让生活在同一地区的陌生人形成一定强度的情感联结，从而消除一些因临时性质的社会关系带来的漂泊感与孤独感，因为短暂的商业与交往容易使人们忽略周围的人，从而形成"陌生人社会"。

费孝通先生在《乡土中国》中用"陌生人的社会"一词来形容现代社会结构，概括总结了现代社会的一个代表性特征——陌生人群体占比突出。相较于以亲情、友情作为人们行为准则和关系调解工具的"熟人社会"，在"陌生人的社会"这种社会关系下，不信任和冷漠是这一社会结构的突出特征。成长于陌生人社会的大学生群体受这种社会思潮的影响是很深的，为有效打破这种冷漠，我们选择了互动的作品形式，通过让陌生人共同参与的方式去建立一种即时的、但可长时间留存的、让人感触颇深的情感联系。

在这个由广大流动性人群和原居民共同形成的具有特定空间的环境设施、社会文化、组织体系和生活方式特征的社区，人便是社区的主体。我们将作品命名为"圆首方足"，此词出自《淮南子·精神训》，代指人类，正吻合了我们所探寻的熙美社区中人与人之间的微妙联系。调研期间，我们无数次穿梭于熙街，熙街白天安静的一切随着夜幕的降临而被打破，霓虹刺眼，灯光恍惚，闪烁的灯牌、飘香的美食、散落的欢声笑语、潮水般熙来攘往的人群。

每天的这个时候，也是套圈摊位前最热闹的时候。我们不禁多次驻足于此，津津有味地围观旁人套圈的过程，不时还对他手中准备扔出的套圈的命中率进行猜测，捏一把汗，或为此惋惜。令我们感到奇妙的是，在人与人越发冷漠的当今社会，我们也会为陌生人牵动自己的心弦，这也更加坚定了将套圈的游戏引用到我们的作品中的想法。套圈只是形式，更重要的是触发人与人的连接。但是如何通过套圈来建立这样一种联系呢？

最终我们选择了类似漂流瓶的形式，我们邀请不同的人在我们事先准备好的纸条上写下他们想说的话——对他人的祝福，或是最近的烦恼和开心事，又或是对社区的建

《圆首方足》局部

议……他们身份各异，有地摊摊主、散步的居民、逛街的学生、忙碌的店员、发传单的阿姨……但他们又身份相同，都是组成这个社区的一员。在这个过程中，我们不知不觉和他人建立起了联系，与这个社区产生了连接。社区一词强调人群内部成员之间的文化维系力与内部归属感。虽然时代更迭发展，人们的自我意识也不断增强，但人与人之间的距离似乎越来越远。令人欣慰的是，人们还是乐意写下自己的心里话与陌生人分享，用另一种方式与他人产生连接。

　　我们把搜集来的一百多张小纸条分别系在玩偶身上，然后在展览的现场还原熙街的套圈摊位，呈现为一个套圈游戏的互动装置。每个来观展的人都能参与其中，他们仿佛置身熙街，体验着套圈的欢乐，与此同时，打开纸条的瞬间还能收获意外的惊喜。每一个玩偶仿佛代表着社区中我们熟悉又陌生的人，你套中了它，主动与他产生了连接，他用纸条的方式与你分享有关他的喜怒哀乐。这样，社区中的两个有缘人便产生了微妙的连接。我们认为，以这种套圈的形式来建立社区中人与人之间联系是最好的方式之一。

第九单元
里人为美

"里人为美"取自《论语·里仁篇》，子曰："里仁为美。择不处仁，焉得知（智）？""里"是古代居民组织的基本单位，春秋时的"闾里"指封闭的住宅区。"仁"关乎人的道德、信仰、审美等。孔子认为，有德行的人聚集而居形成理想的社区，具有审美的秩序，合乎"礼"。

"美"在席勒看来作为人性完满的实现，是感性与理性共通的对象。如果说街区的相连打通了物理空间的封闭，那么社区美育则是以艺术之形态打开心理地理的界域，建造人与人、人与社群之间更合理的关系。

——周晶

街头美丽屋

———

周晶 《街头美丽屋》类型 2021 年

走进社区的艺术与教育

周晶

"里仁为美"取自《论语·里仁篇》，子曰："里仁为美。择不处仁，焉得知（智）？""里"是古代居民组织的基本单位，春秋时的"阎里"指封闭的住宅区。"仁"关乎人的道德、信仰、审美等。孔子认为，有德行的人聚集而居形成理想的社区，具有审美的秩序，合乎"礼"。

"美"在席勒看来作为人性完满的实现，是感性与理性共通的对象，也是游戏冲动的对象。游戏既非全然感性更非全然理性，这种"居间"性恰像是艺术。反观社区美育，其开放、不可预见、偶然、漫无目的、冲动等情景相较今天目标明确的学校教育而言又恰像是游戏。

以"人"替代"仁"是基于本单元的美育实践落脚在社区里具体生动的个人。无论孩童还是青年，忙碌者抑或闲游者，参与或被参与，"游戏"过程中的规则翻转和情绪释放让所有人真实触摸到了艺术的趣味、能量与价值。正如美国教育家杜威所言："人在与他人的关联性中获得其个性，并通过这种关联性实践自己的个性。"

《来！来耍》是发生在餐馆旁的参与式儿童美育。邬佳宝、骆婉曦、卞雪霏、连允僮四位同学从各自的创作出发，设计了不同的儿童艺术

参与《来！来耍》项目的儿童

工作坊课程，并邀请社区里的孩童来进行艺术绘画与手工的自由实践，鼓励他们大胆创作，发挥其未经机构或学校限制的想象力，创作出一系列具有童趣又带有互动共创意义的作品。艺术实践过程即艺术教育的过程，将艺术教育落实到大众中，体现一种社会公平、教育公平的理念，这也是面向未来为更多儿童提供无差别公益性艺术教育机会的开放性的社区试验。

　　《回声海螺》是一场以疗愈为目的、以艺术为手段的社区试验，小组成员彭雨桐、高才棱、李沐宸结合自身处境，思考在无尽的内卷与社会压力中喘不过气来，产生一系列情绪问题的 20 岁到 30 岁之间的青年人，能否通过艺术来缓解焦虑，社区又能为此注入什么样的能量。她们试图提供一个情绪的窗口，借由多样化的艺术行为活动搭建一个社区场域，让年轻人跳脱传统的思维模式，建立起真实的情感链接与信任系统。通过网络平台，设计活动海报、邀请函等进行社会招募，引导参与者尝试通过艺术实践获得情绪纾解，最终找到自己的情绪出口，获得正面情绪的能量。参与者首先进行一系列的游戏互动，然后在纸箱的一面绘画表达自己目前的情绪，另一面则绘出自己理想的色彩，最终集体搭建出一面心墙，走过心门象征获得释放的状态。社区参与不仅拉近了人与人之间的关系，也显出当代年轻人直面心理问题的勇气。

赖泓羽、叶婧创作的《一天》，用运动手环记录九位不同职业者24小时的心率，将数字化心率与视觉、听觉不同媒介同频。作者由心电图的横轴图联想到五线谱，而将心跳频率中的节点和单音结合起来进行主题创作，最终合成的音频，由开头一个人的"心率"独奏，逐渐递进到多人的共振，最终形成属于大家的"交响乐"。作者从个体创作出发走进社区，通过说服不同职业身份、生存状况的人佩戴手环，将他们生活中一日的心率记录后，联合为众人的"一天"，将独立的个体与社群联系起来。心率的收集过程也探讨了人与人之间拒绝与接纳、疏离与信任等关系。

参与《回声海螺》项目的社区青年

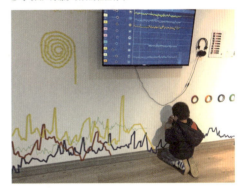
小观众现场参与《一天》的后续创作

储物柜开合的切换可否唤醒共同记忆？刘雪儿利用社区公共空间的储藏柜完成实物装置作品《共同的记忆》，将处理过的抽象绚丽的PVC图片粘贴于柜门上，居民并不能一眼辨认出图像的出处，当他们打开柜门则会发现内部的原图像，实则都是一些大家非常熟悉的社区场景，或是街道、超市。将熟悉场景进行陌生化处理，打开柜门又唤醒了大家共同的记忆，虽未出现人却以公共领域的共同视觉经验为纽带，牵引出人与人之间隐性的联系。

《乐园》出自沈子涵、钟泽霖同学的摄影记录，他们在街道、运动公园、休闲场所观察到不同人群生动的活动场景，将图片剪影转化为镜面装置。以镜像化的方式与社区居民、作者自身以及展览参观者产生对话和互动，从而思考观看者与被观看者之于社区的融入以及在其中所扮演的角色，间接而巧妙地呈现出人在特定关系与环境中的状态。

刘雪儿作品《共同的记忆》

我和建筑师杰纳斯（Janus）合作的《街头

作者沈子涵、钟泽霖在自己的作品《乐园》展出现场

美丽屋》，是为实现理想中的社区美育活动设计的一个临时多功能装置，本装置采用标准化的 30mm×30mm 木方以镀锌螺栓连接，组装成展台和座位相连接的可拆卸标准单元，根据需要可进行 2—4 个单元的组合以形成不同的空间围合。它可以是一间临时的花艺或手工艺教室，一个几人对谈的疗愈空间，一座可展示作品的移动美术馆。根据社区居民的需要，未来还可以具有更灵活多变的用途。

如果说街区的相连打通了物理空间的封闭，那么走进社区的艺术与教育则是以艺术之形态打开心理地理的界域，探索建造人与人、人与社群之间更合理的关系。

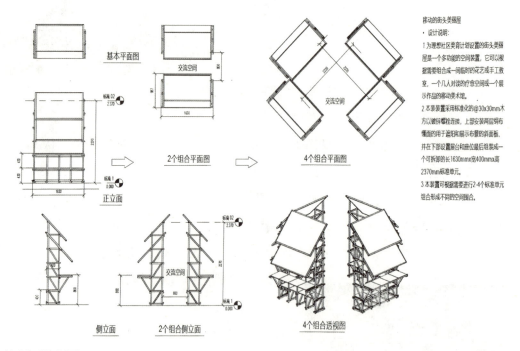

《街头美丽屋》设计图

来！来耍

骆婉曦、邬佳宝、卞雪霏、连允僮 《来！来耍》 综合材料 2021 年

骆婉曦、邬佳宝、卞雪霏、连允僮 / 四川美术学院综合艺术专业本科生

参与式社区美育的试验
——《来！来耍》策划手记

在 2021 中国社区美育行动计划展上，周晶老师策划的"里人为美"单元"来！来耍"社区美育项目中，"参与式"是我们小组作品涉及的方法。"参与式艺术"这一提法最早出现在摄影师理查德·罗斯为 1980 年洛杉矶当代艺术学院的展览"洛杉矶市中心艺术家"撰写的文章中。三位艺术家在圣塔芭芭拉附近的社区现场工作，采用摄影、雕塑、涂鸦、行为等艺术形式。罗斯写道："这些艺术家对社区负有责任。他们的艺术具有参与性。"[1] 当艺术家能够将自己的才能与他者、环境和社区的需求结合起来时，一种参与式的关系模型就会出现，将艺术嵌入超越个人主义的更大的整体中。此次项目实践正是在当代艺术的观念下基于参与式艺术的方法而展开，以自身积累的创作经验和探索的材料语言为路径设计的一堂儿童艺术工作坊课程，在虎溪社区实现了参与式的儿童美育活动。

本次活动原计划是将互动游戏"宝箱计划"导入其他三个项目内容，希望以家庭为单位邀请居民在社区服务中心图书馆进行美育互动。但是由于突如其来的疫情，原定的活动场地服务中心图书馆暂停使用，我们原定的计划和流程被完全打乱……

等不到计划中的"他们"，小组成员也不想轻易放弃，我们主动寻找其他有需求的人群。我们小组很快把目标锁定在了四川美术学院南门的一栋小楼，这里被称为学生的"第二食堂"。我们注意到楼道里经常有孩子在漫无目的地玩耍，他们可能是餐馆老板或者服务人员的儿女，几乎没有条件或机会接受专门的艺术教育，这恰好与我们计划中社会服务的目标人群相吻合。

活动现场在川美南门建筑二楼楼道

确定目标人群之后，我们还要为实践课程做很多准备工作。我们首先为孩子购买袖套、围裙、剪刀之类的工具和材料，然后向孩子发出邀约，经过他们父母同意后，课程在一个周末正式开启。

第一个课程是"缤纷纸箱"，源于骆婉曦同学设计的社区游戏方案"宝箱计划"，该方案是由多位儿童在较大型的场地中一起进行互动小游戏。由于原计划目标难以实现，我们决定转变方式，由寻宝游戏变为色彩游戏，引导孩子大胆展开想象力，在箱子上面做自由涂绘。

第二个课程是"顽皮小人"，源于连允僮同学之前创作的装置材料作品，她选择使用可塑性材料体现小人在自我内心世界中的挣扎和试图逃离的感觉。在与孩子的玩耍中，我们引导他们使用超轻黏土来制作，打造一个孩子自己的小小世界。

"缤纷纸箱"

第三个课程是"折纸城市"，源于卞雪霏同学之前完成的生态艺术作品，她裁取报纸的材料用蚊香燃烧的特殊成型方式，探讨自然与城市规划的矛盾关系。这一环节的立意在于引导孩子更加关注他们的生活环境，创想他们自己的理想城市。

最后一个课程是"旧衣变装"，源于我的装置创作实验，所要探究的

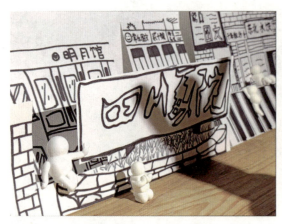
"顽皮小人"

"旧衣变装"

是材料媒介突破传统的可能性。我提前向同学朋友征集他们的旧衣服、饰品，采用剪裁、拼贴和粘贴的方式再创造，将不同布料、彩色纸片和小装饰品粘贴到衣物上，启发孩子思考旧物回收利用的意义。

　　四个课程结束后，我们把孩子完成的作品分类整理，和记录过程的照片一起，在他们父母工作的楼道里布置出一个小小的艺术展，每一位参与的儿童署上自己的名字。孩子天性中的想象力和创造力在这里得以呈现，不断有路过的行人驻足观看艺术展。孩子与小组成员依依不舍，我们打印出孩子创作过程的照片送给家长，他们在辛劳工作之余看到孩子可爱的图片和作品，感到十分开心和欣慰，对我们表达了感谢。

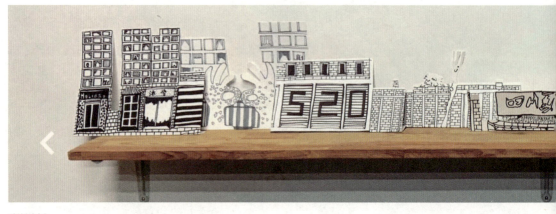
"折纸城市"

以艺术为途径关心人的生存状态，感受人与人之间的联结，"社区参与式"美育课堂让我们产生了强烈的艺术和人文情怀。作为美院本科大三的学生，相比以往我们有了更多关于社会的思考。老师一直引导我们用当代艺术的观念和方法实施项目。随着项目的逐渐推进，在与老师不断交流中接触到了教育社会学，了解到社会公平、教育公平的概念，明白了教育者的身份与艺术家的视角并非冲突不可共存。

从 20 世纪 70 年代开始，美学经历了"人类学转向"，这种转变让艺术家的身份从"物"的创作者转变成社会的积极实践者、文化教育者、帮助者和社区协调者。今后是否可以为更多不同群体提供无差别艺术教育的机会，是值得我们思考和实践的。"来，来耍"不是结束，在未来也许会有更多"走，去耍""一起耍"等活动在社区生根发芽，我们也会在社会生活的不断探索中找到自己的方向。

注释

[1] 欧阳甦. 参与式艺术：是当地艺术还是社会文化的一种方式？［J］. 公共艺术，2021（03）.

回声海螺

———

李沐宸、彭雨桐、高才棱 《回声海螺》 综合材料　2021 年

李沐宸、彭雨桐、高才棱 / 四川美术学院设计教育专业本科生

一场社区的艺术疗愈
——《回声海螺》创作手记

彭雨桐

"回声海螺"是一场以疗愈为目的、以艺术为手段的社区实验。

在经济、科技高速发展背景中生活的现代人，无尽的内卷与越来越大的社会压力让人喘不过气来，似乎人人都在焦虑。学业、生活、工作、社交、感情，各方面或多或少都有不顺心的事，每个人的心里都积压着不被关注与重视的情绪，无处宣泄，无法表达。这些情绪得不到好的释放，便形成了现代人的情绪病。我们小组成员正处在这个阶段，面临考研或即将步入社会的重大考验。因此，我们从自身的情况出发来思考：年轻人积压在心里的情绪问题能否通过艺术来治愈？社区又能为此注入什么样的能量？

我们提出一个口号："我们要情绪自由！"初衷是提供一个情绪的窗口，借由多样化的艺术疗愈活动搭建一个社区场域，让年轻人跳脱传统的思维模式，尝试通过艺术获得情绪纾解，最终找到属于自己的情绪出口，获得正面的情绪能量，于是诞生了"回声海螺"这个项目。我们希望通过这个窗口，通过他人，通过艺术来疗愈自我，形成个人与周遭的回声。

每一个情绪都不会石沉大海，而是必有回响。

《回声海螺》活动现场之一

《回声海螺》活动现场之二

"回声海螺"第一次活动，我们将目光锁定在20—30岁这个年龄段，因为20岁到30岁是微妙的十年，也可以说是人生中非常重要的十年。从学校到初入社会，从依靠家庭到独立自主，从职场菜鸟到职场"老炮"，甚至结婚生子都可能在这十年中发生，很多重要的人生选择也都发生在这十年，在此期间将完成一个人社会职能的转变。但在如此巨大变化的十年中，没有人关注20岁的我们是否适应，是否出了问题，从稚嫩到成熟仿佛是加速成长，年轻人被要求瞬间长大。

活动在虎溪社区开展，招募10名20—30岁的参与者。活动分为三个环节，首先是通过戏剧疗愈身体的放松游戏进行破冰，让大家在陌生的环境中放松下来、熟悉彼此，围坐在一起，由负责人引入"年轻人为何焦虑"这一话题，进行"圆桌解忧"的回声对话；再引入艺术疗愈的艺术家案例和创作方式展示，让大家把焦虑与开心画成"双面盒子"；最后所有人一起将盒子搭建成"心墙"，穿过焦虑的"心墙"获得释放，完成艺术创作。

我们期望不同年龄的回声在现场更多是产生一种共鸣，不管20岁还是30岁，焦虑的情绪似乎一直存在，只是焦虑的事情不同。20岁的人可能给不了30岁的人理想激情、朝气蓬勃的情绪感染，30岁的人可能也给不了20岁的人更好的人生建议，这一点与我们的预期相悖。"一群人坐在一起聊天除了把烦恼说出来以外，不能解决任何问题。""听完大家的烦恼，我好像更烦恼了。"难道回声海螺只是一场徒增烦恼的活动吗？这让我们反思回声海螺的初衷，它对今天都市的年轻人到底有什么价值？

我们这一代青年在科技和技术高速发展的背景中长大，在互联网的冲击下，传统的社群关系逐渐衰落。互联网成为孤独的年轻人的乌托邦，在线上实现个人自由和建立起弱联

《回声海螺》展览现场

接的人际关系的同时，也失去了真实世界的情感连接和传统群体牢固的关系纽带，因此往往诱发孤独感、精神空虚、真实世界塌陷的问题。在这样的背景下，我们习惯了将情绪收藏起来，自我消化。但没有人是一座孤岛，人与人之间建立联系，沟通交流，是一种本能的情感需求。在这次活动中我们观察到，通过人与人的交流互动，倾诉和被倾听，确实可以达到纾解情绪的效果，只要迈出了的这一步，尝试投入活动中来，或多或少都能有所收获。

艺术行动参与的初衷并不是帮助大家解决现实问题，而是带着开放的心态进行一场社区试验。正像周晶老师所说："回声海螺还可以有更多可能性，它或许是一个符号，象征一种参与式的、跨界的工作方法，它可以链接不同年龄、性别或知识阶层，它或以艺术为手段，结合人类学、心理学、教育学等不同学科，帮助人们探索与自我、与他人以及人与人、人与社会的关系。"我们尝试通过艺术的介入和多样化的疗愈活动在生活的社区建立起一个相互关联的理想的新社群。这更像是一个开放的议题，我们接受不同的回声，期间的偶然性、突发性、不确定性都可能会带来意想不到的效果。

回声海螺的未来要走向何处？这个答案还需要接下来不断地探索与寻找。

一天

——

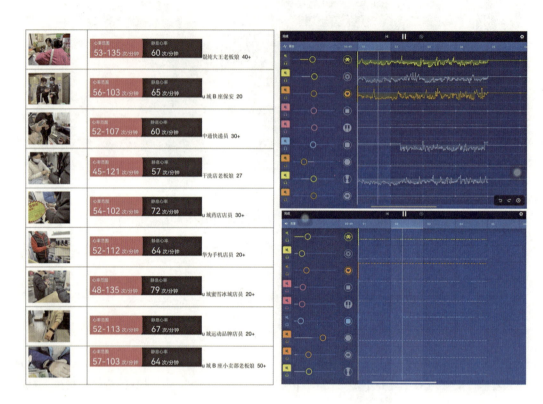

赖泓羽、叶婧 《一天》 多媒体影像 2021 年

赖泓羽、叶婧 / 四川美术学院综合艺术专业本科生

众心合奏
——《一天》创作手记

　　"一天"是个普通的词汇，站在社会这个大环境中看，它可以是循环的、状态不变的、不易被察觉的，但对于每个独立的个体来说，它也可以是感性的。在 24 个小时中，每一件细微的事或物都会给你带来不一样的体验，每时每刻的你都有可能不同，这是私有的独特感受。在日复一日的枯燥生活和按部就班的社会交往中，看似日常的状态其实隐藏着丰富的内部变化，这便是共性中的个性。因此，我们一直尝试通过创作对"每一天都是不同的"这一概念进行表达。

　　在"里人为美"这一社区美育主题框架下，我们应该怎样才能够不随大流，寻找到特殊的创作角度和媒介方法，以"一天"为主题将社区的人们串联起来呢？简单地说，如果让你与街头一个陌生人以最快的方式建立联系，你会选择用什么方式？在当代通信普及的背景下，各类电子产品以直接、即时的特性迅猛介入社会的诸多关系之中——运动手表便是其中之一，它记录人的身体状况，如血氧、脉搏、步数等，可以数小时、一天甚至数天持续不间断记录。由此，方案慢慢确定……

　　我们计划通过邀请受访者佩戴运动手表，记录不同职业者的 24 小

邀请受访者佩戴运动手表   受访者的心率数据

时心率，将心率视觉化、听觉化。然而，要将作品的方案和构思放大到社区，在艺术观念的基础上建立一个可运行的临时关系网是很有难度的。心率就像是个人内心的独奏，是外人无法倾听的音乐，于是我们决定通过媒介的转译，用专业的音乐制作软件将个人的心跳声与可辨识的节奏音效相结合，通过当代新媒体的艺术立意表达，将独立的个体与社区每天的运作联系起来。

调研是社会美育作品中不可缺少的一环，我们的调研围绕社区不同职业的人展开。我们选择的对象由一开始的盲目随机，逐渐转为针对不同身份和职业的居民，与他们展开交流，并进行心率数据的采集。服务员、快递员、安保人员等从事不同职业的居民被我们选择作为采集对象。友善、怀疑、拒绝、好奇等一系列态度都存在于这次的调研过程中。我们在影像的制作过程中根据九位居民一天的心率起伏频率对声音高低、压缩程度、音量音效等做出了相应的调整，在每一个转折点上加入单音后平移到一条水平线上，构成了九段看起来无明显差别却暗含差异的音轨，最终形成集合了众人心跳频率的"交响乐"。

《一天》这件作品的完成过程对我们来说是一次宝贵的经验，作为创作者的我们一次次尝试与陌生人对话，我们的创作第一次离开校园走入一个更大的社会场域。这段经历不仅推动我们完成了此次用"心"交流的创作，也无意中引发了我们对"疏离"的思考。

共同的记忆

刘雪儿　《共同的记忆》　综合材料　2021 年

刘雪儿 / 四川美术学院综合艺术专业本科生

唤醒记忆的空间
——《共同的记忆》创作手记

刘雪儿

2021 中国社区美育行动计划展的"里人为美"单元，讨论社区与人的关系。这一主题既涉及中国古人提出的"仁者，人也"及"居"与"仁"之间的哲学讨论，又颇具"关系美学"的趣味。我受此主题的启发，参与到这一单元的创作中，尝试从传统的人与人的关系出发进行当代情景的转述及表达，创作了互动装置作品《共同的记忆》。

20 世纪上半叶，瑞士心理学家爱德华·布洛提出美学思想"心理距离说"，心理距离存在于人类生活的各个方面，认识和把握这一距离，有助于形成有利的艺术传播条件。如何做到让观者在理解、欣赏美的同时达到"仁"？从这个问题出发，我开始了此次创作的构思。生活在都市中的人为了保持心理的平衡，人和人之间多采取不过量付出热情的态度，甚至多年的邻居也互不相识。无论是作为创作主体的我，还是社区里的居民，或许都未曾在快节奏的现代生活中留意过身边的"美"。我漫游于平日熟悉的街区，社区中人们生产劳动的场景一幕幕展现在我的眼前，我意识到，转变是从发现社区里的"美"开始的，于是我决定以艺术的方式留住人们忽略的画面，通过生活的共同记忆来拉近彼此的距离。

首先，我在社区内拍摄大量生产场景和生活轨迹的照片，然后将这些具象的画面处理为抽象的形式，仅保留它们的色彩。苏联文学批评家什克洛夫斯基在《作为手法的艺术》中提及："艺术的目的就是将事物被感知的感觉，从已知的感觉中剥离出来。"将生活场景做抽象处理，便是运用了这一"陌生化"的处理手法，使作品形式难以理解，增加审美过程的长度。

生活照片的抽象处理

其次，我以社区公共空间的储物柜作为作品表达的实物载体。储物柜作为存放物品的容器，经常出现在超市、社区保卫处、楼道等公共场所，人们通过储物柜存取东西是日常化和公共化的行为。以储物柜为媒介，可以搭建创作者、观察者、使用者之间的联系，讨论人与公共空间的关系。我将处理好的社区场景的抽象化照片喷印制成适合储物柜柜门尺寸的图片，粘贴至储物柜表面。柜外的画面是"虚"，柜内的画面为"实"，两者共同营造了一个社区的虚幻空间。空间并未完全开放，其中几个被锁的柜门无法开启。我希望这件互动性的艺术作品并不是单调地重复开合，而是成为有来有往、有问有答的关系游戏。如果观者不知道画面的真相，而艺术品又拒绝告知的时候，人们能否理解到艺术家主体意志的存在呢？柜内的画面已然不再重要，因为这

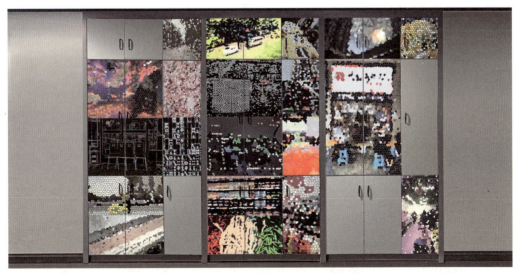

经过图像处理后的储物柜

份"共同的记忆"绝不作假，总有一天人们会感受到它。

　　设想生活在周边社区的人们看到这些画面时，会产生怎样的感觉？观众在疑惑的同时，是否会思考这些既熟悉又陌生的图案是什么，曾经出现在什么地方？当他们尝试拉开柜门，表面是记忆的抽象，内部空间则是记忆"清晰的模样"。此时，模糊的记忆就像长满雾气的玻璃被擦干净似的，让人恍然大悟，一件参与性艺术作品就最终完成了。储物柜通过艺术的形式，将互动行为及社区脉络所构成的共同记忆"浓缩"，让人在理解中收获惊喜，在欣赏中产生美的体验，从而生出仁爱之心，拉近彼此的距离。

乐园

———

沈子涵、钟泽霖　《乐园》　镜面装置　2021 年

沈子涵、钟泽霖 / 四川美术学院综合艺术专业本科生

生活的镜像

——《乐园》创作手记

沈子涵

　　将普通人的生活场景融入艺术当中，或是说使艺术活动与普通人的日常生活发生关系，是艺术介入社会的一种方式。我们小组在中国社区美育行动计划展中展出的作品《乐园》，意在探讨艺术与社区居民之间的内在关系。作品以大学城虎溪社区泡泡街的普通人物形象为素材，用镜面材料剪裁出居民群像，使镜中映射出的观众与作品相连，打造了一个属于泡泡街和观众的"乐园"。

　　社区艺术，更像是一种跨学科合作的在地工作，艺术家要走出封闭的工作室参与到社会环境中，这本身就是对艺术家的一种挑战。与此同时，实践过程中不同学科之间的差异也会带给创作者一些新的视野，从而赋予创作不同以往的意义。

　　初始方案的设计，是想在社区的公共区域里竖立两面弯曲的镜子，行人"走入"两片镜面中时会产生很奇妙的空间视觉效果。这个方案不仅技术难度较大，成本较高，而且整个方案想要表达的观念也很模糊，其中蕴含的内容仅仅是让观众产生奇特的视觉体验。因此，与其说它是一件与街区观众互动的装置作品，不如说是一件"沉默"的公共雕塑。

这让我们反思，社区的艺术是否应该结合社区文化，与现场发生关系，与人产生互动，而不是单纯地制作一件作品置入社区。于是我们调研了当代的一些社区艺术的项目，其中，雷安德罗·埃利希在中央美术学院举办的"太虚之境"展览中一件名为《建筑》的作品引起了我们的思考。这是一个社区的临时装置，内容包括一个仰面朝天的平面商铺实拍图和一面45度角斜放的巨大镜面。当观众走过房子表面，斜放的镜子就会将平铺于地面的商铺与观众以另一种视觉效果呈现，使镜中的画面看起来像是观众自己在商铺的墙壁上行走。作品很好地与观众形成互动，而且视幻觉效果很酷炫，很受大众欢迎。受此启发，我们决定前往泡泡街考察，根据实地的环境讨论方案，同时采访当地的居民和商户，从他们口中了解一些社区的历史，并邀请他们对作品实施计划提出建议。

我们首先采访的是一位年轻的便利店老板，从他口中我们得知社区存在脏乱差的问题。第二位接受采访的是母婴店的售货员，他提出社区的护栏存在安全隐患。第三位受访的是粥铺老板，老板的态度很明确："你们可以搞艺术，但是不能妨碍我们做生意。"他的这句话其实代表了很多居民的心声，也给我们提了醒，社区艺术在尽量追求视觉效果时，不能对社区居民的日常生活造成负面影响，在满足艺术性和文化性要求的同时要充分考虑作品的存在对社区来说是否合理。

采访社区居民

采集社区居民的肖像作为创作素材

结合艾德·霍金斯的"气候变化数据视觉化"等相关案例，我们决定以社区中采集的居民肖像作为素材，将社区护栏的形象视觉化。创作小组再一次前往泡泡街采集素材，对之前采访过的商户进行拍摄，但是摆拍的效果不尽如人意。后来，我们偶然发现了护栏对面的社区运动公园，便将拍照的对象锁定为公园里生动有趣的组合：玩耍的小孩和守护的家长、跳舞的大爷大妈、运动中的年轻人等。

接下来，我们将照片中的居民形象通过 Procreate 软件抠图，制作成剪影，再排版设计剪影形状大小，制作成镜面墙，采用镜面与压缩泡沫板组合的形式加以呈现，最终得到了一组有厚度的人像镜面。

作品的整体造型是根据泡泡街的护栏和当地社区居民、娱乐设施以及我们创作小组的形象设计而成，剪影中的人物在交谈、玩耍、运动。社区美育就是要以人为本，借周晶老师的话说，今天的社区美育更像是一种游戏，虽然《乐园》最终没能在泡泡街实地呈现有些遗憾，但是我们与街区居民合作完成的这件视觉艺术作品，让更多观众通过镜像的语言实现了一种交融与对话的新型关系。

第十单元
共创共享

　　作为概念的艺术，自带光晕，让人敬，也让人远。作为方法的艺术，让人与人互动、人与环境对话。

　　本单元的作品，是四川美术学院青年学子在虎兴社区、熙美社区、鸿恩寺社区等场域展开的在地创作。这不是自说自话的艺术，而是经过了充分的实地考察与调研后与公众共创、共享的作品。创作的过程，也是人与人交流信息、增进情感的过程，同时唤起了人对自然、对居所的关注。

——屈波

最后的诗

———

焦瑞雨 《最后的诗》 尺寸可变 互动装置 2021 年

焦瑞雨 / 四川美术学院艺术与社会专业硕士研究生

焦瑞雨

书写不一样的诗

——《最后的诗》创作手记

虎溪街道位于重庆市高新区，因辖区内的虎溪河而得名。虎溪在历史上曾是连接成渝地区的重要驿站，但在 2005 年重庆大学城建成之前，虎溪只是城市边缘的村落群。大学城的修建，使虎溪迅速拥有了数十万人口、十几所高校、上百个居民小区。从村落到现代都市的这一急速变迁，使虎溪较之其他的城市区域，有着更为丰富的物理和心理层面的新旧混搭、并存、交替乃至融合的面貌。

2021 年，虎溪老街开始拆迁，最后的二十多户人家也将要搬离这里，存在百年的老街即将消失。

一、选题理由

在重庆大学城日渐繁华、城市化进程加速的今天，生活在一片片高楼林立的水泥城市中的我们，也许经常会忘记，或者从来不会知道，在这片土地上曾有一座繁华千年的古镇——虎溪镇，还有一条滋养着它的河流——虎溪河。

四川美术学院就坐落在虎溪街道，但我们却似乎常常会忽视这个地方的过去和未来。在这次创作过程中我询问了非常多的同学和朋友，也有一些虎溪社区的新居民，他们很多都不知道在离四川美术学院只有几百米的地方有一个虎溪老街，很多人不曾去了解这片土地的历史，认为大学城就是一座崭新的新城。而在走访将要拆迁结束的虎溪老街时，有位从小生活在虎溪河畔的老人给我们讲述了虎溪曾经的面貌和大学城搬来后环境、经济、生活方式上产生的巨大而急速的转变。从老人的话中，我深深感受到他们对虎溪这块土地深厚的爱，这种对虎溪的乡土情怀是作为虎溪暂住民的我所不具备的，这里与我一样的流动人口数不胜数，那么我们对问题的漠视就是理所当然的吗？答案当然是否定的，于是我尝试以艺术的视角去感受虎溪。

　　从"虎溪镇"到"大学城"，十几年来这片土地急速地旧貌换新颜，与此同时也产生或遗留了各种需要我们去关注的问题。随着各种科学技术应用到城市建设之中，旧的虎溪镇一去不复还了。诚然，城市化的发展趋势不可逆转，但在城市化和科学技术飞速发展的过程中，如何兼顾城市的发展和历史记忆的传承呢？如何在城市规划中顾及新的城市人口和原住居民情感记忆的平衡呢？是否应该保持一种人文的关怀呢？又该怎样去寻找和保持人文与科技之间的张力？这些是这次调研和创作中我思考的问题。

二、表达语言

　　作品首先采用了一种废墟考古式的创作方法。在这个具有深厚历史底蕴却刚刚被废弃和忽视的城市角落收集文字和房屋砖块，试图去触发观众的视觉及心理体验。这些直接来自老街的物件，虽不足以诉说此地全部的记忆，但残存的文字、破损的砖块和被拼凑出的碎片的语言，也许可以让观众在目光之外，打开其他感官，用想象力去填补空白，补全作品之外的意义，窥见一丝虎溪过去的辉煌。也许在人们触碰来自废墟的砖块，默念其中文字的时候，会意识到他们的生活看似光鲜，但也处于某种

收集到的各种文字

衰退和毁坏之中。希望意识到这些的我们不会无动于衷，至少在心里构筑出脚下这片土地多样的未来。

在展厅呈现时，我利用了传统的现成品装置与互动形式相结合的表达方式，通过观众的参与和介入来最终完成作品，尝试以互动的方式激发观者的共情和思考。艺术介入社会的语言常常需要经过深思熟虑才能够产生效应，所以这一次我试着将说话的权利交还给居民和观众，让他们以主人翁的身份通过来自老街的砖块和文字来续写他们心中虎溪老街的"不老乐章"。物质形态的虎溪老街终会消散，但可以通过这种形式以另一种状态长存人心。

三、作品呈现

我调研老街的时候那里基本上没有人了，人去楼空，街道留下的文字似乎在静静地向我诉说着什么，于是我把它们拍了下来。后来，我拉着小推车重走拆迁后的虎溪老街，一家一家一块一块地收集来这些见证了历史的砖块，有红砖，也有手工烧制的青砖。在收集青砖时遇到了一些阻拦，居民说这些青砖他们是要带走的，但我讲了意图以后居民愿意送我几块，也许建筑房屋的材料对他们来说也是一种情感的承载。最后我把拍到的文字处理成同样大小的尺寸贴在砖块上，打算邀请虎溪居民用这些文字写诗。

在作品最终的展示上有个小小的遗憾。我们在项目开展初期邀请了虎溪的原住居民和旁边的新居民、川美学子三类不同背景的人举办寻找河流的工作坊。在这个工作坊中，原住居民分享虎溪的故事，跟新居民发生连接，寻找虎溪的历史，展

作者在虎溪老街现场工作

望虎溪的未来。本来是要在那里和大家一起拼出关于虎溪的诗，结果我当天因病缺席而没有做成。因此作品的第一次展示是在柳荫艺库的展场，第二次是虎溪社区的展厅，两次展览里观众拼出的诗是很不一样的。在离虎溪比较远的柳荫展览现场，大家拼出了对虎溪历史、生态表达关怀的文字，比如"虎溪不高兴了""如果天地遮住月""环境要求改造城市"等诗句。这也许是因为柳荫现场的观众主要是前期进行在地创作的艺术家和同学，他们本身对这些问题比较关注，也有更深层次的思考。而在虎溪社区展示的时候，我的同学和来观展的年轻人写的诗，反映了今天很多虎溪年轻人的心态，比如"有人在各种各样乱卷""大公司福利"等。作品展示的场域不同，导致两次展览结果的差异，这是我最初没有想到的，但也未尝不是一个意外之喜。

旧拾光

赵子睿、王颖、白东林、秦鸿源 《旧拾光》 尺寸可变 综合材料 2021年

赵子睿、王颖、白东林、秦鸿源 / 四川美术学院环境设计专业硕士研究生

捡拾记忆

——《旧拾光》创作手记

赵子睿、王颖、白东林、秦鸿源

伴随着城市化进程的加快，扎根于农村的乡土文化日渐衰落。一方面，城市规模的扩张使承载着数千年农耕文明的传统村落在消亡；另一方面，随着大批农村人口涌入城市，乡土文化的传承主体也在逐步缩减。中国的城市化在发展过程中，曾经盲目照搬国外城市发展模式，导致我们的城市风格雷同，城市规划缺乏地方特色，自然遗产和文化遗产受到破坏，几代人的记忆被飞速发展的城市化拉扯得支离破碎。如何使城市的过去、现在与未来相互联系，是我们需要解决的问题。

通过考察调研重庆沙坪坝虎溪地区几十年城市化的发展历程，我们希望以小见大，通过《旧拾光》作品的创作，唤起曾经扎根在土地里的记忆。

我们小组进行了大量考察调研，并走访了虎溪的居民，从他们的嘴里听到了许多虎溪的故事，我们从中取材并加以提炼，找到了几个有代表性的意象与元素。

藤编行李箱。这件行李箱伴随了当地居民李传祥先生十几年，它很好地保存了李先生的记忆。行李箱的功能是储存和运送。因此我们希望通过这个意象，表达一个观念：每一个人对土地的记忆都被很好地保存着，只是被收纳进了自己内心的"行李箱"里。

摇式电话。电话的功能是沟通，跨越空间实现交流。我们
选用这个意象旨在能够通过作品与过去对话，重拾记忆；与未
来对话，提醒未来不要重蹈覆辙，并且让人们能够与土地对话，
与当地历史文脉对话。

老式收音机。这件物品收集自虎溪某废品回收站。我们希
望通过这个意象能接收到来自虎溪过去的声音，让我们重新听
到曾经流淌在虎溪居民家庭里的声音。

《旧拾光》局部

我们将收集到的旧物进行了初次筛选和再次筛选，开始了
创作。对藤编行李箱，我们将先前准备的藤编无序地穿插在老藤箱上，通过此手法表现老
记忆与新记忆的联系。对摇式电话，我们购买了铁丝，通过铁丝的形态来解构与重塑电话
听筒，将其雕塑化，将这个听筒与老旧座机组合形成强烈的对比，寓意着过去与现代的结
合。对老式收音机，我们用透明亚克力为它补齐缺失的角落，在收音机的里面藏有 LED
小灯，微弱的灯光从收音机里发散出来，寓意着过去的声音在记忆里越发微弱。

此外，我们还运用光导纤维去表现河流，并加上了淡蓝色光的纤维灯。透明的光导纤
维就像刚从河里捧起的水流缓缓从手心淌过，在纤维灯的作用下更加有一种河流的生命感。
在整个装置的底部，我们铺了许多零碎的木屑，希望通过这些从箱子里散落的木屑去表现
人们已经遗忘的记忆。我们还将收集来的残缺老凳重新用铁丝绕了一条新的凳腿，想通过
此过程，寓意用新的思想支撑过去的回忆。

我们以旧时回忆为线索，通过联动居民参与其中，建立起人与人、人与组织、人与空
间的互动和连接，用需求串联活动，使之不再是少数积极分子的"独舞"，不再是空洞的
麻木的数字，不再是虚无的形式主义，而是重构关系网，构建社区网络诚信、协作、交
流、和谐关系，运用时间空间网络打破邻里关系的冷漠壁垒，让社区的每个个体感知地缘
血脉，在日常生活中收获反馈与参与感，从而共情，以实现真正的社区共同体正常态。

《旧拾光》这件作品意在唤醒人们对过往生活的感知力，重新思考共同生活的基础与
内在联系，在多维度的社区联系网中适配高适应性的情理价值、情感价值等，感知时光营
造温度，打翻旧时村落的"旅行箱"重拾记忆之旅，在光导纤维的记忆之河流淌中，慢慢
打开一个暗空间沙岸旁时空连接的魔盒，使人们拾起记忆、拾起时光、拾起自己……

回忆虎兴

陈思聪、张显懿 《回忆虎兴》 绘画 2021 年

陈思聪、张显懿 / 四川美术学院环境设计专业硕士研究生

共绘记忆
——《回忆虎兴》创作手记

陈思聪、张显懿

在本次活动中，我们需要居民动笔画出虎兴的面貌。但对于居民来说，这样的命题会使他们感到无形的压力，且难度巨大。因此，小组成员经过讨论后给出了解决方案，即通过范画的方式鼓励居民参与。我们将创作意向图与画面效果展示给居民，告诉他们只需涂鸦而无需专业绘画技巧，并且拿出纸笔进行示范。这样的引导，解除了居民的顾虑，便于达到活动的目标。

除了上述这一提前预想好的问题，还发生了意料之外的状况。在与居民的沟通当中我们发现，大多数居民为外来人口，对虎兴的记忆仅仅停留在这片土地的开发过程，即记住了原来的大片荒地和未拆除的脚手架，甚至部分居民连这一记忆也没有，他们到来时的虎兴已和今天没有什么差别了。因此我们增加了采访，去到餐饮店、便利店等地方与居民沟通。最终通过少数老人的讲述，才得以更全面地了解关于虎兴的记忆。

经过本次实践，我们意识到，对于提高大众艺术品位的问题，社会美育就是便捷有效的办法。近年来，四川美术学院在社会美育实践方面广泛探索，做出了相当的成绩。在本次课程中，我们将自己投身

到社会美育实践中，走近大
众，用我们的力量传播艺术，
与大众共同创作，收获颇多。
大众拥有不同的社会身份，
来自不同的阶层、民族、地
域，他们的知识文化水平更
是不尽相同，而社会美育能
够照顾到不同群体。社会美
育形式多变，可以根据对象
的不同而灵活地进行调整。

居民参与绘画

　　在本次实践中，我们在前期与大量的居民进行了沟通，即便遇到一些意料之外的问题，也都在过程中妥善解决。经过本次实践，我们也理解到，作品不仅可以由艺术家个人完成，也可以由艺术家和公众合作完成。艺术作品只有获得观众的普遍认同和喜爱，才能激励艺术家大胆创新。社会美育能够为公众中的艺术爱好者提供学习的机会，使其在艺术表达方式和技巧方面更加精进。由此既能提升国民的艺术素质，也能为艺术发展提供良好的环境。

　　此外，在本次实践过程中，我们不仅了解到大众对艺术的看法，发掘了他们的艺术创造才能，同时也看到了隐藏在城市发展背后的问题。在我们的画面中，虎兴新貌的内容是占比最多的，这与我们的初衷不完全相符。我们原本构想描绘虎兴从前的故事，但在与居民沟通的过程中我们发现，虎兴在进行城市规划时对历史的痕迹保留甚少，本地居民外出务工，外来人口迁入，都使我们很难再寻回属于从前虎兴的记忆。我们对这种现象进行了反思：城市需要发展，但历史真的应该完全消失吗？我们作为环境艺术设计的学习者和从业者，更应将这样的思考贯穿职业生涯的始终，将这样的命题代入每一个项目中。这样或许就能为这座城市、这个世界，为我们自己以及后代的美好生活贡献微薄但积极的力量。

变形记

———

施凡　《变形记》　320cm×200cm　布面丙烯　2021 年

施凡 / 四川美术学院油画专业硕士研究生

与河同感
——《变形记》创作手记

施凡

　　这件作品创作源自一场名为"消失的溪流"的艺术考察，我们要去寻找一条即将消失的溪流。顾名思义，"溪流"就是一条溪流，它位于重庆市大学城虎溪街道，而"消失"，则是多重意义上的——在视觉、物理、心理、道德、社群记忆等诸多方面，河流都在逐渐消失。循着这条线索，我们一行人开始了对这座城市各个角落不同面相的探索。

　　这条溪流叫虎溪河，连同它一起存在的还有一座拥有千年历史的古镇。河流流畅、清澈，被人们喜爱和关切。现在，古镇面貌发生了极大变化，除了一些当地原住居民知道这条河的存在，随着大学城发展起来而迁入的人几乎不知道它的存在，更别说关注它此刻的样貌了。虎溪河逐渐消失于人们的视野中，城市的建设发展更加速了它在视觉层面上的消失。看不见意味着被掩盖、被遮蔽，整条河道边都做了硬化处理，城市排污系统与河流交错；在商铺和居民小区中，整条河流被水泥硬化并盖住，在物理层面上消失了。在我们的考察中，了解到大多数居民对这条河流的看法是"最好盖起来""挡住比较好"等。在城市的发展中，河流不自觉地从人们的心底消失，或者被认为不再重要了。

前期调研

这条河流的变迁也是中国大多数城市发展的一个缩影。经济的快速发展，深刻地影响和改变了我们的生活方式和周围的世界。消费主义盛行，价值观的变化将中国城市甚至农村的面貌重新塑造，原有的自然因素被抛弃，钢筋水泥的空间被建造出来。

在这无情的钢筋水泥空间中，人和河流一样，被扭曲，被挤压，被掩盖。与此同时，也有越来越多的人关注到同人一样被挤压的那些河流，因为我们都有一样的生命感觉。就像卡夫卡在《变形记》里面描写的经历，此时此地的人的异化以及人对人性的自我抛弃充斥着整个时代，我们都是被变形的人。我能够明显感受到，我周边的很多人都满怀焦虑，每个人都在担忧，每个人都在慌忙地要去做些什么，尽管不知道担忧什么和做什么，但忧虑和慌张无措就是常态。而这些，或许就是城市空间给予人的感受。因此，当回到自我的经验，作为一名出生在农村的 90 后，我从农村到城市，能敏锐感受到时代发展的微小变化，能看到时代、社会在我身上留下的那些尖锐痕迹。

因此，在这次考察中，面对虎溪河，我更像是一位老朋友在倾听它，与它一起感同身受，我们都被这个坚硬的钢筋水泥空间包裹起来，在里面动弹不得。创作时，我就将这种切实的肉身体验转化到画布上，借此表达我的情感。在这里，肉身体验既包括了我的，也包括了虎溪河的，因此在图像选择上，既包含了人的形态也包括了以河流为原型的线条或其他形式的结构。

在作品《变形记 1》中，我以一个人体的形象来进行变形。首先，我将人体的形象变形，两条腿增至四条腿，体态也设计成僵硬和不协调的。其次，我去除了上半身的形象并倒置，使这个形象看起来像是被埋进了什么物体中，或许就是河流，或许是其他不可名状的实体。背景做平面化处理，将主题形象突出。《变形记 2》中也有一个人物形象，相较于前一件作品，形象更加异化，它有着像箱子一样贪婪的形象和细如木杆而无法承载重量的双腿，这两条腿也处在一片漆黑之中，危机四伏，说不清将出现什么，而在画面右边两条长着毛的粗线从身体中穿过，就像河流穿过的城市，就像身体穿过的河流。这幅作品的背景也如《变形记1》一样做了平面化处理，以突出形象。《变形记3》和《变形记4》形象更为抽象化。在《变形记3》的黑色背景上，线条组成并不清晰、混沌一片的形体，表达了我对迷茫不定的未来的忧思。《变形记4》则是将整个画面斜放，做出一种类似迷雾和河流表面的效果，在下部的大面积黑色中，我把一个蜷缩的、自我包裹的人体形象放置进去，制造出一个狭小拥挤、压抑的空间。

在这组作品的整体色调中，我大面积地使用黑色和较深的灰色来塑造形体及背景，就像在阴雨天，低气压让人透不过气，让人必须去面对和沉思，这样的变形也免不得让人们去猜测原因。观众或许会觉得压抑，但当我们真实地去面对这些快要消失的河流时，面对我们与自然关系的未来时，我们的内心也许就像是一片朦胧的烟雨。

泡泡·印记

———

廖登海、张煜瑶、王倩 《泡泡·印记》 尺寸可变 综合材料 2021 年

廖登海 / 四川美术学院雕塑专业硕士研究生
张煜瑶 / 四川美术学院文化创意设计专业硕士研究生
王倩 / 四川美术学院设计教育专业硕士研究生

廖登海、张煜瑶、王倩

雕塑旧物

——《泡泡·印记》创作手记

西湖泡泡街位于沙坪坝区大学城（南部核心商圈范围）东路重庆科技学院对面，是由重庆苏荷地产开发有限公司开发建设打造的一条商业街，属于虎兴社区核心区域，社区希望联合艺术院校师生共同助力，为该区域注入更多新鲜活力，用艺术的形式增加社区的凝聚力，增强社区民众的归属感和幸福感。

一、实地调查

通过走访社区工作人员及网络搜查，我们了解到：泡泡街是因为开发商希望将其打造为一条"非泡不可"的街而得名。其本意是想这里五光十色的店铺给消费者带来无与伦比的享受，你可以购物，可以肆无忌惮地泡在酒吧、咖啡吧。除此之外，这里也是大学生挥洒创意的地方，你可以是这里某一店铺的主人，在这里你可以打造自己喜欢的天地。总之，开发商的本意是想这里的一切可以让人"泡"在里面，不想离开。

通过实地查看，泡泡街现存的商业业态绝大部分由各类餐饮小吃组

实地走访

成，以及少部分便民设施如银行、小超市等。整体来说，与大多数普通住宅区的商业街差别不大，与开发商的打造初衷有较大差距。但泡泡街周围重庆科技学院、西湖景城幼儿园、重庆大学城第一中学初中部环布，附近小区也是以近几年新修小区为主，居民有很大部分为各地迁来的年轻人，整体消费人群以学生和年轻人为主，但除饭点外人流量极小。显然，该街区对社区居民的吸引力较为有限。

通过考察，我们认为，泡泡街的优势在于：周围环境较好，紧邻公园，附近人口密集度较高，离其他商圈较远，有巨大人流吸引潜力。其不足是特色不够，对周围的主要消费人群年轻人的吸引力有限，区域氛围打造不足，对周围居民凝聚力不够，没有形成较好的日常互动交流场所。经过多次不同时段的走访，我们还发现，街区乃至整个社区的人员相互之间也不太熟悉，少有群众聚集的地方，社区民众归属感不强、凝聚力较弱。

二、创作构想

创作理念：将带有本社区内包括居民、商户、消费者等各类人群印记的旧物整合到一起，构建起新的关系。泡泡承载的是记忆，是进程，是归宿，是凝聚；泡泡也可以是一粒种子，可以持续再添加、再扩大，使每个人都能在泡泡中找到自己，真正"泡"在其中。

创作目的：充分发挥泡泡街的优势，用互动式参与方式最大可能地调动社区居民的参与度，增强他们的归属感、幸福感，最后的成品不仅可以从环境上装饰泡泡街，使其更吸引年轻人，也能吸引更多社区居民来到泡泡街，让人"泡"在其中。

参与人群：社区工作者、社区居民、泡泡街商家等。

创作形式：综合材料——"旧物雕塑"。

三、实施过程

创作从收集"社区民众印记"的旧物开始，同时告知大家旧物去向，最大程度调动民众参与度。一开始我们计划在社区内通过张贴海报、设置募集箱和摆摊募集的方式收集居民旧物，后考虑到可操作性问题，经与社区工作人员、老师等多方讨论，决定采用发动热心群众的方式在业主群、广场舞群等社群里展开募集，很快就收集到了大量的旧物。

在对旧物进行分类整理后，小组成员反复讨论，集思广益，开始创作。为充分实现各种废旧物件的拆分和重组，在最大程度从作品本身直观传递出"印记融合"的特点，也最大限度让作品更具艺术性，我们采用了旧物雕塑再创作的方式进行实践。

《泡泡·印记》局部

对作品的展示，我们原计划是在"泡泡"创作完成后，就全部拿到泡泡街进行现场安装，但到了现场准备安装的时候发现"泡泡"还需要额外的搭架子辅助固定才行。于是只有暂缓安装，等展览结束之后再搬到泡泡街进行实地安装。我们希望"泡泡"安装到街头后能够持续生长。我们可以定期或不定期地带动社区居民更新"泡泡"，希望它可以长时间发挥作用，促动社区民众团结协作、共创和谐美好的新生活。

在整个创作过程中，我们不断调整创作方案，不断与各方人员进行沟通协调，使我们真正理解到了社区民众对美好生活的期盼，也意识到了在地创作的真正价值。在地创作的意义在于，创作者充分考虑社区需求，结合当地社群的具体人文环境，以艺术创作的形式给予居民心灵上的满足，更要激发他们从新的视角去感受生活、改善生活，从而真正实现"为生活而艺术"。

发光的泡泡

———

张有鹏、杨若澜 《发光的泡泡》 综合材料、影像 2021 年

张有鹏、杨若澜 / 四川美术学院信息与交互设计专业硕士研究生

点亮『泡泡』

——《发光的泡泡》创作手记

张有鹏、杨若澜

虎兴社区位于重庆市高新区大学城虎溪街道，成立于 2011 年，是一个人员构成复杂，兼有传统村落与现代化街区特征的复合型社区。整个社区目前有 1.6 万户，4.8 万人入住。新老居住模式并存、人员构成多元、流动量大是虎兴社区的显著特征，也导致了该社区凝聚力差、不同年龄层次和不同群体的居民交流少的问题。

一直以来，虎兴社区都在通过举办各种社区活动如组织舞蹈团、合唱团、走秀团等来提升居民之间的凝聚力。这的确使部分居民距离拉近了，居民对社区归属感提升，但仍有大量的居民没有参与到活动中。

通过走访调查，我们发现，造成社区内不同群体居民缺少交流的原因有很多，大致可分为以下四点：第一，不同群体差异较大，平时本身交集就较少。第二，社区互动较少，社区活动往往只针对老年群体展开。第三，社区流动人员多，人员构成具有不稳定性。第四，活动大都在工作日的白天举行，与上班、上课时间冲突。由于这些因素，社区居民在时间和空间上都缺乏一个交流与互动的平台，而人员的流动性大使这些问题变得更加突出，这也给社区工作增加了难度。

从问题出发，我们希望用一种参与式艺术的方式，为虎兴社区居民搭建一个相互交流的平台。在走访中，我们对虎兴社区泡泡街产生了浓厚的兴趣。泡泡街是一条商业街区，连接起了重庆科技学院、社区运动公园与社区活动中心。

活动以泡泡为主题，采用手绘的形式，让居民表达自己。时间上，我们选择了9月30日晚8点，尽可能确保更多社区居民能够参与。地点上，选择虎兴社区晚上人员最密集的地方——运动公园。

我们将重点放在了"发光"二字上。为了使大家在活动中更加积极地交流，我们设计点亮泡泡的环节，使其更具交互性。参与者在绘制完自己的泡泡并领到小灯珠后不能去点亮自己的泡泡，而是需要去点亮其他人的泡泡。我们希望大家在积极展示自己想法的同时能够充分发现其他居民泡泡的闪光点，再去点亮自己喜欢的泡泡。这样居民通过一次一次地交流与赞美，实现彼此间关系的破冰。我们希望泡泡联系起社区的更多居民，也希望居民像一个个泡泡一样，彼此独立又不尽相同，但联结在一起时能够发光，共同构造出虎兴社区的美好氛围。

活动当天，我们和社区工作人员一起来到虎兴社区运动公园，开始了筹备工作。在筹备过程中社区工作人员再次给我们介绍了社区以及在活动中的注意事项。活动开始后，很快就有小朋友来找我们领取泡泡并且十分投入地开始了创作。不一会儿，重庆科技学院的同学也加入进来，他们在开始创作后十分热情地与其他小朋友一起交流，主动邀请社区其他居民参与，活动现场很快热闹起来，大家其乐融融交流在一块。不久后夜幕降临，大家的创作都到了尾声。许多参与者将自己绘制完成的泡泡挂了起来，并绘声绘色地给其他居民介绍自己绘制的泡泡。虽然夜幕越来越深，但是虎兴运动公园却越来越亮，因为大家都找到了自己喜欢的泡泡，并且为之点亮。在社区工作人员的倡议下大家一起合影留念，合影结束后大家都不愿离去，还继续向其他人介绍自己创作泡泡的想法。看见每个人脸上都喜气洋洋，我们随机采访了几个参与者后得知，他们都在为自己的泡泡被其他人点亮而开心。

活动海报

在活动过程中，我们发现小朋友和科院美院的大学生都十分热情地参与了活动，但中老年群体对于参与活动还十分"保守"。发现问题后，我们认为举办活动就是希望全体在场的社区居民都能够参与，如果仍有部分人群没

社区居民参与活动后留影

有参与就失去了原本的意义。于是，我们迅速与社区工作人员商量对策。随后社区工作人员和科院同学一起动员在场的老年居民参与。起初他们还放不开，但在小朋友的感染下，很快便与其他参与者一起相互介绍自己的泡泡，并且点亮他人的泡泡。一位老年居民还特意提着她被点亮的泡泡向我们展示，表示自己很开心参与这一次活动，这让她回想起自己的童年时光。

通过此次活动，我们不难发现，举办一次全体居民都能参与的社区活动能够让彼此的距离拉近。在这次共同创作中，重庆科技学院的同学和社区小朋友共同完成了一个又一个泡泡的绘制与点亮过程。其他居民也在泡泡的创作过程中交流，相互介绍自己绘制泡泡的想法，在交谈间尝试互相了解。在活动后的采访中，科院的同学表示他们是第一次参与这类活动，让他们从新的视角去认识虎兴社区，他们和社区的人、事、物建立起了新的联结，自己对社区的归属感也增强了。一次活动当然没有办法让社区各个不同群体的居民就此实现彼此完全的认同，但活动如同冰山中的一股涓涓细流，社区的不同群体居民在此"破冰"，开始融入虎兴社区这一大家庭。

童趣
——

李季、陈孟 《童趣》 壁画 2021 年

李季、陈孟 / 四川美术学院公共艺术专业硕士研究生

儿童带动社会美育

——《童趣》创作手记

李季、陈孟

　　公共艺术的特定属性，既包括作品的在地性，也包括一定的社会美育价值。在作品创作前期，需要做大量的田野调查，了解当地文化、传统、居民结构、居民需求以及需要提升的东西。在创作过程中，需要考虑到公共艺术作品的美育性质，不可太个性化，太过主张表达艺术家个人的审美趣味，否则会不够贴近民众，甚至完全脱离民众，这样就无法充分发挥作品的社会功能。

　　田野调查是作品创作过程中非常关键的一个步骤。在田野调查时，不仅需要细心谦虚的态度和敏锐的洞察力去了解地域特质，还需要耐心与居民沟通交流，了解更多他们的故事，在有效的交流中捕捉到当地的文化特质和居民需求。当下的艺术介入社区和乡村的实践，涉及一个关键的问题：居民是否应该具备主体性？答案自然是毋庸置疑的。他们生于斯长于斯，社区和乡村是他们的家园，对自己的家当然有发言权。但在部分项目中，当地居民是失语和被遮蔽的，许多改造没有倾听他们的声音，没有吸纳他们参与，这不仅与"公共"一词所蕴含的"赋权"意味背道而驰，项目的呈现结果也将受到来自艺术、社会和伦理的多重诘难。因为对公共艺术实践来说，既要对艺术本身做出

社区儿童参与创作

回应，也要对在地居民的物质、文化与社会需求做出回应，而不仅仅是执行政府部门或赞助者的要求。对民众回应最重要的做法，就是将他们视为在场的主体而加强和他们的互动与合作。

作品《童趣》在选择场地的时候，充分考虑了各个因素。关于住宅区儿童游玩习惯的调查表明，儿童主要是在人群集中或有可能发生趣事的地方逗留和玩耍。另外，一个视野良好、不受干扰的场所更有利于公共艺术作品被看到。因此我们选取了居民聚集、散步、休闲的区域的台阶作为实践场地。在下方木板处聊天、吃小吃、看风景的人们抬头就能看见台阶的蜕变。在创作过程中，我们时刻与当地居民保持沟通。在制作期间，除前期调查时预约的居民，还陆陆续续有很多小朋友及家长参与了我们的实践。时间上，我们选择在国庆假期期间制作作品，大人小孩都有足够的时间，他们将此次创作看作是一次亲子活动，自己动手完成一件有意义的作品，学习了新技能的同时还增进了家庭成员间的感情。

在制作期间，有部分时间段人流量太大，参与人数过多，场面略显混乱不受控制，是预期没有考虑到的。后期我们及时调整，控制人数，效果越来越好。切割、粘贴瓷砖对小朋友来说较危险，所以我们在这个阶段拉起警戒线，后期在上色过程中，再由当地居民协作完成。

作品完成后，我们进行了反馈调查，以局外人的身份访问各年龄阶段的居民对彩虹楼

社区儿童在壁画创作完成后的台阶上玩耍

梯《童趣》的看法。作品受到一致好评，大部分人认为看着跳跃的颜色藏在楼梯侧面，会使人心情愉悦；部分人谈到自己带小孩参与了实践，看着自己参与的作品留在公共空间当中觉得非常有意义。

　　项目结束了，我们收获颇多。我们完整地参与了一件小型公共艺术作品的创作，虽然整套流程非常烦琐，需要在各个细节上把关，但是作品完成后给人带来的满足感与自豪感也是不言而喻的。做好一件公共艺术作品需要考虑很多，我们将会在今后的创作中更加努力提高专业水平以及和在地居民合作的技能，以创作更多更好的作品。

垃圾游乐园

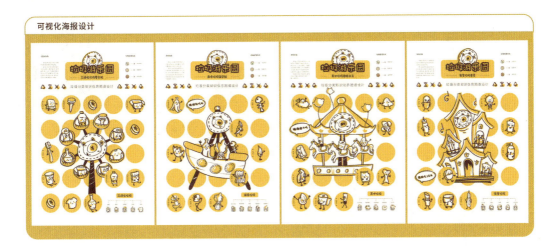

王瀚雪、赵艺 《垃圾游乐园》 综合材料 2021年

王瀚雪、赵艺 / 四川美术学院信息与交互设计专业硕士研究生

儿童美育的价值
——《垃圾游乐园》创作手记

王瀚雪、赵艺

　　垃圾不分类是当下制约我国环保事业发展的重要问题之一，也是造成环境污染与资源循环利用困难的重要原因。近年来，我国大力推进垃圾分类举措，希望能够有效解决城乡生活垃圾混合收集清运模式单一的问题，进一步促进城乡生活垃圾资源化，设立垃圾分类试点城市，强制进行垃圾分类成为一种手段。但是，垃圾分类工作的推进依旧存在很多问题，包括民众的环保意识不强、对垃圾的分类认识不够等。针对这些问题，社区已经做了很多努力，这让我们开始思考如何去培养人们对垃圾分类重要性的认知，如何才能更好地记住垃圾分类的知识。

　　最后，我们想到了"潜移默化"这个理念。要想更好地推进垃圾分类工作，将垃圾分类行为变成日常生活中的一般行为，人人都有责任，儿童也是不可忽视的人群，甚至更为重要，因为儿童的垃圾分类意识可以带动整个家庭重视垃圾分类。于是，我们策划了"垃圾游乐园：幼儿园垃圾分类信息科普及服务活动设计"，通过垃圾分类形象IP设计、垃圾分类内容可视化设计、举办垃圾分类知识宣讲活动，使儿童从小树立垃圾分类意识，培养垃圾分类习惯，让小朋友带动家人重视垃圾分类。

活动开展之前，就社区垃圾分类实施问题，我们对社区里的小朋友及家长进行了走访和调查。通过调查，我们得出以下四条结论：第一，对幼儿园的小朋友来说，大多听说过垃圾分类。第二，老师讲过垃圾分类的知识，但小朋友很容易遗忘。第三，家长对垃圾分类越重视，小朋友了解到的垃圾分类相关知识越多。第四，小区对垃圾分类要求做得越细致，家庭实施得越好。

基于前期调研，我们开始分析目标用户，即3—6岁儿童。这一年龄段的儿童往往不认识字或者认识的字较少，因此相应的设计应有趣，并且具有不需要看字也能懂的可视化效果。针对目标人群，我们主要开展两个方向的设计，即IP形象设计和视觉可视化设计。

IP形象设计根据四种垃圾不同的特点——可回收垃圾能够资源再利用，厨余垃圾是易腐的生物质废弃物，其他垃圾是其余生活垃圾废弃物，有害垃圾对人体或环境有直接或间接危害，结合卡通动物形象进行设计。

视觉可视化设计根据前期实地调研、相关研究文献和儿童特性及他们的认知水平进行。我们在版式设计上，选取知识图谱的形式，一组设计了四张海报，可以让小朋友更直观地了解垃圾分类的相关知识。视觉风格上，也选取了卡通手绘风格，以符合小朋友的认知情况。将游乐园与垃圾分类的知识相结合，更有利于儿童对垃圾分类相关知识进行类比记忆。

在IP形象设计和视觉可视化设计完成后，我们开始在幼儿园开展垃圾分类知识宣讲活动。在活动前，我们上了一堂关于垃圾分类主题的绘画课程，以了解小朋友对垃圾分类知识的掌握程度。同时，绘画作品也经过后期处理，制作成手机壳送给家长做纪念。宣讲活动主要介

幼儿园小朋友参加"垃圾分类"主题绘画课堂

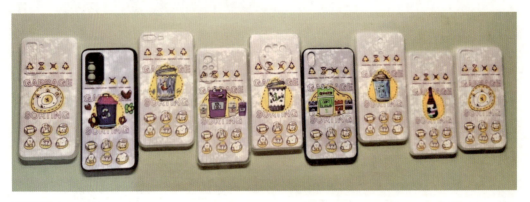

手机壳设计

绍我们生活中常见的垃圾。此外，还进行了垃圾回家小游戏：由四位家长扮演不同的垃圾桶角色，给小朋友发贴纸（贴纸由小朋友自己选择），以扮演不同的垃圾角色；活动开始，小朋友依次把贴纸贴在家长所扮演的垃圾桶海报上。

不过，本次活动也有不足之处。在视觉创作上，有部分垃圾的视觉形象不便于进行手绘风格创作，特征不够明显、辨识度不够高以致小朋友识别不出来是什么物品，同时，打印的贴纸尺寸略小，在活动举办过程中也影响了辨识度。在知识信息图谱上，内容丰富度不够，仅仅涉及生活中常见的垃圾，作为普及教育活动，对于垃圾分类信息图谱，内容上应当更多更丰富。在关于"垃圾分类"主题的绘画活动中，由于小朋友年纪太小，绘画作品有些稚嫩，有些画面过于抽象，不好理解。与工作人员沟通之后，我们准备了一些模版，使小朋友可以直接进行填色。这样一来，有利于调动小朋友的积极性。在宣讲活动上，整场活动进行得比较顺利，小朋友配合度、参与度较高，比较可惜的是由于时间较为紧凑，许多小朋友没能回答问题，看得出他们有些失落。但小游戏的设置使每个人都参与进来，最后无论是对于垃圾分类知识的记忆还是家长的反馈，都超过了我们的预期。

通过本次活动，我们发现贴纸、海报这种轻松简洁的手绘风格比较受小朋友喜欢；明信片上的 IP 形象将垃圾桶与小猪的形象结合起来，更有助于记忆。本次活动的举办，使我们意识到垃圾分类的习惯应该从小就开始培养，同时也深刻地认识到社会美育对环境保护的价值。

时代的太阳

陈湘予、李灿 《时代的太阳》 影像 2021 年

陈湘予 / 四川美术学院环境艺术设计专业硕士研究生

李灿 / 四川美术学院建筑设计专业硕士研究生

亲子共创
——《时代的太阳》创作手记

陈湘予、李灿

在本次社会美育实践中，我们发现：祖辈、父母和孩童的交流方式普遍存在问题。以孩童的娱乐为例，孩子几乎是在祖辈或父母的带领下进行日常的娱乐性活动，在社区儿童活动空间，我们看见家长与孩子的互动交流几乎集中于玩乐的设施，家长辅助孩子玩各种玩具、器械。

在调研时，我们发现一对爷孙在玩跷跷板，爷爷像一个器械化的手臂一样上下撬动着跷跷板，他们之间没有语言交流，孩子也没有露出很愉快的笑脸，仿佛在完成一项任务。这种现象在荡秋千和滑滑梯的区域也同样存在。类似的情景还发生在社区的玩具店和母婴店，家长之间闲聊，孩子则在旁边挑选自己想要的玩具。

家长带着小孩日常玩耍是孩子成长中重要的事情。在调研中我们发现，大多数家长确实很重视陪伴儿童，儿童在家庭中的地位很重要，但许多家长在这一过程中忽视了与儿童的情感交流或缺乏与儿童交流的技巧。针对这一现象，我们决定设计一个能让亲子之间产生亲密互动的艺术活动，以增进家长与儿童的情感交流。

在方案实施时，我们邀请了两对母子作为参与对象，同时邀请偶

遇的一群年纪稍长一点的孩
子加入其中。其中一位小孩
在妈妈的协作下创作出了他
心中的家园，母亲告诉孩子，
太阳一定是明媚的，房子一
定要有屋顶才能遮蔽风雨，
花朵一定要盛开才会开心。
这些看似平常的话，仿佛在
告诉孩子成长的道理。年纪
稍长的孩子动手能力也较强，
他们都有自己特殊的创作能

参与的孩子展示完成后的作品

力，作品内容包括海洋和帆船、花朵与阳光，甚至还有一些抽象画。活动虽然简单，但
在增进亲子交流方面产生的作用，比社区儿童活动空间的大多数活动都更具情感交流与
教育意义。

　　实施社会美育具有深远的现实意义，从当代艺术今后的发展方向来看，艺术应承担起
一定的社会教育功能。一般民众会因接受的美育程度的不同，而呈现出不同的精神面貌及
文化素养。

　　我们发现的只是社会美育中的一个小问题。从这一特定问题出发，我们以亲子共创的
方式影响了一小部分人。我们由此想到，当下的艺术应努力面向大众，发现生活中的真实
问题，更有针对性地去回应大众的需求。

痕迹

———

汤明月、韦宛君 《痕迹》 行为、影像 2021 年

汤明月、韦宛君 / 四川美术学院艺术教育专业本科生

汤明月、韦宛君

多重痕迹
——《痕迹》创作手记

在决定创作《痕迹》之前，我们小组的创作方案经历了多次修改。我们经过实地考察、采访，最终确定针对位于小区麻将室旁的绿化区石板小道过于湿滑这一问题做出艺术改造，拟以在石板上雕刻一些防滑美观的图案为主。

一、前期调研

在实地考察前一天，重庆下雨了，到处都是积水。在考察当天，我们毫无头绪地在鸿恩怡园里乱逛，集合时间要到了，为了避免绕行，我们走上了石板小道。因为重庆春天多雨，再加上物业管理疏忽，石板上长了许多青苔，我们走在上面打滑严重，汤明月甚至还摔了一跤，磕到了大脚趾。我们也注意到，像我们这样抄小道的社区居民非常多，而且他们大部分都是中老年人。腿脚不便、身体协调性差的中老年人要是在这里摔倒了，后果十分严重。出于实用的考虑，我们组确定了在石板上雕刻防滑图案来进行创作的方案。和社工讨论后，他们对我们的想法表示了赞同，并愿意为我们提供帮助。

在社区里与居民交流

居民提供画稿

　　一开始我们打算自己设计石板图案，但老师建议我们让社区居民也能参与设计的环节，这样才符合社区美育的初衷，不过当时没有马上想到合适的切入点。在数过石板数量后，我们发现一共有107块石板需要进行防滑处理，如果全都由我们自己来设计，工作量就太大了，最后我们决定借助社工的力量让活跃的社区居民参与进来，我们在其中引导。考虑到鸿恩怡园里平常主要是中老年人在活动，而且他们的空闲时间也比较多，所以我们打算只招募这一部分居民。但是汤明月认为中老年人很有可能设计不出什么，因为他们并不习惯绘画这种形式，她认为我们应该以社区里的幼儿园孩子为设计主体。两相融合，最后我们决定以在社区活动的中老年人为主，如果他们不愿意或者不想亲自参与，那就向他们借来家里小朋友平时的美术作品拍照作为雕刻图案。

　　在真正采取行动那天，我们鼓起勇气和很多在社区里面活动的叔叔婶婶搭讪，和他们聊天，取得了他们的支持和理解。有些热情的婶婶会直接上手画；有些婶婶即使不愿画也会回家拿家里孩子的画给我们拍照；有些叔叔夸我们是在做实事、做好事。最后我们一共收集到了三十多张画，虽然远远达不到需要的107张，但是我们也觉得短短一周内没办法做完107块石板，所以决定先制作部分石板。

二、具体实施

　　我们在学校实验中心的材料超市借来了两台小型长颈雕磨机，不出意外的话，它们就是我们这次创作的主要助力工具了。

计划永远赶不上变化。出发前一天，我们试着使用借来的雕磨机，发现它的功率太小，如果在红砖上雕刻问题不大，但如果在结实的大理石板上雕刻效果就不太理想了。于是我们通过老师联系了雕塑系的学长，咨询什么样的工具更适合在石板上雕刻。我们比较幸运，学长直接给我们提供了他自己的工具。

从四川美术学院虎溪校区到鸿恩怡园乘坐公共交通工具要花近 2 个小时，为了减少通勤时间，我们决定在附近找酒店或者旅馆直接住下来。我们选择了位于老小区里的一家青年旅舍的五人女生房。不过我们没想到，地图上直线距离 278 米的两个小区却是由垂直距离近一百多米的山地公园隔开的。每天从山脚爬到山顶才能到鸿恩怡园，这对我们来说是额外的辛苦了。

但艰难的远不止外界环境，当我们拿起工具开始雕刻时发现，工具效果远没有想象中的理想。一开始我们根本不敢碰大号的工具，只敢用小号的雕磨机刻花纹，线条的深度及宽度与我们预期相差甚远，一时间我们只能面面相觑。但幸好王志伟老师帮我们试验了大号雕磨机，才使得我们对大型电动切割片的畏惧消减了不少，在经过了几次三番的试用后，我们也算是熟练掌握了大号雕磨机的技巧。但好事不成双，这头我们才上手了大号雕磨机，那头小号雕磨机又坏了，况且大号雕磨机只能雕刻直线条，而我们征集来的画稿都是曲线，我们的工作进度一下子停滞了。下午，老师带来了个头适中的工具，功率不小，且很好上手，经过一下午对工具的适应，我们工作越来越熟练了。

在埋头工作的几天内，我们遇到了很多路过的居民，他们大部分对我们做的工作瞅上一眼或驻足欣赏一番后匆匆离去。当然也有例外，有一位小朋友让我们印象深刻，他蹲在我们前面，对我们不吝赞美，好奇地问东问西，在我们周围绕来绕去直到我们收工才离去。工具很好用，但粉尘也大，随手往身上一拍，就拍起漫天的灰尘。而且石板小道旁都是茂密的草丛，藏着许多蚊子，我们裸露在外的脖颈以及手背时不时要被蚊子光顾。

三、实践总结

这一次社区美育实践让我们受益匪浅。

我们始终认为，社区美育要充分考虑受众的美育基础，不能空泛地和他们谈艺术，而是需要将艺术语言转化成他们能理解的东西，简而言之，立足于社区的艺术创作要具有实用性。在社区工作那几天发生了一件事，那就是上一组同学制作的艺术品在他们离开后，被社区居民当作垃圾扔到了杂草丛里。虽然这让同学们有些难以接受，但是从居民的角度来看，不难理解。毕竟他们不知道什么艺术，不关心什么内在蕴意，只知道那个东西摆在那里碍事极了。

我们的作品取名《痕迹》，喻示着社区居民的画稿被我们雕刻在石板上，留下了痕迹；我们将自己的劳动和汗水雕刻在石板上，留下了痕迹；社区居民的记忆，也留下了痕迹。比较遗憾的是，因为时间有限，而工作量巨大，我们没能做完107块石板。但是我们想，假如今后有同学去鸿恩寺社区进行社会美育实践，或许会有同学愿意接力将它完成。这也算是作品《痕迹》延伸的痕迹了。

重阳·幸福

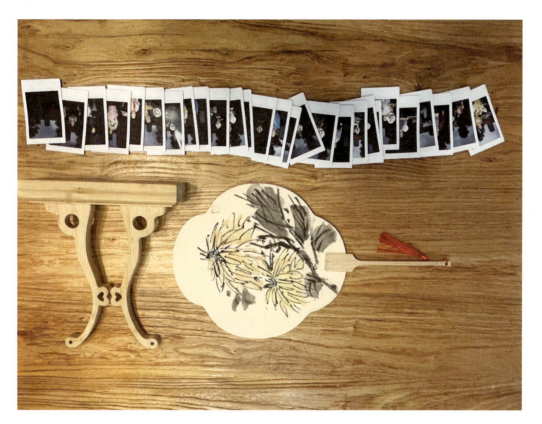

王昶钦、陈日光 《重阳·幸福》 扇面绘画、影像 2021 年

王昶钦、陈日光 / 四川美术学院中国画专业硕士研究生

传统文化的可视化呈现
——《重阳·幸福》创作手记

王昶钦、陈日光

重阳节是中国传统节日,节期为每年农历九月初九。"九"在《易经》中为阳数,"九九"两阳数相重,故名"重阳"。古人认为重阳是吉祥的日子,在重阳节有登高祈福、秋游赏菊、佩插茱萸、拜神祭祖及饮宴祈寿等习俗。传承至今,又添加了敬老等内涵。登高赏秋与感恩敬老是当今重阳节日活动的两大重要主题。经过两天对虎兴社区的实地考察和初步交流,我们发现社区存在现代化小区的普遍问题:其一,邻里关系大多疏离;其二,传统节日的仪式感日益淡薄;其三,对传统艺术不够了解。经小组成员研究讨论,本次方案以重阳感恩敬老为主题展开系列活动,将传统文化可视化,以达到增进邻里交流,同时宣传传统文化的目的。

一、方案构想

本方案以照片、菊花和团扇三种元素为媒介,在重阳节这一传统节日的特殊语境下讨论敬老与幸福两个话题。

参与对象:虎兴社区的老人与儿童各 99 名。

活动地点：虎兴社区汇贤体育公园。

具体流程：

采访 99 名儿童，具体采访内容包括："你知道重阳节吗？""你觉得重阳节应该做些什么呢？""如果一位老人希望得到你的祝福，你想说些什么呢？"收集小朋友的祝福语，为他讲解重阳节的寓意，拍下小朋友与祝福语的合影，全程影像记录。

在重阳节之前完成 99 把菊花团扇的绘制，同时将小朋友的祝福语存放于名为"幸福"的纸箱中。

重阳节当天 9 时 9 分邀请 99 名老人于汇贤体育公园开展活动，在"幸福"纸箱中随机抽取祝福语后，小组成员将祝福语写于团扇上，连同此前写祝福语的小朋友照片赠予老人。此后，小组成员组织老人拿上照片与团扇合影，并询问老人"收到祝福语，你觉得幸福吗？"让表示肯定的老人在照片上写下"幸福"，全程影像记录。

当天下午将老人照片送予小朋友并赠送其一朵菊花，同时询问小朋友"收到照片你觉得幸福吗？"全程影像记录。

展示方式：

由作品视频、创作过程视频和文本、重阳节菊花团扇（现场作品可复制）、198 名参与者照片和"幸福"纸箱组成的装置。

时间安排：

9 月 26 日—10 月 7 日，材料采购与制作（团扇 99 把，底座 99 个，菊花 99 朵，拍立得及相纸若干，"幸福"纸箱、纸条若干）。

10 月 11 日—10 月 13 日，在幼儿园采访儿童并收集祝福语，用拍立得拍下小朋友与祝福语的合影。

10 月 14 日（重阳节），在汇贤体育公园举办活动。

10 月 15 日—10 月 17 日，完成文本与影像制作。

二、具体进程

准备阶段：

9 月 30 日，小组成员再一次前往社区实地走访。

参与活动的社区居民留影

10月1日，完成菊花团扇的样品和抽字条箱子的制作。

10月6日，开始制作扇面。

10月10日，与虎兴社区工作人员沟通，发现原方案存在所需人数过多、小朋友的时间难以调配等问题，实施具有相当大的难度，故修改了方案：在小朋友参与活动学习重阳节相关知识后将团扇赠予小朋友，由他们转交给自己家中老人，同时给他们留影纪念。

实施阶段：

10月13日下午5时，提前到达汇贤体育公园布置场地；下午5时30分活动正式开始；晚上7时左右活动结束。

三、活动反思

方案根据具体情况做了调整，体现出在地创作的特性。同时，考虑风俗习惯，去掉了赠送菊花环节。从最终效果看，更改后的方案反而调动了参与人员的积极性，活动受到了更多的关注和好评，使活动更显温情，进一步升华了活动主题，同时删减了不必要的形式。

本方案的核心是敬老和幸福两大话题，在活动未开展前，小组成员进行了大量讨论并制定了详细方案，在活动举办时根据实际情况做了调整。我们认为，敬老和幸福并不需要过多修饰，而应以一种纯粹的方式呈现。活动也不需要过多环节，通过邻里间的相互问候、小朋友对老人的祝福亦能体会到活动的主旨。重阳自古便是中国传统节日，用菊花团扇这一具有中华文化符号的物件将传统文化和敬老观念宣传到公众中去，是实践能够成功的原因所在。

我和你

唐婷婷、张路阳、高铭 《我和你》 尺寸可变 装置、影像 2021 年

唐婷婷、张路阳、高铭 / 四川美术学院文化创意设计专业硕士研究生

一次别样的课程体验
——《我和你》创作手记

唐婷婷、张路阳、高铭

一、调研与方案构思

　　第一次实地考察：空余的展板引发做海报的想法；水塘和草地出现的环保问题成为第一个选题思路；水塘与环境四周的设施、植被的链接可作为对社区氛围、人与人之间关系的思考，由此设想出第二个选题思路并进行深化。

　　第二次实地考察：将钩针毛线编织作为形式表达的媒介，结合海报中的图形组成一次在地创作的实验活动，形式暂定为邀请社区擅于毛线编织的人员参加活动，一起制作自然环境与人造建筑的链接制品，并对毛线制品的艺术形式进行调研。

　　第三次实地考察：将活动更改为参与式毛线编织，将编织品作为承载物，并将居民对社区的美好愿景制作成许愿卡固定在毛线编织品上，使参与的居民数增加。

二、方案难点

老师建议用塑料绳作为编织材料，因为其在风吹日晒的外部环境下更持久和牢固。但我们小组最后仍然坚持用棉线，一是因为棉线柔软好操作，便于居民上手；二是因为棉线更细腻温和，给人的感觉没有那么硬；三

活动现场

是我们觉得什么材料都有烂掉损坏的一天，就像大家许下的愿望也会有反悔的一刻，应当顺其自然。

在邀请居民参与的过程中，当然是遭遇拒绝比得到同意的情况多。这样，我们一边反思自己方案的内容和形式有什么需要优化的地方，一边继续鼓足勇气邀请居民合作参与，同时考虑请小朋友带同学来写、爸爸带女儿来画的情况。

三、时间计划

2021 年 9 月 23 日：实地考察与思考方案。

2021 年 9 月 24 日—28 日：完善与推敲方案，推翻第一套方案，运用新方案进行模拟与探讨，并取得初步成功。

2021 年 9 月 29 日：进入社区进行沟通，调查社区居民生活习惯、作息时间，为活动创造前提条件；购买活动材料，以及初步实践样品。

2021 年 9 月 30 日—10 月 5 日：与居民沟通，获得信任，交谈顺利，请他们参与活动，为正式活动奠定基础。

2021 年 10 月 6 日：正式活动开始，当天大部分居民处于国庆休假状态，场面十分热闹，从小孩到老人，都参与到我们的活动之中。编织毛线组成许愿树，大家写上最好的祝福挂到许愿树上，从人与自然的沟通中寻找和谐共生的那一份爱……

居民参与编织

四、创作过程

地点初步定在湖泊中间的桥梁上，传达"人与自然之间爱的桥梁"之意，其中，有三棵树符合活动的基调，我们便选择了其中一棵位置适合做活动且美观度较高的树作为我们的活动现场。树的周围有铁栏杆，代表的是人为建筑，自然与人为在红色的线中相接。

部分居民最初拒绝加入我们，我们也本着不打扰居民正常生活的初心来举办本次活动。当然，愿意参与活动的居民还是占大多数。居民会与我们一同编织毛线、写下愿望并挂上许愿树，在沟通中，人与人的距离不经意间被拉近了。

五、成员感想

偶然听到焦兴涛老师讲述在羊蹬创作的故事，很诙谐也比较易懂，同时有一些领悟：易懂、不浮夸、从细节中感知和共情。因此当我们以后来者的心态进行在地创作时，是带着一份期许的——期许它有意义，期许早早地赋予它一个形式与目的，期许它有一个良好的结果。但是制作的过程中，我慢慢了解到这是不可取的。

抛开最后的成品而言，此次课程中对我的观念影响最大的是在虎兴社区服务中心与老师的一番问答。

我表达疑惑："万一他们不喜欢我们做的作品怎么办？"

师答："不一定要让他们喜欢，创作结果是不受控制的，甚至有艺术家的作品就是要让观众感觉到愤怒。"

我表达担心："我并非不想和居民接触，只是害怕从时间及作品呈现上，如果不能给他们一个满意的结果，心中便会觉得请他们来参与会是一种辜负。"

师答："不要进行预设，'在地'的意义就在于与当地居民接触。作品的呈现依照时间调整，有时间就做大做多，时间紧张就做小。"

以上，是我在此次课程中最大的收获。平时在学习中，我习惯对结果进行预判，这可能是因为专业训练使然。我本科与硕士研究生均就读于视觉传达与文化创意设计专业，这是一个比较注重形式感与视觉语言的专业，每一份作品的产生都出于一定的需要，带着目的性去完成，有时候甚至错误地习惯于形式先行，以形式去靠近理念。这从好的方面来说，是能呈现出掌控之内的结果，从坏的方面来说，是太功利了。

谈谈我们小组的成品。我在书上看到过这样一句话："这就是 ××（一个地名），如果你愿意，它总会有各种空隙让艺术编织在生活之中。"我将原话中的地名省略了，因为我觉得这句话适用于任何地方。我个人抓住了一个关键词"编织"，它可以是动词，也可以是名词。编织是细腻的，是柔和的，没什么张力，但是可以将点与点、面与面、体与体连接起来，像有力量的手将两个互相"绝缘"的物品拉近，并且可以在各处"见缝插针"，于细节中联系。同时，我喜爱编织，甚于用电脑做图，因此此次实践形式由我确定。在这里感谢小组另外两位成员，愿意支持并"纵容"我以此为支点创作下去。

成品的呈现并非一步到位，中途两易位置和形式。一易是将作品范围由整条桥改为其中一部分转角平台，二易是由转角平台集中到一棵树。由单纯邀请住户参与编织，到拓展活动受众，邀请他们一同为自己、为生活、为社区祈愿。这个过程就是作品实施过程中与现实生活发生交错的结果。对于作品，我这样阐释：人为制作出红线，将人造物与自然环境绑在一起，不能分割。且红线编织成为一张网、一座桥，在池塘的桥上做"红线桥"，前者联结道路，后者联结人与自然。最后居民祈愿，在最显眼的转角让其他人看到，或不屑一顾，或产生共鸣，搭建一个无形的、人与人的"心桥"，即《我和你》，"我"指代不明，"你"指代万物。

但成品呈现出来之后，如果你问我"形式和内容是否统一了？作品完全表达出理念了吗？"对此我只打 60 分。看到作品，知其用意，客观来说还没有达到标准。为何如此？因为国庆期间我去了一趟璧山莲花穴参观，与那里的作品和布置比起来，不管是体量、效果还是表达程度，我们这个成品都是远不能及的。相比之下，我们的创意点还显得比较模糊。

接下来我想分享我们组做得不错的地方。一是流程的完整。我们缩小活动面积后，锁定一棵树、一个转角，去测量作品所需的尺寸，并且在编织完成后准备了方便居民参与的

居民悬挂心愿卡

活动台、活动工具，制作了活动海报，拍摄了从头到尾的视频，整套流程是完整的。二是视觉的纯粹。我个人觉得选取大红单色棉线，布置完之后与场景对比鲜明，能够跳脱环境，吸引注意力，且不会杂乱。另外海报上的设计也以"居民""交流""红线连接"为关键词来制作。三是沟通的价值。我们确有鼓起勇气与居民进行沟通，并邀请他们参与。暂不说参与效果及参与量如何，我们收获到"我老伴也会编，但是她过世了""你们也要保重身体""我写了爱老婆，等下让她过来看"这样的真情流露，便可以为之欣喜。

最后，给这份感想写一个总结，希望汲取经验教训，下次有机会应该把这样的事做深、做实一些。另，感谢张路阳与高铭在组内的合作。

——唐婷婷

在课程的开始，我并不理解"在地创作社会美育"这一课程的内容，认为本次课程与本科时期的专业课并无二致，还是从提出课题、头脑风暴、制作过程到得出结果后展出。在视觉传达专业本科和硕士研究生的学习期间，自己所担任的永远都是创作者角色，一件作品从构思到完整的呈现都是由个人或小组担任全部的制作，然而这次"在地创作"确是与之前的学习方式非常不同。

从虎兴社区的调研开始我便意识到，本次我们三人小组只是活动的发起者和组织者，艺术品的制作将交给社区的居民来完成。从"作品的创作者"到"作品传播的媒介"的身份转变，是我在之前的学习生涯中从未遇到过的。

在开始的讨论中，我提出制作垃圾分类相关文化创意周边设计，这也直接将自己置于作品制作者的位置，与"在地创作"脱节，后在唐婷婷提出毛线制品后，小组便调转了思考方向。

不要进行预设，是老师给我印象最深的建议。基于专业缘故，我总会习惯赋予最终作品一个大效果，然后为了达成这个效果而进行制作和完善。这次实践则循序渐进，因时而变，因地制宜，每一次实地调研都会出现不同的想法。从一开始设想的不同场地到后来集中在转角平台，从一开始邀请居民参与编织到后来只需居民许下愿望；场地缩小，参与需求降低，人数增加，所有变数都是"在地"的重要实践。

我们组的三位各取所长，我结合毛线制品与"我和你"的主题设计了海报。视觉内容并不是最主要的考虑，我选择了简单易懂的插画海报，希望居民在看到我们的装置后结合海报能立刻明白本次实践的意义。

对我个人而言最有难度的地方并不是调研、构思和制作，而是与人沟通。我个人非常害怕与陌生人沟通，我害怕一次又一次被人拒绝，直到一位男士开朗大方地写下"我爱老婆"并且带着妻子和孩子过来看自己的愿望，我才切实体验到了与人沟通及课程本身的魅力。

最后，视觉传达是我要在四川美术学院学习了七年的专业，它教会我如何用作品传达出自己的思考，而这一次短暂又珍贵的"在地创作"课程，让我学习到自己不仅可以是艺术品的创作者，也可以是过程的记录者和传播者，两种不同的角度都会是我今后学习中重要的参考。

如果再有机会，我希望能从更加务实且有更高参与度的创意入手。谢谢老师的指导和小组成员的合作。

——张路阳

作品局部

　　首先，在本次实践中，人与人、人与自然之间的鸿沟被打破了，人与人之间充满爱意，人与自然亦有机融合。当今时代，人们跟随科技化、现代化、智能化的快节奏生活拼命地奔跑，但这种奔跑是否意味着前进，还需要停下脚步重新审视。近两个多世纪以来地球经历了三次产业革命，从第一次工业革命到信息革命，自然规律不停迭代，人们一次次挑战自然的同时，也在挑战人类自身。

　　其次，开始时我以为这门课只需在教室里听课，没想到恰恰相反，除第一堂课在教室中听理论知识，其余都是在社区调研、规划、策划与设计活动。这是在工作室里无法体验的一次实践，让我更多体验到了市井生活的气息，回忆起儿时的生活。居民纯朴的脸庞和每一次微笑都是我们作业进展的动力。

　　与此同时，我们的作品是接触大自然的，以人与自然和谐共生为出发点。拼命奔跑的同时，人类也需反省自身：某种意义上的追赶是否意味着前进，人类是否应该那么刻意地驾驭自然，等等。与我一同完成本次作品的老师与同学之间的学术和实践上的交流，让我感受到团队的温暖，期待以后与队友再有合作。

　　再者，本次课程的老师非常负责，尽全力帮助同学，召集社区居民参与活动，使我非常欣赏。在白岩松老师的一次访谈中，他提到让生活占据生命的上风，但大多数的生命的上风却是欲望。当然，这不是一蹴而就的，只能让公众逐渐体验生活本身的意义。我想这门课的意义也在于此，淡化一些欲望，追逐生活中一些本真的实物，也许它们遍地皆是，但每个人都能捕捉到吗？有的人走得很快，有的人走得很慢，但却走得很稳。

最后，本次实践最大的闪光点无疑是人与自然和谐共生的意义，棉线、许愿的材料虽价格便宜，但其价值远远高于它的物理存在。它承载着一种生活态度——不是人向自然挑战，而是和谐共生的呼吁。因为大自然在人类生活中以一种"理所当然"的姿态存在，人类往往不会珍惜它，于是私欲萌生。要做到和谐共生，正视这个问题是关键，所以我们小组想尽自己的一份力，感动与带动身边的人。

——高铭

为我们点赞

王虹妍、陈彦德　《为我们点赞》　影像　2021 年

王虹妍 / 四川美术学院手工艺实践专业硕士研究生
陈彦德 / 四川美术学院环境艺术专业硕士研究生

王虹妍、陈彦德

走进社区
——《为我们点赞》创作手记

2021 年 9 月 23 日，我们第一次来到虎兴社区便民服务中心进行田野考察，老师早已到场与服务中心的工作人员交流，希望课程能够得到社区的全力支持。

随后，老师带领我们来到社区第一个站点——社区公园，整个公园洒满阳光，干净明亮，充满着孩子的欢声笑语。此时正是上班时间，所以大多数是老年人带着孙子孙女出来玩耍交流，很快我们的目光被这个群体吸引，同时也注意到一些问题：公园里有很多供小朋友玩耍的共享小汽车，小朋友很想玩，但是老年人不太会用这些共享小汽车，小朋友就在一旁哭闹，场面一度失控。于是我们上前去协助老年人，在我们的协助下，小朋友终于坐上了共享小汽车，但是新的问题是老年人也不太会用共享小汽车遥控板，假如没有年轻人的协助，小朋友很难享受开共享小汽车的快乐。另外，公园临湖，常常有小朋友在中间玩耍，湖边却没有任何警示牌，尤其是有一座小岛，连栅栏都没有，却也同样没有警示牌，非常容易出溺水事故。公园上空有很多高压电线，假如到了春天有小朋友放风筝，会很容易出事故，却也没有任何警示牌。

接着我们来到了泡泡街，那是一条商业街，有很多餐饮店，客户主要是对面科技学院和一所小学的师生。这时有很多同学问老师："为什么这里叫泡泡街呢？"老师笑答："你们可以去调查调查，是不是有什么典故？"

最后我们来到了草坪，这是个充满文化感染力的散步地点。我们观察到有很多陶冶情操、劝人向善的诗句，以及重庆的很多著名景点介绍。我们能感受到社区很用心地设计这一块休闲场所，希望居民在休闲的过程中升华认知，但是很多牌子已经掉下来，或折断、生锈，或字迹模糊，而且损坏的时间已经很长。由此，我们发现了居民和社区工作者对这些问题的漠视。有什么方式可以呼吁居民和社区工作者再次重视自己生活、工作的社区环境，积极发现问题，让社区变得越来越好呢？这成为我们实践的出发点。

基于前期调研，我们希望通过艺术创作，让社区公众为川美团队的"虎溪社区美育"实践点赞。我们跟踪川美"在地创作与社会美育"这门课程每组同学的创作进度，关心他们以怎样的形式与社区居民互动，打算解决怎样的实际问题。汇总以后，我们将这些"在地创作"做成展板，分别在社区居民和社区工作者群体中组织"点赞"活动。作为川美"在地创作与社会美育"这个课程的一份子，希望我们的作品能让虎溪居民、虎溪

团队成员与社区工作人员交流

社区工作者、川美社会美育团队三者之间形成互动，无论居民还是社区工作者都能够对社区多一份关心，让关心社区成为一种自觉。

参与这次的"在地创作与社会美育"实践，就是希望能给社会带来多一点的爱，同时锻炼自己独立的精神。作为一个"在地创作与社会美育"的实践者，在关注社区公众美育需求的同时，也是在自我关心。在使其他生命活出色彩的同时，创作者也可以从中学会与人沟通，关爱他人，从而得到思想的升华，更深刻地领会生命的意义。此次走进社区的美育实践活动，也为我们提供了一个接触社会的机会，让我们明白，创作不能离开社会现场。

我们的创作也许微不足道，因为它涉及的范围太有限。但它又是重要的，因为它在有限的范围内让社区居民露出了笑容，让他们感受到了社会的温暖与自身的价值。

附　录

研讨会开、闭幕致辞，
主题发言内容提要及专家评议

"社会美育与城市品质提升"研讨会欢迎辞

刘涛 / 虎溪街道党工委书记

尊敬的吴主任、焦院长、各位领导和嘉宾：

大家上午好！时值深秋，天高气爽。今天我们以美之名诚邀四方嘉宾，欢聚在虎溪街道文化服务中心，举办"社会美育与城市品质提升"研讨会暨"中国社区美育行动计划展"。作为承办方和东道主，我代表虎溪街道党工委、办事处向各位嘉宾的到来表示热烈的欢迎！向成渝双城经济圈高校艺术联盟及组委会的精心组织表示衷心的感谢！

虎溪街道高校林立，教育兴盛，是大学城的核心代表区域，我们积极融入高新区"项目建设年"和成渝地区双城经济圈建设。我们积极整合利用辖区高校资源，推进校地合作，寻求智力支撑，把大学教育融入在地实践，融入社区教育，共同探索把艺术导入社区、导入城市，提升城市的文化气质，提升社区的文化品质，拓宽社会管理和学校教育的互动空间，创新社会治理服务形式和内容。我们相继与川美、重师大等高校签署校地合作实践基地协议，打造中国社会美育品牌。

此次展览和研讨会，是虎溪街道与四川美术学院"美育涵韵人文　引领城市品质"校地合作项目的成果，这个项目将持续 3 年。活动的成功举办，标志着双方开启了深度合作的新征程，相信通过我们的努力，一定能将虎溪街道打造成全国具有创新性的社区美育高地，满足辖区居民对美好生活向往的需求，助力科学城文化建设。

我们每个人都是美育最直接的受益者，也是美育最富活力和创造性的实践者、传播者。在科学城建设中，我们既要发展"五个科学"和"五个科技"，也要保留历史、唤醒人心，展览中的多件作品，立足虎溪，深入城市，触摸生活，引发共鸣和思考。

智创如虎，文明若溪，虎溪街道将致力于"全面服务科学城，建设文教第一街"的目标，把学校教育与社会教育充分结合，扩大边际效应，营造文化美育空间，我们有责任用博大的胸怀拥抱未来，用跨界的思维去激发教育，去集聚辖区高校包括但不限于艺术的灵感作品和创新思想，让美更好地服务于社会和生活，用美去提升心灵境界和格局，用美去提升城市的综合品质，我们倡导"善治若水，互助融心"精神，积极打造"溪畔互助家"社会治理品牌，为建设"科学家的家，创业者的城"做出大学城、做出虎溪街道特有的贡献。

希望大家以美为美，各美其美，美美与共，尽享研讨之乐，收获友谊硕果。祝活动圆满顺利，祝大家周末愉快，身体健康，万事如意，谢谢！

"社会美育与城市品质提升"研讨会开幕致辞

焦兴涛 / 四川美术学院副院长

尊敬的吴主任、各位领导、各位嘉宾：

大家好！欢迎大家参加"社会美育与城市品质提升"研讨会暨"在地 在线 在场：中国社区美育行动计划展"。

"中国社区美育行动计划展"于 2019 年由四川美术学院和重庆市美术家协会联合发起，迄今已举办三届，参与主办的单位越来越多，四川大学、四川省美术家协会、重庆市文艺评论家协会、成都画院相继成为主办单位，高新区虎溪街道、西南民族大学、西安美术学院、云南大学相关院系，"社区枢纽站"等相关艺术团体也参与到展览的组织工作中，在这里，我要代表四川美术学院向所有联合主办和承办的单位、机构表示深切的谢意，也感谢为将展览打造成中国社会美育品牌付出辛勤努力的策展人团队，并欢迎所有参加研讨会的专家。

"中国社区美育行动计划展"，从第一届的"吾老 吾幼 吾生"，到第二届的"共在 共情 共生"，再到本届的"在地 在线 在场"，变化的是主题，不变的是对新时代社会需求的回应，城市品质提升，审美经济发展，人民对美好生活的向往，艺术可以而且应当对这些问题做出回应。

四川美术学院今年成功获批博士学位授予单位，美术学成为博士学位授权点。美术学的三大学科方向之一——公共艺术与社会美育，将成为我校新的学科增长点，明年起将招收博士、硕士研究生。包括"中国社区美育行动计划"在内的一系列与社会美育相关的展览、研讨、出版，都将对我校美术学学科建设的深入推进贡献力量。

　　扎根中国大地办大学，以艺术作为参与社会发展的重要力量，把回应需求、学术发展、学生培养有机结合，社会美育专业大有可为，社区美育事业正当其时。感谢展览及研讨会的学术主持黄宗贤教授，并再次感谢虎溪街道对本次展览及研讨会的大力支持。期待往后的展览及研讨会水平越来越高！

"社会美育与城市品质提升"研讨会开幕致辞

牟文虎 / 四川音乐学院副院长

各位领导、各位嘉宾：

上午好！非常高兴参加"社会美育与城市品质提升"研讨会暨"在地 在线 在场：中国社区美育行动计划展"。

为响应成渝地区双城经济圈建设国家战略，成渝地区双城经济圈高校艺术联盟于2020年7月成立，川渝两地68所高校参与。联盟期望通过不懈努力，唱好"双城记"、建好"经济圈"，回应国家对高等艺术教育发展的新期待，夯实我国文艺事业繁荣发展之基，为实现中华民族伟大复兴的中国梦做出积极贡献。

联盟成立以来，参与的高校共同发展成渝艺术教育、共同打造成渝艺术走廊、共同服务成渝经济圈建设。"中国社区美育行动计划"自2019年由四川美术学院和重庆市美术家协会发起以来，成渝两地的高校通过艺术工作坊、在地创作、研讨、展览、出版等方式，深度参与社会美育的实践形态与理论模型建构，广泛传播社会美育理念，两地越来越多的政府部门、艺术机构、普通民众参与到社会美育机制的建设中，联盟以艺术服务社会、服务国家战略的目标得以实现。

虎溪在历史上曾是连接成渝地区的重要驿站，如今成为成渝双城经济圈建设的前站。虎溪辖区内有多所高校，成渝地区双城经济圈高校艺术联盟的重庆成员高校大多驻地于此，是双城文化发展互动、互鉴的最重要区域之一。以具体项目为依托，整合优势资源，共建研究平台，与虎溪当地文化资源和文化产业相结合，构建文化艺术生态圈、产业圈，成渝地区双城经济圈高校艺术联盟必将在虎溪有更大作为，期待"中国社区美育行动计划"展览及研讨会越办越好，期待社会美育事业惠及更多虎溪当地居民，期待社会美育的虎溪经验得到更广泛传播。

研讨会主题发言内容提要及专家评议（一）

王天祥（四川美术学院艺术教育学院院长）：
《社区微更新与社会性艺术》

内容提要：社区作为城市更新的最小单元，体现了美好生活的向度。社会性艺术是以社会问题为导向，以参与为方式，以建构为取向的艺术，包括破解意义感丧失问题的场域艺术、破解交往异化问题的社群艺术、破解人与自然关系异化问题的生态艺术。

王南溟（"社区枢纽站"发起人）：
《艺术动员：当社区成为作品——陆家嘴艺术社区规划的过程》

内容提要：社区枢纽站是在"2018王南溟志愿者年"中发起并获得专业界人士及学生广泛支持和参与的公共文化项目，它以学术理念、项目策划的方式与社会各组织及社区进行广泛的合作和实施，从而更好地让美术馆化的社区艺术文化与学术界互动。

吴白雨（云南大学艺术与设计学院副院长）：
《非遗·科普·艺术介入——面向城市 CBD 的艺术服务与公众美育》

　　内容提要：一、非遗美育与科普美育之价值和理论。二、公众美育需求与艺术服务之关系。三、"非遗·科普·艺术介入"实践案例。

孙莉（麓湖·A4 美术馆馆长）：
《节日奇观还是生活日常——艺术走入社区的新实践》

　　内容提要：随着越来越多的艺术节、公共艺术项目、社区艺术进入城市更新、乡村振兴以及社区治理的现场，艺术工作者们会面对一个重要课题——如何让这些发生成为生活日常，而不仅仅是一时奇观。麓湖社区艺术季是推动艺术走入社区的公共项目，A4 美术馆作为其中主要推动者，联合各方机构，从理论研究过渡到社会实践，让艺术真实地和社区产生联系。

杨舒丹（四川美术学院油画创作实践与理论硕士研究生）：
《虎溪·稻草人——守望的故事》

内容提要：一、"虎溪·稻草人"项目背景介绍。二、田野调研后确定创作形象。三、介绍艺术家各自的创作计划。

评议人：黄宗贤（四川美术学院艺术人文学院院长）

评议内容：王天祥的报告言简意赅，列举了中外关于社区品质提升的一些举措，对社区性艺术的内涵和几个维度进行了阐述。王天祥以川美在社区美育行动的一些案例说明，城市空间改造不只是建筑外观或者空间面貌的改变，艺术介入社区不仅可以改变外貌，而且可以满足人的心灵需求，是一种精神建构和社会生态建构，我想这样的观念对推进社区美育具有很好的参考意义和价值。

王南溟教授分享了陆家嘴艺术社区构建的思路以及呈现的面貌，特别有几句话让我们为之一动——市民动一动，美好生活进一步；市民乐一乐，艺术社区长一长。最后的社区硬微更新、软更新、再更新是很好的理念，是将来社区美育行动或者社区建设非常值得参考的案例。

艺术与科学是硬币的两面，说得很好，但是也不完全正确，因为硬币的两面是不可相交的，但在我看来艺术与科学是人类力量的呈现方式，是人类通向美好生活的两翼，我们人类借助这两翼，穿越愚昧向着光明前进。两者之间你中有我我中有你，人类艺术史发展离不开科技的力量，科技使艺术不断更新，反过来，艺术让科技有更多的人文内涵。云南大学致力于将艺术、科学和非遗结合起来进行学科建设，同时推进生活美育，我觉得这种经验是值得我们借鉴和参考的。

成都的麓湖·A4美术馆和艺术季活动已经成为成都的名片，A4美术馆通过两个很重要的平台力推当代艺术发展，第一是A4美术馆每年都在举办非常前沿的探索性当代艺术展览，同时执行国外艺术家驻留计划，实实在在架起了中外艺术沟通的桥梁；在社区美育方面，不仅仅有艺术季活动，还有一系列人文讲座，使麓湖这个社区不仅仅有一种文化的知名度，更让社区居民有更多的获得感。麓湖已经成了美好的代名词，一提到麓湖，就会让人想起艺术，想起文化，想起美好，非常感谢孙莉馆长及团队为成都社会美育和当代艺术发展做出的贡献。

杨舒丹小组作品是整个展场里非常吸引我的作品。他们找到了一种链接方式，把这片土地原有的地方性里很本质的符号，转化成今天城市生活里的新主题。刚刚我和焦院长讨论时提到，艺术与社会的创作或者说艺术与社区的创作有一个难点，大家可以做出很好的调研，但是很难转化成好的艺术作品。你们的创作，基于艺术的调研，而且很好地完成了艺术的转化，是一个很好的案例。另外，今天讨论艺术创作，社区是最好的触媒，能够触动真实的问题，触发思考艺术本身的走向，所以我觉得你们的探索是有价值和意义的。

研讨会主题发言内容提要及专家评议（二）

胡斌（广州美术学院人文学院院长）：
《社会链接与移动的公共教育》

内容提要：高校美术馆一方面要梳理学校的教育脉络，并结合学科发展需要，规划相关的研究、展览和传播活动；另一方面要连接社会，与更为广泛的公众进行互动，尤为重要的是向外界展示基于其学术定位的社会形象和主张。作者结合广州美术学院美术馆的公共教育项目案例，阐述置于新的时代语境中的高校美术馆是如何区别于一般的公立美术馆，在学校历史、地缘关系以及社会互动等多重关系中逐渐凸显自身艺术主张的。

冯雪峰（杭州师范大学副教授）：
《走来走去——艺术教育、人类学和街头的美育》

内容提要：一、街头的身体、感性和秩序。二、身体、感官和实验（艺术教育）。三、田野中的即兴表演（人类学）。四、行走的美育与可感性的（再）分配。

杨一博（四川美术学院创作科研处副处长）：
《近五年美国美育研究的主题与路径——基于 *Studies in Art Education* 与 *Journal of Aesthetic Education* 期刊的分析》

　　内容提要：《艺术教育研究》(*Studies in Art Education*) 与《美育学刊》(*Journal of Aesthetic Education*) 作为美国美育理论与实践研究的重要期刊，其发表的相关研究能较为清晰地反映美国美育现状及热点问题。通过对两本期刊近 5 年中 204 篇学术论文的研究，可以发现美育的研究路径主要为：一、从审美教育的角度，重新阐释艺术形态、艺术作品。二、从审美教育的角度，重塑审美趣味、审美感性、审美认知等审美命题在当代美学中的意义与价值。三、在价值判断上，重视美育与德育的内在关联，强调审美教育能建立个体与社会、政体间的积极关系。而基于以上三条美育研究路径，亦反映了美国艺术教育研究的三个面向：将新的艺术形态、艺术思潮作为艺术教育的手段；借助哲学、美学前沿理论，反思艺术教育的性质；在价值判断上，强调艺术教育对社会公平与正义的作用。

马境泽（四川美术学院手工艺术实践专业硕士研究生）：
《走出盲岛》

　　内容提要：小组通过对虎兴社区盲道的考察，发现盲道存在不完整、不畅通、不规范三大问题。因此，我们从艺术介入的角度对盲道的三大问题进行改善，提出双轨制方案：将盲道的不同情景片段进行拓印，通过素色拓印的方式引发人们对盲道问题的冷静反思；通过套色喷绘鲜艳的色彩呼吁大家关注视障群体。

评议人：闻翔（《社会学评论》编辑部主任）

评议内容：首先感谢屈波老师邀请我来参加今天的论坛。因为疫情的缘故，只能在线上参与。我是社会学出身，刚才四位老师的报告，在我一个外行看来，都非常有意思，很有启发。我接下来的评议其实谈不上评议，主要还是报告一下听了各位师友的发言之后引发的一些随想和思考。

今天的四场报告涉及美术馆的公共教育、街头美育、西方美育的前沿文献梳理、社区盲道改造等不同的议题。主题看起来似乎比较分散，但其实都在从不同的维度讨论社会美育这个问题，而且归根到底都是在讨论艺术与社会的关系。换句话说，这四场报告最大的一个共同点就是去讨论艺术如何与社会相连接。艺术社会学的一个基本立场就是艺术的生产、消费、接受与传播本身就是一个社会过程。所谓"为艺术而艺术"，艺术作为一个独立的价值领域其实只是一种理想，艺术从来就是社会的一部分。

接下来我对各位主讲人的发言做回应。胡斌馆长的报告，是以他所在的广州美术学院美术馆的公共教育项目为例，来讨论美术馆如何介入社会，尤其是美术馆如何与地方社会发生互动。大家都知道当代的美术馆、博物馆从定位、功能上已经与传统的以收藏、策展与研究为主要旨趣的传统美术馆有了很大不同，最主要的不同就是美术馆现在越来越强调教育功能，强调向社会大众开放，进行公共教育。当然，西方美术馆的公共转型更多是出于市场化的考虑，以及艺术民主化的要求。在胡馆长介绍的广州美术学院美术馆的个案中，我们更多看到的还不是这些，而是一个大学美术馆如何镶嵌与植根在地方社会的脉络之中，与地方社会发生有机的关联。因此胡馆长介绍的广州美术学院美术馆面向珠三角的那些公共项目，在我看来就特别有意思，无论是对珠三角艺术组织与艺术机构的考察，还是艺术家走进珠三角的工厂、乡村，其实都是试图去把握、呈现珠三角这个地方社会的独特的历史脉络、社会结构、民情人心，以及整体的精神气质。我觉得这一点特别有意义。换句话说，当代艺术的发展最重要的生长点可能就在这里。

第二位主讲人冯雪峰教授的报告，我很喜欢"走来走去"这个题目。而且我觉得雪峰老师今天演讲的气质也是一种"走来走去"的气质，很自由，很随性，虽然看似游移不定，其实步步玄机。他开篇举的合肥街头摄影师刘涛的例子，让我感到很亲切。我就是合肥人，也很喜欢刘涛的作品。因为冯老师讲得特别理论化，我只能尝试从自己的角度去阐释一下雪峰老师的报告。

第一，"走来走去"其实是在讨论如何用一种街头行走的方式，从朗西埃所谓的"治安秩序"中逃逸出来，甚至挑战、超越治安秩序。治安秩序本质上是一种固化的权力结构，每个人的角色功能都是被规定好了的。个体的行动方式、存在方式都已被规划好，所以雪峰教授那句话"往前走，这里没什么可看的"，潜在意思是要求你赶紧回到自己原来的位置上，待在位置上扮演好角色，结构秩序才能保持稳定。那么，雪峰老师所倡议的"走来走去"，其实就是用街头行走的方式重新找回个体的主体性。而且这不仅是对艺术家，对每一个城市生活的现代个体，都是一种自我教育。

第二，"走来走去"其实是讲艺术要与社会发生关联。艺术要从白立方走出来，走上大街，走向田野。现在艺术圈很多人都在谈田野，谈民族志，谈人类学，其实人类学的田野，刨去那些技术性的要求与细节之外，最核心的气质在我看来就是"在场"，就是要去感受社会。艺术家本身就是社会的成员，只是很多时候大家过于相信艺术是自律的，为艺术而艺术，所以将自己局限在工作室当中。从工作室走出来，上街去感受社会的重量，这就是社会美育。换句话说，社会美育也是双向的，不仅是艺术家去教育社会，也是社会教育艺术家。

第三位主讲人杨一博做了一个非常扎实、非常及时的文献整理与评述工作。他选择了两本重要的英文杂志，对近五年来的文章进行文本分析与统计分析，对这些文章的主题、内容进行讨论。这涉及两对关系：一个是艺术教育与美育的关系，一个是西方与中国的关系。艺术教育与美育研究在理论、方法以及关注点上都有所不同。在对这些西方文献进行梳理的基础上，要反观自身，去看这些文献对中国美育研究的理论建构、研究路径与价值判断有怎样的启发？最近这几年来，美育成为中国艺术界的一个重要议题，在这一背景下，对西方前沿文献的梳理与讨论是一个基础性的工作，构成了我们在中国进行美育实践与美育研究的一个重要参照。因此我觉得一博老师做了一个非常重要的尝试，这样的理论工作是非常有价值的。

第四位主讲人马境泽同学介绍了一个都市公共空间改造的尝试，这其实也是一个社会设计的项目。盲道是非常重要的公共基础设施，是无障碍设施的重要组成部分。但目前各大城市其实对盲道使用者没那么友好。马境泽同学先对社区中盲道的使用现状及问题进行了调查，然后再用艺术的方式对盲道进行重新装饰与改造，一方面是方便使用，从功能上改善；另一个更重要的方面，是试图在象征符号层面唤起社会大众对视障群体的关怀以及对盲道问题的关注与反思，从而使得视障群体能够从孤立的盲岛中走出来。这体现了川美年轻艺术家的社会关怀。这是一个艺术介入社会的非常有益的尝试，也非常符合论坛的主题——用艺术来提升城市生活的品质。如果要提意见的话，我觉得在这个项目中，好像没有充分地听到视障群体的声音，他们到底是怎么想的，他们如何看待你的设计与改造的？他们有没有，或者以何种形式参与你们的设计当中？还有，其他社区居民是怎样看待你们的设计的？我的意思是说，社区的主体性还需要更充分地呈现出来。艺术家主导是没问题的，但居民的参与也很重要。当然，马同学刚刚在反思部分也讲到了这一点，我特别期待能够看到你们下一步的实践。

研讨会主题发言内容提要及专家评议（三）

何宇（四川大学艺术学院院长）：
《现代性背景下设计的文化愈合实验》

内容提要：一、文化的现代性裂隙。社会现代化进程为人类造物活动带来的新命题；科技现代性的时代。二、现代设计运动的社会实验。回顾前现代神话：现代设计的伦理维度；面向科技进步：从第一现代到第三现代；商业、消费＝民主？对流线型的消费；语言游戏：建筑符号的双重解码；两种现代方案：功能联合体与地球号宇宙飞船；"图案"之辩：纠缠的中国现代设计之路。三、技术哲学视野下的设计构想。两种揭示真理的途径；作为诗性语言的技术。

陈子劲（中国美术学院副教授）：
《是艺术的社会工作者？还是社会的艺术工作者？》

内容提要：课程以社会美育为学术载体，开展"社区艺术的实践路径与方法"探索和研究。通过案例了解当下的艺术工作者在面对不同阶段的现实问题与历史任务下是如何扎根社区与社群，主动寻求在一切非传统艺术场域展开工作与研究的可能，提出并尝试以"丈量、整理、想象、建设"作为方法与实践原则。在此基础上，通过"田野调研＋文化备案→体感再建＋群己互置→在地实践＋社会艺术"三阶段的教学和训练互为推进的形态，形成可循序渐进的、有先后逻辑且环形可逆的结构型教学成果模式，进而达成"作为社会工作者的艺术家路径"与"作为社会工作的艺术路径"的教学目标。

周晶（四川美术学院副教授）：
《里人为美——走进街区的艺术与教育》

内容提要："里"是古代居民聚集的基本单位。在孔子看来，有德性的人聚集而居形成理想的社区，具有审美的秩序，合乎"礼"。以"人"替代"仁"是基于本单元的艺术和教育实践大都落脚在了社区里具体生动的个人。"美"在席勒看来是人性完满的实现，是感性与理性共同的对象，也是游戏冲动的对象。游戏既非全然感性更非全然理性，这种"居间"性恰恰像是一种艺术的状态。

刘也（四川美术学院讲师）：
《无形之里——大学城熙街调研计划》

内容提要：好的作品就如同一座冰山，让观众只看到露出水面 1/8 的部分，而"忽视"了水下那 7/8 的部分，这是著名作家海明威提出的文学"冰山原则"。这个理论，让我们联想到"熟悉"与"陌生"的关系。熟悉中寻找陌生，有形中寻找无形。这大概是我们这次调研的初衷。熙街在大部分人眼中，是熟悉的、热闹的、年轻的、文艺的、爱情的……但无形的陌生感却往往因为生活被无视、被忽略。我们经过调研，感受到了熙街在熟悉的外表下呈现的无形的陌生感，因此我们试图通过声音、光影、互动装置、视觉切片等方式再现熙街那无形的 7/8。

黄文康（四川美术学院设计历史与理论专业硕士研究生）：
《理性与非理性：媒介社会中网络热搜泛娱乐化现象研究》

内容提要：在媒介社会，网络热搜已经成为反映舆情、民意的重要窗口，代表了互联网用户共同关注的信息，这在一定程度上增加了热搜本身的公共性。"上热搜"已经成为公众尤其是青年判断某个事件、现象、人物被关注度的重要依据。但是，伴随着近几年网络环境泛娱乐化的发展，网络舆论逐渐呈现出非理性的特征，网络热搜引发的非议也与日俱增，其所出现的问题屡禁不止。我们通过对网络热搜泛娱乐化现象产生的原因及危害进行分析，运用装置艺术的方式将其表达出来。

评议人：杨灿伟（《美术》杂志责任编辑）

　　评议内容：何院长通过对一系列社会实践方案的梳理，结合诸多艺术话语的尝试，呈现了不同国家的不同实践思路以及极为丰富的艺术表现，给了我们关于当代社会美育的理论思考。其中一个章节是人与社会多维度互动的设计构思，为本会场乃至整个研讨会提供了重要的理论基础。公共艺术包括具有明显跨界性质的媒介实践，都需要系统的理论作为内在的支撑。唯其如此，我们进行一系列艺术实践，才知道它从何而来，又要到哪里去。

　　陈子劲老师的发言对"何为社区艺术"给出了正面而详细的解答，特别是提及社区艺术行动的核心要义与行动指南；再到艺术实践的田野办法，包括跨学科的田野办法；进而讨论艺术家的行动路径和方法。三个阶段互为推进，循序渐进，给美育实践提出了重要的实现路径。这让我们思考：美育项目作为一种跨学科的艺术活动，我们对它应该有什么样的认知？应该掌握什么样的理论基础？应该拥有什么样的专业视野？必须对这些问题进行深入思考，美院学生进行的相关美育活动才有专业性与学理性。

　　周晶老师的"里人为美——走进街区的艺术与教育"项目分成了几个板块。其中《回声海螺》这个板块，创作者从自身出发，寻找感同身受的元素，它以一种"熟悉"的性质邀请参与者，实现一种共情。其实践的重点在于怎么表达参与者的情绪，作者由此而制作出一面心墙，以拉近人与人之间的关系。但是在我看来，美育活动不应该只是让大家参与，而应该思考更深刻的问题，那就是我们要表达什么样的观念？不要让参与者为了参与而参与。板块《来！来耍》表达的则是一种对艺术教育的思考。如果能进一步分析该板块的空间情绪或者具体感受，项目的意义或许会得到进一步提升。当然，这些子项目作为呈现当代社区美育活动具有跨界性质的个案探索，为我们阐明了当代美育与跨界之间的深刻联系。这样看起来，跨界似乎已经成为当代社会美育项目的重要特征之一，甚至已然是一个重要趋向。这也要求创作者必须掌握多学科的知识，以及进行多维度的思考。

刘也老师的"从有到无——大学城熙街调研计划"有一点比较抓人眼球,那就是作者用比较熟悉的地面做成一个切片,这不是简单地挪用,而是将其转化为其他媒介。作者通过这样的手段构建起既熟悉又陌生的切片,引发我们对熟悉场景的思考。我们经常接触熟悉的场景,以致熟视无睹。这正是刘老师项目提醒我们要反思的。

黄文康的"理性与非理性:媒介社会中网络热搜泛娱乐化现象研究",不足之处在于前面铺垫太多,直到最后才进入主题,应注意节奏的把握,简述前面的数据化内容,更快地切入正题。内容部分,作者在气球上面写了一些热搜的主题令人印象深刻,即以"混乱"与"不稳定"来隐喻当前泡沫化的热搜现象。

研讨会主题发言内容提要及专家评议（四）

———

李龙（成都博物馆皮影木偶部主任）：
《社区博物馆（美术馆）的美育建构与城市更新》

　　内容提要：20 世纪七八十年代以来，随着新博物馆学理论的发展与一系列社会实践，一些博物馆、美术馆观念及范畴发生了重要变化，比如社区、在地历史记忆、审美民主化、文化平等、主体权利、文化赋权等。与之相应，极为重要的内容就是生态博物馆、社区博物馆（美术馆）的出现。在中国语境中，社区更偏向城市空间。告别"大拆大建"式城市发展路径，在城市更新过程中，社区博物馆（美术馆）的作用与地位开始凸显。社区博物馆（美术馆）及其美育实践，可以给艺术创新、博物馆（美术馆）运营管理、城市规划发展提供更多新的思考与实验空间，为城市更新提供深厚且面向未来、面向社区生活的文化艺术价值理念。

熊宇（四川大学美术馆馆长）：
《艺术 | 心理 | 博物馆：四川大学美术馆跨学科实验艺术研究》

内容提要：一、实验性与功能性——社区美育中跨学科实验艺术项目的内在逻辑。二、你好你好——艺术与心理（项目案例分享）。"人本身不是问题，问题才是问题"。精神病房这一患有精神障碍之人的疗愈场所，也是反映整个社会心理问题的集合地。患者的创伤如同一个个社会问题的缩影和典型病发。在这个特殊的社区，艺术家与设计师参与临床心理治疗，与医生和患者一起共同面对"问题"，与之共处、与之共情、与之共愈。三、物我同在——艺术与博物馆（项目案例分享）。在博物馆向社会公共教育服务职能转型的背景下，艺术家介入博物馆这一特殊社区进行创作，多角度地调度观众的主观能动性和参与积极性，去感受、认知博物馆中的"物"以及"物"所蕴含的文明。观众得以在传统文化与当代艺术的互文中，突破历史与当代的维度，感知历史、时间与生命的同在，共同构建"博物"与"我"在时间中的交汇。

集案景组

汤惠倩（集案景组成员）：
《视觉图像数据可视化在参与式艺术中的实践运用——以黄桷坪涂鸦街为例》

内容提要：围绕视觉图像可视化的观察、统计与分析方法在参与式艺术实践中的运用与效果进行分析，重点分享集案景组 2021 年夏天在黄桷坪涂鸦街的艺术实践。

陈孟（四川美术学院公共艺术专业硕士研究生）：
《〈童趣〉——艺术与生活共融》

内容提要：一、创作背景介绍。通过对虎溪街道虎兴社区的实地调查，小组成员打算在泡泡街进行创作。该地人流量较大，进行社区美育有较为优越的条件。二、设计与创作讲解。根据现场情况并结合所学专业，最终决定采用马赛克瓷砖镶嵌的方式进行艺术创作，在商铺相邻的楼梯立面进行创作，该区域有充裕的作业空间，且不影响商家做生意和行人过往。设计元素选取社区居民所绘的图案，与社区居民一起创作。三、反馈与反思。本创作与以往项目的不同，以及艺术家、公众、作品三者间的关系。

评议人：李竹［四川美术学院视觉艺术中心（重庆市版权研究基地）特聘研究员］

评议内容：各位老师、同学好，我的博士研究方向是公共艺术，一直在持续关注社区艺术或者参与式艺术的案例和研究。今天演讲的几位都是在各自领域内积累了长达数年的经验，我也谈不上点评，只能说分享一点我自己的感受。

李龙老师探讨的社区博物馆概念，也是我近年来非常感兴趣的方面。20 世纪 80 年代在世界范围内兴起了重新定义博物馆、美术馆的潮流，主要以公共空间艺术的方式展开。《人造地狱》的作者也是做参与式艺术研究的。她提出了一个概念——辩证式当代性的激进美术馆。她主张的是什么呢？就是在多元中心主义的思潮下，应当关注来自世界不同地区的当代艺术发展，并且把它们纳入美术馆的展演当中。李龙老师所从事的研究、实践，刚好代表了这种思潮的变化。也就是说，在全球地方化的话语表述中，社区博物馆所代表的地方认同或者本土性的意义表述，真正为我们关注社区的活跃性或者地方性知识的表述带来新的意义。

熊宇老师谈到的艺术设计 + 心理的实验与跨学科的案例研究代表着科学与艺术的结合，同样也是四川美术学院近年来新的艺术创作的增长点。比如对精神病人的关注。我认识一个川美雕塑系的同学，毕业后几年一直与重庆的精神病院合作，他的方式跟熊宇老师的实践方式有所不同。他与 20 世纪 60 年代 APG 的方式类似，以艺术家的身份到了一个精神病院的具体现场，成为其中的职工并在里面开展工作。他的方式与熊宇老师所探讨或实践的方式可以形成比较有趣的对照。艺术思维和科学思维的碰撞，艺术对精神病人而言可以是自我的世界，可以是连接真实世界的途径，同时也可以是正常的人去探究精神病人精神世界的途径。艺术和科学可以形成对话，真实的世界和精神病人的世界也可以对话，这是艺术跨界的意义之一。

陈孟同学的案例非常有代表性。女性温暖的视角，在当下人际关系的编织和呈现中具有什么现实性？新冠肺炎疫情造成人与人隔离形成孤岛，而社区艺术往往可以突破这种隔阂或者孤岛，带来了面对面的温暖。人类学家项飙最近出版了一本新书《把自己作为一种方法——与项飙谈话》，强调个人经验的问题意识："我们不仅仅关心自己，更要关心世界，关心脚下的这片土地……"陈孟团队所做的一系列的《童趣》，在促进人与人交流的实践方面具有现实意义。我想提一点小小的建议，我们在做社区艺术的时候，社区艺术、公共艺术的评价标准到底是什么？面对审美与伦理之间的拉扯张力，当我们把参与作为一种方法，价值天平往往会偏向人与人、人与作品的交流或者参与的形式，而在某种程度上忽略了艺术的品质。陈孟同学进一步深入，可以思考一下在审美与伦理的张力中如何促进艺术的品质。

汤惠倩小组的创作让我联想到英国的一个实验性小组，他们以团队的形式接受委托，用类似侦探破案的方式进行创作。他们带给我们的思考首先是社会量化学的方式，其次是考古学的方式。汤惠倩小组呈现的是，当我们共享当代艺术形式的时候，不同国家的创作者对自己脚下这片土地的思考，在不同地区或不同场域中，艺术家以本土立场给出方法，并获得一些回馈。她们小组对黄桷坪的流量进行探索，用大数据、新媒介、流量明星进行重新排列组合，呈现出对"艺术化石"的挖掘、展示和重新思考，是非常有意义的。希望你们小组继续探讨身边有趣的话题。提一个小小的建议，你们的前期调查和社会学的数据呈现是非常充分的，但在后续视觉呈现上应带有独特性。

研讨会主题发言内容提要及专家评议（五）

陈德洪（四川美术学院艺术人文学院党总支书记）：
《社区营造与艺术参与中的主体性建构》

　　内容提要：一、作为日常生活空间的都市社区治理模式和结构。二、社区营造与艺术参与的机制。三、社区美育的主体性。四、结论：通过审美建构日常生活的超越性维度。

周彦华（四川美术学院当代视觉艺术中心副教授）：
《前卫的转向与参与式艺术的兴起》

　　内容提要：参与式艺术成为近年来艺术界广泛讨论的话题。然而，艺术介入社会并非一个全新的艺术现象，其历史可以追述至 20 世纪初的历史前卫运动。通过考察西方艺术介入社会的三个历史阶段：历史前卫主义时期、新前卫主义时期、20 世纪 90 年代前卫的"新模式"时期，试图呈现一条艺术介入社会的发展脉络。这一艺术史脉络也是一个批判反思的视角，透过这个视角，我们可以观察到西方现代至当代艺术发展过程中前卫策略的转向，以及艺术的批判性的演变呈现为由社会批判到微观社会批判的演变。

靳立鹏（四川美术学院讲师）：
《诗意建构与修复：川美生态艺术行动》

内容提要：一、整体系统思维与跨领域实践。二、社会雕塑与联系式美学。三、川美生态艺术行动。

刘沼麟（四川美术学院雕塑专业硕士研究生）：
《我在羊磴卖黄桃》

内容提要：此次羊磴在地创作以黄桃艺术节为主题，羊磴艺术合作社与村民以合作的方式去探索乡村振兴背景下村镇农户销售的新路径——给黄桃附加人文属性。此外，我以认领桃树的方式帮助村民解决黄桃售卖渠道单一的问题，这使得我与村民以及桃树的关系状态从根本上发生了改变，这也体现了共生理论的参与性与合作性。为村民祈愿，让他们的愿望与桃树一同生长，大众的参与往往比个人更能激发出某种新的艺术与社会的关系，这是超出艺术家创作经验与大众日常经验之外的，也是参与式艺术最为鲜活的部分。

舒玉婷（四川美术学院艺术学理论硕士研究生）
《互联网＋博物馆：完整博物馆文创传播新模式——以北京故宫博物院为例》

内容提要：随着时代的不断发展，互联网技术贯穿日常生活的方方面面，与各种传统行业进行融合。社会发展日新月异，作为传统行业的博物馆与互联网技术融合成了必然趋势。在"互联网＋"时代，博物馆在与网络大众媒体、网络游戏、区块链这三个随着互联网发展而产生的新兴行业的结合中，应该如何完善其文创产业传播的新模式？

梅桉宁（四川美术学院文化创意设计专业研究生）：
《弹幕文化与网络暴力：记录与思考》

内容提要：随着互联网的普及，网民数量成倍增长。目前，中国已经成为全球网民数量最多的国家，网络暴力作为一个新的社会现象日益凸显。解决好网络暴力问题，既关系到网络自身的健康发展，也关系着社会的稳定。本项目围绕网络暴力这一主题，以"弹幕"为表现形式进行装置设计，希望能够引起每个人的反思。

邓轲露（四川美术学院美术教育专业研究生）：
《从"无形之里"单元引发的对社区美育的思考》

一、对本单元作品从社会发展、文化角度、历史语境进行详细阐释。二、以该作品为案例，进行延伸阐释，从而引出对社区美育的思考。

评议人：卢文超（东南大学艺术学院副院长）

评议内容：我觉得社区美育有两个关键的问题，第一是人和物的关系，第二是人和人的关系。这本来是社会中的两种最基本关系，而社区美育牵涉到了我们怎样利用人和物、人和人的关系，去改变人和人的关系。

陈德洪老师讲到在社区重塑人和人的关系，塑造居民文化。他讲到两个维度或者两种方式，第一是通过人和物的关系产生变化，就是通过艺术作品的独特性使美育进入社区。艺术和其他物品的差别，在于人对其他物品是占有，对艺术是欣赏，艺术是可以共享的。通过艺术共享，人和物之间的关系就不同于日常生活中人和物的关系模式。第二是要改变社区里人和人的关系，艺术家就不能只是介入而缺少协商，基层组织的介入也不能是单向的，要以社区居民为核心构建有机互动的社区美育微生态。

周彦华老师清晰地梳理了参与式艺术的历史脉络。她讲前卫的转向有三个时间节点——1917 年、1968 年和 1990 年。这也可以用我刚才说的两个维度进行理解。比如她提到一些互动装置在强调人和物之间的互动关系，关系艺术也更多致力于构造人和人之间的新关系、新纽带。

我个人理解，最后总结出三种模式——艺术行动主义、艺术思想主义和艺术情感主义，也可以从人和物、人和人的关系的角度重新梳理。更大启发是中国艺术家在做参与式艺术的时候应该怎么做，该怎样凸显我们的独特性。

在中国的参与式艺术实践中，我们也看到人和物的关系维度，人要改变和废弃物之间的关系，由此改变人和人之间的关系。靳立鹏老师非常有创意，就是思考如何利用废弃物，愈园这样的艺术项目虽然是在川美比较小的空间里进行的，但意义非常重大，所致力探讨的就是人和物之间如何形成一种新的关系模式，不是利用而是合作，或者是欣赏。朱光潜有一篇文章里谈到对一棵古树的三种态度，我觉得靳老师在这里体现的是对待外物的审美态度。当然，这个项目还有几个问题需要思考。第一，这样的艺术项目里科学性怎样体现？比如废弃物埋到土壤里的数量有没有科学的依据？第二，如何让别人发现其中的艺术性？我觉得和这个相关的就是辨识性的问题。靳老师的愈园我没有去过，但我想怎样能让别人知道这是一个艺术空间而不是一个寻常花园，这种辨识性需要进一步思考。

刘沼麟同学讲在羊蹬卖黄桃的个案，他告诉我们社区美育要体现出在地性、延续性和可再生性。他从一开始的异想天开，到实际调研后转变想法，一步步根据实际情况，随机产生出各种各样的艺术创意，这是非常生动和形象的。他的结论我很赞同，就是大众参与比个人独立思考更能激发艺术与社会之间产生新的关系，所以艺术永远不只是艺术家个人的思考，更多可能是艺术家重新塑造社会中人与人之间关系的一种方式，这种方式有可能是通过物，有可能是通过参与，由此改变其中的各种各样关系。

舒玉婷同学讲互联网+博物馆的三种模式——博物馆+网络游戏、博物馆+区块链、博物馆+网络媒体，讲得非常清晰，个案也非常精到，以北京故宫为个案来讲的。博物馆文创产品，其实和现在流行的国风关系非常密切，你举的这些例子给我的感觉是非常有国潮范儿的，我觉得可以在这样的背景下对这个问题进行更深入的思考。

梅桉宁同学介绍的弹幕文化和网络暴力，主要想通过艺术作品来表达弹幕文化中的网络暴力造成的伤害，这个观念是非常清楚的，可能难点就在于：观念清楚了，怎样找到最合适的艺术形式对这个观念进行表达？他使用的艺术形式是白气球贴弹幕纸条，气球下面还有尖刺，但是我想说的是，这个弹幕纸条究竟发挥什么样的作用？你用颜色来表示，弹幕越多纸条就越多，有可能弹幕多了就把气球拉下来扎破了，但尖刺的设计有点突然。尖刺为什么会刚好在下面？我想对一个观念的表达有非常多的形式，而艺术家最关键的工作是要找到让大家觉得最合适的表达形式，我觉得这样可能会更有感染力。

邓轲露同学讲通过周边的街区引发对社区美育的思考，我觉得这里面有两个问题可以考虑。第一，我们通过把艺术作品放到社区里面进行社区美育。第二，将社区中富有艺术性的那些部分提炼出来转化成艺术作品。像《圆首方足》是街道上经常看的套圈游戏，被放到美术馆重新取了一个名字，就是把社区中一些东西转变成了艺术作品，这确确实实是在地性的，但是这种在地性是不是要保持一定程度的陌生化？如果没有陌生化，这样的东西放到博物馆里大家认为是艺术作品，但放到社区里面大家会认为是艺术吗？还是会觉得就是一个套圈游戏？我觉得在地性是很重要，但保持一定的陌生化或者新鲜感对中国的社区来说尤其重要，要不然老百姓会把它认为是日常生活中的一部分，而不当作艺术作品来看待。如果是这样的话，你们设想的美育效果就没办法显现出来。

研讨会主题发言内容提要及专家评议（六）

刘琴（《美育学刊》杂志责任编辑）：
《"诗可以群"：社区艺术教育的群育视角》

内容提要：中国传统中关于艺术的教育功能的观念集中体现在"兴观群怨"说中，其中"群"是一个非常重要的面向。联合国教科文组织 2006 年的《艺术教育路线图》中，也把发展个体对群体的归属感以及对自身文化价值的认同与共享作为艺术教育的重要目标。在当代基于社区的艺术教育实践中，"群"的维度具体体现在由共情而带来的文化理解以及多元互动激发的社会参与等方面。

曹筝琪娜（成都画院策展人）：
《40 年，与城市共造生活美学场景：成都画院的社区实践》

内容提要：一、成都画院不同场馆间的差别定位。二、案例一：围绕"艺术大家与四川"学术脉络展开的综合社区项目。三、案例二：成都画院琴台艺术馆的未来构想。

陈荣（成都市文艺评论家协会主席）：
《美育普及之于社会美育及城市品质提升的意义》

内容提要：一、美育开启幸福人生。二、美育普及是社会美育发展的基石。三、社会美育与城市品质提升，二者不可或缺。四、美育普及意义深远。

张佳华（上海浦东新区善行公益服务中心秘书长及"社区枢纽站"成员）：
《社区动员：在深度城市化社区的四年社会工作行动研究》

内容提要：本演讲基于2017—2021年张佳华在上海的深度城市化社区——陆家嘴社区所开展的四年社区工作实验，通过聚焦艺术社区项目，以行动研究的视角切入，试图还原这四年中的"计划—行动—观察—反思—重新计划—进一步行动—进一步反思"这一螺旋式上升过程。在此过程中，社区工作者、艺术家、规划师、居民、社区干部、志愿者等各类主体通过社区动员相互联结，基层政府、居委会、美术馆、博物馆、企业、社会组织等各类组织形成有机融合。四年的案例回顾不仅涉及形成了社区治理效应的社区动员和艺术社区项目，也反思其中的曲折和失败案例经验。

彭雨桐（四川美术学院设计教育专业本科生）：
《社区参与式教育案例之"回声海螺"》

内容提要：一、活动概述。二、参与人员及地点的选择原因。三、课程"缤纷纸箱""顽皮小人""折纸城市""旧衣变装"设计与现场过程介绍。四、课后展览现场呈现。

邬佳宝（四川美术学院综合艺术专业本科生）：
《社区参与式教育案例之"来！来耍"》

内容提要：一、作品概述。二、艺术疗愈方法介绍。三、现场实施手段（身体放松、圆桌解忧、艺术创作）。四、实施后的反思和总结。

金晓琦（云南大学艺术与设计学院研究生）：
《CBD+YNU=520 秀》

　　内容提要：一、城市 CBD 艺术介入对社区美育的推动、二、昆明同德广场 520 艺术秀策划与成果简述。三、520 艺术秀的学术价值与社会效应。四、从 520 艺术秀反思艺术服务与公众美育。

评议人：李万斌（西华师范大学教授、熙美社区居民）

　　评议内容：我们这个会场有二十多位嘉宾发言，有理论建设方面的深入探讨，也有实践案例的呈现，更有落地的一些成果的分享，真的是一场社会美育的盛宴，也是富有激情的、温馨的、有感染力的中国社会美育的一次比赛，我感觉是东部、中部和西部各座有魅力的城市的一次社会美育的有力较量，尤其是一线城市的具有核心竞争力的社会美育实践项目的展示。在其中，有的项目由于物资条件或其他原因，做得简单一些，但都有一颗柔软的美之心，项目做得很落地，很有温度，而且切入角度很微观，也体现出美如潺潺小溪一样温馨。

　　城市的品位有很多衡量指标，社会美育就是将这些核心竞争力融汇成一个指标的综合体系，具有完整的、生态的全新信息。今天展览和研讨会，给我的感觉是社会美育的探索达到了一个新的高度。

当然，我们还要看到西部城市和东部城市在社会美育实践过程中的差距，我感觉应该对重庆甚至对西部题材做进一步的挖掘。实际上虎溪街道处在西部科学城的核心位置，从区域位置来讲是快速地进入了第一方阵，但是这里的居民来自四面八方，目前磨合的状态根本没法和昆明、广州等城市比。四川美术学院的师生对本地文化逐渐熟悉，可以提炼出社会美育的一些题材和课题，把本地特色在社会美育实践中展现出来。

陆家嘴社区有一个美育课题做得很巧，将三星堆的文物图片在社区内进行展示，一下提高了观众对中国旅游文化尤其是三星堆文化的热情。重庆也可以借鉴这一做法，将社区建设和博物馆、美术馆的展示进行有机融合。

评议人：靳浩（《美术》杂志责任编辑）

评议内容：《美术》杂志在今年年初刊登了两期社会美育专题研究文章，在选题内容上与此次研讨会内容有一致的地方，如社区美育形态与路径、学校美育与社区美育的结合问题等，今天各位发言者都有提及。而如何有效利用学校及各文化机构的美育资源为社会美育助力，成为摆在眼前的重要问题。

刘琴老师从传统文化入手，通过对文献的梳理，引导出群育和美育问题，以群育视角来对社会美育进行思考。我们在进行社会美育理论的研究与建构时，中国传统美育思想中有价值的部分需要不断发掘和弘扬。刘老师通过由古至今的梳理，给我们提出了美育的当代践行不应忽视中国传统美育精神的启示。她对于社会美育的整体生态的建构观点高屋建瓴，所提到的儒家的"礼""乐"，实际上就是我们今天所说的美育在古代的雏形。

曹筝琪娜老师介绍了成都画院充分利用文化资源，采用讲座与线上直播、多媒介的艺术品展览与转换形式，实现了向周围社区民众的美育辐射。

陈荣老师以美育普及之于社会美育与城市品质提升的意义为主题演讲，将美育上升为在国家全面发展背景中人民生活品质如何提升的高度，这使我们思考，由于社会美育的零散化、非连续性及流动性特点，需要在社区、日常工作生活空间以及一切可展开公共文化教育的环境下，实行"多维度"持续而丰富的美育"浸润体验"，营造审美场域。由此，才能使我们的社区、办公地以及生活工作的其他环境，不仅是必要的工作、生活空间，还应成为审美体验与精神抚慰的艺术空间。

张佳华老师团队以四年社区美育的工作实验，用"招园""不任意的任意门""星梦停车棚"等项目来介入社区美育，在不断反思与重整中，将社区美育主体相互连接，形成一个有机融合的、颇为有效的实施社区美育的组织系统。让我们看到"计划—行动—反思—再行动"美育实践模式的重要价值。

彭雨桐、邬佳宝、金晓琦同学利用自己的课程，设计了包括展览、艺术秀的活动策划，为社区美育提供了值得肯定的创意形式，并发挥出艺术的疗愈功能。但在开展的一系列美育活动中，如何避免活动瞬时性、浅层化，切实为社区、民众带来审美享受，还值得继续思考和探索。个人认为，在具体实施上还要考虑与地域特色和民俗文化相结合。或许"就地取材，才能因地制宜"，在实施形式上，还应思考该活动中反映了何种美育精神，能否彰显出当地特征的文化基底，或许这样才能确保美育实践的针对性和有效性，并发挥其最大效用。

此次展览中这种在地性的当代艺术形式与社会美育案例，给我的感受是艺术不仅是悬置在空中供人们仰望，还能进入社会、进入社区，成为生活的一部分，提高生活中的艺术温度，拉近人与艺术的距离，承担艺术的社会责任。这个责任是艺术发展须与时代发展同步，社会美育在生态保护、老旧小区改造、人口老龄化、乡村振兴这样的大背景下展开，这样的艺术实践与时代同呼吸，它是有温度、有情感、有人文关怀的。

社会美育是一项长久且需持续努力的文化事业，我谨向报以巨大热情和付出时间、精力投入社会美育理论建构与实践探索中的"美育人"致敬！

评议人：周彦华（四川美术学院当代视觉艺术研究中心副教授）

评议内容：我们今天谈艺术的社会美育或者艺术介入社区，我认为实际上是做一件什么事呢？就是把我们精英的艺术美学纳入日常生活当中，回归到每天的平凡中。我们每天的生活是平凡的，让艺术介入日常生活中，就是让平凡的生活变得不平凡，我认为今天各位老师都涉及到了这个问题。

刘琴老师是从"群"的角度来提出了群育这个概念，实际上"群"也是平凡、普通的概念，一个个体在群中就普通和平凡了。我们要变得平凡，就要合群，不要太突出。但是群育恰恰相反，要让普通人的生活变得更加不平凡，这非常有意义，而且中国的艺术介入社区形成了一个新传统，就是重群体，这和西方艺术介入社区重个体不太一样。我觉得这是实践者和研究者都可以探索的方向。

其他老师，像曹筝琪娜老师还有陈荣老师或多或少提到了如何将日常变得不日常，平凡变得不平凡，比如提出大美术、全民美术这样的概念，还有美育从身边开始的理念，这些都可以让我们的日常生活变得不平凡。包括张佳华老师的团队，他们做了非常多的社区行动研究，形成了具有体系化的创作。

几位同学也非常有创意，周晶老师指导的几位同学也提出在今天思考艺术介入社区的几个点，比如情感问题，社区介入是情感的关怀，今天的人们面对社会的高速发展承担了巨大的压力，要学会科学管理我们的情感才能避免出现问题，这种情感的介入也可以让我们平凡的、普通的、日复一日的工作变得不平凡。

云南大学同学们做的520秀，通过公共事件，哪怕是非常短暂的公共事件，也让我们在日常的社区生活中创造了不平凡。

研讨会主题发言内容提要及专家评议（七）

———

屈波（四川美术学院图书馆副馆长）：
《以展览为媒介：关于中国社区美育行动计划展的思考》

　　内容提要：四川美术学院自 2019 年发起中国社区美育行动计划展，已举办了 3 届。该计划采取多级联动的模式，覆盖多个省市。在探索传统实体社区美育模式的基础上，致力于讨论网络社区、博物馆社区美育行动模式的前沿课题。多名国内外学者参与学术研讨。梳理展览生成、生长的过程，可以发现：展览是一个媒介，连接起了教学、创作、研讨、出版等诸多环节，促成了校际、城际、国际互动，并在理论与实践之间搭建桥梁，将理论思考建立在田野作业基础之上。

武小川（西安美术学院副院长）：
《社会性艺术的本地实践》

　　内容提要：社会性艺术是艺术转向的一种实践形态，在地化、项目型、活动性是其不同于作品化艺术的重要特性，介入性、参与性、合作性是其基本实践形态。我们以西安为中心，致力于推动社会性艺术在本地的实践。以学术公众号为平台，积累大量社会性艺术的基础研究；以实验艺术系为学术群体，着力于人才培养和教学改革，特别是在社会性艺术教育领域，用社区问题的研究，持续开展实践；以关中艺术合作社为实践共同体，开展一系列的艺术项目，致力于艺术—社会的多方联动。

刘起（西北民族大学教授）：
《城市美育视野下的工业遗产再利用方法研究》

　　内容提要：一、城市环境的美育功能。二、工业遗产作为城市公共空间的美育资源。三、工业遗产的开发模式。四、工业遗产再利用的实施路径。

杨方伟（四川美术学院讲师）：
《社区赋能与原乡记忆》

　　内容提要：一、空间"容器"与原乡记忆。空间是经验的、身体性的、社会性的；社区是物理空间与个体经验、意识共同构成的场域。二、参与者的主体角色与行动诉求。参与者（学生）进入社区不仅是展开"公共性的对话"，更重要的是完成自我的构建。三、城市生活与流动的原乡。"原乡"更多成为我们出生并赋予我们最初成长记忆的地方，但是这段"原乡"经验几乎构成了每个人心理、情感的基础模型。四、社区介入的路径。前期调研厘清空间结构、人居状况、现存问题。五、"飞鸟集"快闪艺术行动。

谢勋（四川美术学院讲师）：
《"视觉奇观"与"日常审美"——社区公共艺术创作方法的可能性》

　　内容提要：当代公共艺术的概念始于 20 世纪 60 年代，更多地被理解为放置于公共空间的作品或相应的环境设计。今天，当代公共艺术不仅作为一种文化作用于社会，并且逐渐成为一种工作和思想方法。从世界范围看，公共艺术已经成为国家的公共文化福利，使民众能够平等享受艺术化的生活环境。在今天的中国，越来越多的公共艺术发生在老旧社区，并指向了区域建设、重塑地方文化等方面，其根本要义是提升都市品质、对话失落的城市空间。演讲从邮电支路社区、冶金社区等老旧社区的公共艺术案例出发，将社区公共艺术作品放置在"符号记忆—社群认同—精神指归"的三个递进层级中去整理和思考，试图描绘出今天公共艺术创作的方法和路径。

王一珂、董珺玲、李鹏鹏（西安美术学院实验艺术专业硕士研究生）：
《三种问题的三种展开方式》

　　内容提要：讲述三个人关注的三个问题：城中村真实现场、淡出视野的传统职业、美育的切入问题。项目前期，我们以自己的工作方式展开田野调查，生成有力的问题关键词；后期以艺术行动的方式切入社会现场，我们试图抛出问题，引出讨论，最终转换为各自的艺术形态进行"描述"。

陈乾（四川美术学院设计历史与理论专业硕士研究生）：
《从"饭圈"到"出圈"》

内容提要：自 21 世纪初选秀文化兴起后，偶像的泛化以及粉丝规模的扩大使得"饭圈"不再是一个狭小的"圈"。在粉丝实践与外部社会环境的对冲中，"出圈"已经成为一种常态。粉丝文化延伸意味着追星内容的可见度提高，即文化逻辑、行为模式的向外扩张，然而"出圈"也引发了一些文化乱象。我们通过"饭圈"文化中粉丝在追星过程中不理智的打卡现象，运用短视频的形式，探讨如何正确引导打卡这一追星行为，引导粉丝理智追星。

评议人：缑梦媛（《美术观察》编辑部主任）

评议内容：前面两个项目，能够看到比较具体的项目调研且有很大的收获。

屈波老师的社区活动已经比较完备，而且对当前社会比较热的话题关注度很高，比如垃圾分类等问题，能够立即做出回应。其中，调研的部分较为突出，这个调研报告除了让整个行动有一个比较完整的环节，还有助于同学或者参与项目的老师在行动之后有深入的思考，并且有完整的记录备案，从而形成档案，对后面的社区美育项目有参考意义。另外一个亮点是"在线"，家族档案这个问题特别值得关注，我们对微信群的关注首先是家族群里面的代沟和代际之间观念冲突。以一个明确的立场做这个项目，发现问题并引导着问题朝更积极的方向发展，也是建立微信家族群的初衷，通过一系列的活动让我们有了比较积极的效果。

武小川老师的项目非常具有启发性。项目扎根于关中地区，他很敏锐，发现的问题非常丰富。通过微观的视角和特别的人群，以及一些人特殊的经历，将看似非常敏感的个体的点指向当前的庞大社会体系中所存在的问题或者症结。他们指出这些问题通常在我们身边却被忽视不见，且没有人努力去做出改变。同时他们的活动具有时代意义，比如乡村建设、生态艺术、生态保护等。对公共空间而言，这样的触动是非常有意义的。他们做调研最关键的一点是对问题的抓取，并进一步对问题的来龙去脉进行梳理。总体来看，我认为武小川老师的项目长处在于发现问题并将问题以对话的方式加以呈现，其中研究的比重可以加大一些，把具体调研的对象放在具体的区域。这些问题抓得特别好，还值得更深入的分析和专业的研究。

刘起老师的报告中有详细的前期调研，对后面的改造、空间建构有很多帮助。我有一点建议，工业遗产有专业的界定，是指还在用于工业生产的厂房等，主要是能发挥原有的功能。当这些功能没有的时候，设施被保存下来，就称之为遗存，现在改造的对象被称为遗存更准确。另外，如何在建构遗存空间基础上保存原有的工业文化遗产的历史价值？工业文化遗产和艺术空间如何更好对接？不仅要关注遗存本身的历史或者当代的条件，也要对本地文脉、艺术生态做同步调研，让二者建立新的关系，这是做项目比较重要的方面。

杨方伟老师的原乡记忆这个视角很重要。因为当下城市人口流动性很大，很多人都是离开家乡到其他城市工作，但用原乡记忆来观看新的环境是所有人都能用到的。如果我们的目标是社区赋能，通过原乡记忆和新的社区产生共鸣，来产生解决问题的必要条件，进而给社区带来关怀，这是可以进一步做的事情。让双方不同的记忆、经验为这个空间产生积极的影响，这很重要。

谢勋老师关于视觉奇观与日常审美的讲演，好的地方在于用艺术创意增强了社区居民的自我认同感，给平淡的日子增添了氛围和色彩，甚至有一些范例也可以进行推广。下面具体谈两件作品。居民楼的日常生活照片放在同一个空间中进行展示，有助于社区居民对自我生活空间的认同，不过这个电力五村楼栋看上去是比较有年代感的建筑，我认为可以收集老照片，把它们和新的日常摄影放在一起展示，用对比的方式再现时间的长度，增强居民历史遗存和自我生活空间的真实感。他们的项目有一个很重要的特点，关注居民的语言，将日常语言作为作品基本元素，比如《彩虹楼梯》，没有将直观的语言放在亚克力地板上，少了一些刻意，更多了一些朋友式的关爱，增加了让人心情愉悦的色彩，处理得非常巧妙。我认为社区的公共艺术可以把一些创作的权利让予公众，让他们实际参与进来。但是艺术家、作品和居民的关系处理也可以有更丰富的创作语言。这个《彩虹楼梯》和旁边的作品体现了关爱式、朋友式的元素，装饰了街景，同时在夜晚给居民照明，是有温度的公共艺术，这种关爱和温度能够为居民所用，更能获得认同。

西安美术学院同学的"三个问题和三种展开方式"，第一个项目吉祥村，对社区关键符号的抓取和再造是独特之处，强化了符号和吉祥村宾馆的关联性。听完她的介绍就能想到吉祥村的形象，这是项目比较成功的一点。第二个项目关注到了即将消失的工艺行业，准备工作非常充分，做得最好的就是玻璃房的活动，通过活动的过程去呼吁公众关注被忽视的行业，让这个领域产生新的活力。还有新旧缝纫机的对比等，提示我们社区艺术、公共艺术也需要很精致的细节处理，这样的作用和效果在社区中尤其重要。领养一本书的这个项目比较有新意，通过具体的对象链接相关人群，社区就因此形成了。这种方式是当下生活空间中比较流行的，分散的人可以通过对同一件事情的关注成为一个群体，地理空间的社区是天然形成的社区。而这样的社区是自主选择的社区，这一类社区因为已有共同的关注点，参与者在其中的沟通就会更有效，讨论问题的方向和目标也将更明确，从而达到非常明确的社区美育效果，这是项目的价值所在。

"从饭圈到出圈"，年轻的学生对社区的关注点很新，这与他们生活中对新事物有较高关注度有关。饭圈出圈的问题涉及很大的社会问题，作者希望通过创作作品去进行正面的引导，然后对社会产生影响。制作的视频非常鲜活，是很适合年轻学生表达的方式。但是我觉得也可以有更多方式呈现这类问题，比如更多层次的调研、更多情况的分类比较、更全面的对其他领域因素的搜索，这是可以尝试的工作研究方法。我认为做社区研究与历史学、人类学、民俗领域的调查方法是相通的，都是出于自下而上、微观介入社区进行的调研，从社区读懂当下政策，从群体中察觉到问题。调研中不应该只看到当下现象表面的状态，而是要看到它的过去，在一个时空坐标过程中看待眼前的问题。对社区的关注有助于我们看到社区局部，理解更多样化的人群，从而更理解这个社会。

评议人：查常平（四川大学教授）

评议内容：根据我对大地艺术节的了解，目前国内大地艺术有一个很大的问题，就是作品没有环保性。作品材料有没有污染，这是以后做类似的艺术项目需要考虑的。武老师做的是一种内卷式的策展思路，跟今天全球化大背景是不太符合的。艺术之所以和现实有差别，艺术家和政治家有差别，真的是在人类命运共同体的角度来思考问题的。我建议以后改变这种内卷式的策展思路。在日本各地退休的老人都会争先恐后做志愿者，艺术节的主持方不承担任何费用，都是由他们自己联系做志愿者，这个思路值得我们借鉴。

刚才屈老师提到社会美育的概念，我上午听了胡斌老师的演讲，他们俩更多的是做社会美育。在我看来，在全球化背景下的社会美育运动，应该朝哪个方向努力？我觉得需要更多开放和互动，在互动中有跟踪性的效果，对所有参与者的生命状态有更新。

饭圈和出圈的概念，我今天第一次听到。如果以后还要继续做这个项目，我认为要有更深入的思考。艺术的研究需要回答为什么，人为什么要追星，我有时候也想不明白。我关注到一些追星的年轻人，他们认为自己很有个性，但在我看他来说的话、用的词基本差不多，为什么他们会这样？韩国有一位哲学家对明星文化、娱乐文化有比较多的反思，建议阅读他的著作。

西安美术学院三位同学的项目非常好。"缝缝补补"这个项目以后可以再深入，缝补是一种文化符号。我们不仅是做调研，而且还可以把调研的成果和社区合作转换出来，比如对店面进行更新。只要人在地球上生活，店面是不可能消失的，而且它对城市人的生活来讲是必需的。可以把这些店面直接做成博物馆，展示包括裁缝的奇妙故事等内容。

"领养一本书"这个项目也是比较好的，艺术家要阅读《瓦尔登湖》，项目同时体现出艺术性和教育性，这是今天社区美育实践的共同特征。当然，我也认为不少作品的艺术性是不够的，仅仅是在做调查。这些调查和社会学家的调查，和人类学家的调查有什么区别？既然是艺术性的调查，艺术性体现在哪里？我 2011 年专门去过瓦尔登湖，到了那个地方能够非常深刻地体会到人类向自然的回归。20 世纪 60 年代以后，包括今天成都很多人到乡下去度过周末，其实都体现了人对自然的回归，渴望和自然和谐相处。瓦尔登湖做到了极致，在瓦尔登湖生活的确能够避免使用工业文明的东西，这是今天返回自然中很重要的一个挑战。

谢勋的讲演中提到社区概念。中国社区在形成当中，无论是观念还是制度方面，都需要避免社区艺术带来的社区文化的同质性和话语化。成都有些社区就有同质性的问题，同质性会导致人性的扭曲。这些作品都有公共性，谢勋在执行过程中体现很充分。公共性如何保存下来？按照我对德国一些地方的了解，镇建立了镇的博物馆。包括英国爱丁堡有一个小的博物馆，听市民讲自己的故事，有录音和整理，我作为参观者参观之后也可以将一段录音故事留在那个地方。如果通过博物馆形态，有流动的一面，也有固化的形态，公共性要加以考虑。我们介入社区和乡村的时候，的确需要考虑介入方式、介入行为和介入过程甚至介入的结果，这对一个社区生态质量的影响是比较重要的。人和自然关系上有 15 个临界点，但是我们已经突破了 9 个临界点，既然是从事社区公共艺术甚至是生态艺术、大地艺术，我建议在座参与的各位从自己开始，尽量少用塑料袋，因为塑料的污染在我们这片土地上已经非常严重了。虽然少用一个塑料袋微不足道，但如果 13 亿人每天平均使用一个塑料袋，那么这个数量级对我们生命的伤害就非常大。

谢谢你们的分享，有些项目的确做了文化上的准备，建议以后每个项目能够读 2—3 本相关的专业书，同时做一些深入的理论探讨，超出一般艺术调查的意义。作为学者，应该有一个使命，将我们正在做的事情放在人类文明长河中来观看和反思，这对中华文明的走向是有意义的。

研讨会主题发言内容提要及专家评议（八）

———

郝斌（重庆大学讲师）：
《城市社会美育的主体性与职工业余创作的新契机》

　　内容提要：区别于西方国家，我国有着独特的城市社会美育历史经验。在中华人民共和国成立前三十年持续培育职工业余美术发展的基础上，至改革开放前二十年在全国范围内兴起众多工业版画群体并取得了显著的创作成绩，成为繁荣新时期我国美术事业发展并提升社会审美的重要部分。这一特殊历史经验给予我国当前的社会美育尤其城市社会美育以重要启示：我国社会大众尤其劳动者从来不应仅是欣赏者，同时应是重要的创作者和参与者；城市社会美育有赖于职工／市民业余作者与专业作者的合作；城市社会美育仍需要艺术当代性的深度介入；等等。20 世纪 90 年代末以来，以工业版画群体为代表的我国业余美术创作逐步式微，但是当前新时代语境下，通过对学校美育和社会美育的大力推动，也恰为我国职工／市民业余美术创作复苏提供了新的契机。

季海洋（北京师范大学讲师）：
《现代都市、工业建设与传统表现——中国画夜景山水图式的诞生与发展》

　　内容提要：回顾 20 世纪中国画的发展历程，宗其香、李斛继承了徐悲鸿发展新中国画的理想，实践和拓展了中国画的边界，他们所创造的城市夜景山水图式突破了过去中国画不直接表现现代生活的弊端，将现代都市、工业建设等社会新貌引入传统国画之中，创造性地使用光影手段的同时保留中国画的笔墨韵味，创造了能够展现新时代风貌的优秀作品。他们在中国画创作实践中利用了摄影与大众传播媒介图像，实现了中国画的现代性转向。夜景山水图式技术上的开拓创新与精神上的革命性和延续性，以及在城市图景与传统艺术审美表达之间的尝试，在今天都值得研究和借鉴。

李庚坤（四川美术学院副教授）：
《重塑雕像的权力——中国纪念性雕塑发展回眸（1978—2018）》

　　内容提要：纪念性雕塑作为一种重要而特殊的雕塑门类，在社会中发挥着缅怀革命历史、记录集体记忆、弘扬主流价值、美化城市环境的作用。但随着"城市雕塑""公共艺术"和"当代雕塑"等概念的提出和讨论，纪念性雕塑及其纪念碑性的问题却逐渐被学术界忽视。本演讲旨在以改革开放 40 年为时间线索，将中国纪念性雕塑还原至不同时期的经济、文化和艺术语境下，试图梳理其中的创作规律，探究背后的发展动因。最终，通过对纪念性雕塑不同时期形式变迁的研究，揭示纪念性雕塑及其纪念碑性对其他领域美术的影响，以及它们在当下美术中的重要价值。

钱冲（四川美术学院艺术学理论硕士研究生）：
《公共艺术在网络空间的延伸——以阿玛利亚·乌尔曼作品〈卓越与完美〉为例》

内容提要：一、分析网络公共艺术的作用模式。二、通过网络公共艺术中观众与作品间的权力关系以及网络公共艺术的传播模式，来阐释其大众性。三、从社会批判与社会美育两个角度来说明网络公共艺术的功能性。

焦瑞雨（四川美术学院艺术与社会专业硕士研究生）：
《〈最后的诗〉——想象城市的过去与未来》

内容提要：四川美术学院坐落于虎溪街道，师生长期生活、工作于此，对大学城的一切似乎习以为常，虎溪已然成为我们身体的一部分，但用艺术的方式去集中提出关于虎溪的历史与未来，进而链接社群、收集物证、形成方案并付诸行动，还是第一次。虎溪，不仅开启了这一次的艺术创作，更促进了我对乡土历史的回望、对都市未来的想象。虎溪，是中国当代社会变迁的一个缩影，愿我们在虎溪的在地行为和思考启发更多的思考，唤起更多的行动。

金铸（云南大学艺术与设计学院硕士研究生）：
《一只从 2018 到 2021 的碗：云南大学非遗介入乡村振兴实例》

　　内容提要：一、善借政府主导之力，加快"非遗活化＋精准扶贫"推进的步伐。二、有效利用市场承载，推进非遗生产性保护与产业扶贫互利共赢。三、注重科研成果转化，提升非遗的时代活力与精准扶贫的科技含量。四、加强人才队伍建设，促进非遗传承与经济社会的可持续发展。

刘畅（云南大学艺术与设计学院硕士研究生）：
《五亿年之复活——古生物插画的城市科普美育实践》

　　内容提要：一、绘制古生物复原图的现状及对古生物的理论研究。二、在学科融合的基础上通过插图的形式进行艺术美育的工作。三、推进古生物复原图的成果用于服务社区民众。四、践行古生物复原图的社会美育，一起发现美、创造美、传播美。

评议人：陈德洪（四川美术学院艺术人文学院党总支书记）

评议内容：前面三位老师分享了中国现当代美术研究的专题，郝斌主要从工业版画特别是工人业余创作的角度，分析了特定历史阶段工人阶级主体性在艺术创作中的表现。进入当代语境，我们对这一段艺术史依然可以做深刻的反思，这也向今天的社会美育提出了新的课题。

季海洋分享了中国夜景山水画图式的生成问题。中国画的现代变革其实就是指向了时代文化发展的大众化方向。中国画作为传统的艺术形态在当代发挥作用，具有非常深刻的现实意义。中国画今天已经大众化，那么，在大众化的形态下，中国画怎么提升美学品质？怎么走出新的可能性？这是中国画领域面临的非常重要的时代课题。

李庚坤分享的是 1978 年以来中国雕塑如何从纪念碑雕塑到城市雕塑到景观雕塑的发展。在非常强调纪念碑性的时代，雕塑重点强调的是宣教功能。随着社会文化的发展，在城市雕塑领域拓展了更多的社会美育内涵。如何进入城市生活塑造城市形象，城市雕塑被赋予了更多社会美育的任务。当代城市雕塑逐渐突破西方雕塑的传统，来和中国自身的文化、现实发生更多的关联，使其在社会美育中扮演了非常关键的角色。

四位同学分享了四个案例，四个案例也呈现社会美育层面非常重要的问题，值得大家来思考和探讨。钱冲同学通过乌尔曼的作品特别强调了网络空间，社会美育需要在新的空间里发挥作用。在虚拟性的网络空间里，虚拟和现实通过角色的表演以及对真实的模拟，形成一种模拟戏剧性的表演，使过去的作品变成了一个事件。艺术形态由作品到事件的转换，也是当代艺术形态转换很重要的方面，他提出了具有鲜明时代特征的话题，体现年轻学者关注视野的新颖。

焦瑞雨同学关于城市的过去与未来的思考，涉及一个非常重要的问题——城市化的变迁。她以废墟考古的方式，在废墟里面寻找文化记忆，提炼其中的元素，通过艺术的转换来进行文化记忆的存档，引起我们对这个问题的思考。社会变迁无法阻挡，我们怎么看待社会的变迁，怎么看待城市化进程所带来的复杂后果？这应该分两方面讲，一方面乡愁无以寄托，另一方面面向未来事件的可疑性。当然，也不能以反现代性的方式反思现代性的局限，这体现出我们对现代性、复杂性的思考。这是当代人颇感纠结的话题，涉及自然环境、生态艺术等。

金铸同学跟导师做的非遗青花，提出了社会美育另外一个非常重要的项目。传统农耕时代所形成的非遗文化在今天怎样实现当代转换，怎样保留文化的基因，保留文化的多样性，这是社会美育非常重要的一个任务。怎么找到一个现实途径？这个案例无疑给了我们非常深刻的启示。

刘畅同学从另外一个维度提出了社会美育的问题，即社会美育和科普之间怎么有机结合？我们知道现代社会是以高科技为支撑构建起来的复杂性社会，科技是今天不能绕过去的基础性的维度，社会美育不可能抛开这样的维度。这一点我们今天对社会美育的讨论涉及并不多。社会美育在科普中提升大众科学素养是大有可为的。

综合来看，这组的七位老师、同学从不同的维度来分享和提出了社会美育的问题，这些问题得到了充分的呈现与探讨。希望今后能有更进一步的思考，针对问题做进一步的反思。今天的论坛非常充实，达到了论坛基本的目标。

"社会美育与城市品质提升"研讨会闭幕致辞

黄宗贤 / 四川美术学院艺术人文学院院长

尊敬的各位线上、线下的嘉宾，各位同学，各位参与者：

大家晚上好！从朝阳初升到晚霞满天，经过一整天研讨，由近50位人发言的高强度、高密度研讨会，到此即将落下帷幕，感谢各位线上、线下专家学者的参与。今天的论坛呈现以下几个特征：

第一，线上线下、东西南北中互动。由于疫情原因使学者、朋友们不能在一个实体空间交流，但是线上线下结合的方式使大家可以穿越时空，在同一时空维度中，东西南北中不同年龄段甚至不同领域的学者和艺术家进行学术的对话、思想的碰撞，现场性并未因实体空间的隔离而弱化，在线上线下的结合中，互动性得到了加强。

第二，精心准备，具有学术含量。今天所有的发言者都将自己长期的思考和实践的经验进行了凝练、归纳与提升，彰显了思考的体系化，具有较高的学术含量和理论深度，体现所有参与者，包括每位学者、艺术家和年轻的同学们严谨的学术态度以及积极的实践精神，这是一个学术含量较高的论坛，也是彰显学术态度的论坛。

第三，聚焦现场，理论与实践并举。各位发言者有深度的理论思考，又结合案例对社会美育的特征进行了阐述，案例更多来自演讲者亲自所为，因而显得特别具有深度和现场感，体现当代艺术学术研究所重视的身体感知的特征。

第四，社会美育建立当代话语。大家从美育与艺术联动、艺术与社会联合的事例，深入探讨现场参与式艺术、建构式艺术或者社会性艺术的文脉，探讨其特征与意义价值，及其在现场空间中的生成机制，以及艺术与公众关系等问题，这些话题毫无疑问是当代艺术的前沿性和热点性话题。我们知道，媒介转向、空间转向和价值转向是当代艺术不同于过往艺术最重要的特色，特别是空间转向所带来的艺术价值的转向，更是被大家关注。各位发言者的思考和实践，极大地拓展了艺术的空间，以我们自己的努力提升了或者说正在提升现场性艺术的价值。正是大家的思考和实践，使得社会美育不再是一种理论话语的呈现，而成了一种实实在在的行动。我们知道，美育绝不是一种逻辑建构，也不是一种知识教育，而是通过艺术的方式所实施的美感教育，而美感来自对美的形态的构建与感知。正是因为大家的努力，美育有了一种回归，回归到蔡元培先生提倡美育的初心和梦想。

第五，对话交流，携手担当艺术的使命。我们这个论坛，不仅仅是学术探讨，更是行动实践经验的交流，让大家更加知晓彼此在社会美育实践的推进上各自做了什么、将要做什么、将来如何做。在交流中，大家感受到了彼此为社会美育所付出的努力。习近平总书记在考察清华美院时给艺术家、设计家提出殷切希望，指出要发挥美术在服务经济社会发展中的重要作用，把更多美术元素、艺术元素应用到城乡规划建设中，增强城乡审美韵味、文化品位，把美术成果更好服务于人民群众的高品质生活需求。一切艺术，包括传统艺术、社区艺术，最根本的价值取向是使人民群众对美好生活更加向往，我们将继续实施中国社区美育行动计划。计划在推进之中，我们今后的研讨也将向深度和广度推进。为了人们生活得更加美好，让我们一起努力！

明年的论坛再见！

谢谢大家！

后 记

　　不经意间，"中国社区美育行动计划"已走过了三年。三年，不算太长，也不算太短，项目该有的模式、路径、方法都已然成形，其有待进一步努力的方向也日渐明晰。

　　相比 2019 和 2020 年的"中国社区美育行动计划"，本年度的项目有了新进展，取得了新成绩。

　　一是参与项目的相关机构和团队进一步扩大。本年度的主办单位增加了重庆市文艺评论家协会、成都画院（成都市美术馆）；参与的院校新增了云南大学艺术与设计学院，上海的"社区枢纽站"也将数年来探索的成功案例悉数展现；研讨会的参与者在前两年的基础上，新增了来自广州美术学院、中国美术学院、四川音乐学院、西北民族大学、北京师范大学、成都画院、麓湖·A4 美术馆、成都市文艺评论家协会、《美育学刊》杂志、"社区枢纽站"等高等学校、艺术机构、专业期刊、艺术团体的学者、艺术家、青年学子，1 名虎溪街道的居民代表也在研讨会进行了发言。

　　二是项目与四川美术学院大学城校区的所在地——重庆市高新区虎溪街道进行了密切合作。在美育实践开展过程中，街道办与街道所辖各社区的相关工作人员提供了相当多的支持和帮助，展览和研讨会亦在虎溪街道综合文化服务中心举行。通过与虎溪街道一年来的合作，从项目实践中提炼出的一个概念——"10 分钟美育圈"逐渐得到广泛认可。所谓"10 分钟美育圈"，是让小区、商圈或者社区文化服务中心变身为艺术现场，一场场高水平的艺术创作、展演、讨论活动有序展开，居民在家门口即可切实感受到艺术的魅力，从而增强了幸福感与获得感。

三是项目的影响力进一步扩大。对项目的开展情况，参与2019、2020年报道的相关媒体继续通过纸媒和新媒体进行了报道，专业期刊《美育学刊》报道了本年度项目概况，重庆市文艺评论家协会专门为本项目编发了一期简报。以本项目为素材撰写的文章《立足社会现场　助力美好生活——以2021年"中国社区美育行动计划"为例》获得了"2021年重庆教育发展报告典型案例及咨政报告征稿评选"一等奖，与本项目直接相关的课程获批重庆市一流本科课程并获得了重庆市高校教师教学创新大赛三等奖。

本书是对2021年度"中国社区美育行动计划"的全方位呈现。在编辑过程中，所有参与的艺术家与青年学生都对自己的创作与展开的美育活动进行了翔实的梳理，研究者则进行了细致的文本分析。2021年暑假将近时，张念利、钱冲协助我整理了全书初稿，此后，四川美术学院和西安美术学院的研究生同学在暑假参与了文稿的编辑工作，他们的具体贡献如下：舒玉婷整理了第一单元文稿，黄少珍整理了第二单元文稿，张巧玲整理了第三单元文稿，王一珂整理了第四单元文稿，郭霆威整理了第五单元文稿，熊麒整理了第六单元文稿，张依铭、王雨桐整理了第七单元文稿，赵兰整

理了第八单元文稿，张念利、钱冲整理了第九单元及第十单元文稿。文稿
交至广西师范大学出版社后，责任编辑张维维提出了许多建设性的意见并
细心编辑了文稿，在此一并申谢。

最后，一如既往，我要代表所有 2021 年中国社区美育行动计划的参与
者，将本书献给进行中国社区美育探索的先行者与同道，更要献给为本书
贡献智慧与经验的普通公众。

屈波